THE SONNETS OF *William Shakespeare*

& OS SONETOS DE ALMIRO W. S. PISETTA

THE SONNETS OF *William Shakespeare*

& OS SONETOS DE ALMIRO W. S. PISETTA

MARTIN CLARET

PREÂMBULO

O título desta obra claramente indica sua duplicidade. Uma parte dela é constituída pelos célebres sonetos em língua inglesa criados por William Shakespeare; outra parte, pelos inéditos sonetos compostos em língua portuguesa por Almiro W. S. Pisetta. Os sonetos de Shakespeare aqui reproduzidos são os que foram reeditados em 1997 por G. Blackmore Evans, que se baseou na famosa primeira edição de 1609. Já *Os sonetos* de Pisetta vêm a lume pela primeira vez. Prevendo a possibilidade de que o nome do seu autor cause alguma estranheza, requer-se de saída uma explicação.

Almiro Pisetta teve a sorte de conviver, durante 37 anos, com centenas de colegas professores e milhares de estudantes e alunos, na Faculdade Oswaldo Cruz, na Ibero-Americana, na PUC-SP e na USP. Não é então improvável que seu nome seja lembrado, porém é mais provável que essa lembrança de imediato sugira a pergunta: Que diabo significa esse W. S. entre o nome e o sobrenome do velho professor aposentado e tradutor recluso?

Ele mesmo dá a resposta, que, por ser tão óbvia, nem precisaria dar: a intrometida abreviação W. S. significa exatamente William Shakespeare. E Pisetta acrescenta uma justificativa para a intromissão. Os sonetos que ele conseguiu escrever em português são de sua autoria: todo o aparato verbal em versos metrificados e rimados é dele. Mas a sonoridade, as imagens, as ideias, são coisas que William Shakespeare lhe sugeriu livremente, e Pisetta fez seu melhor para captá-las e incluí-las nos seus sonetos.

Shakespeare jamais comporia sonetos em português e dificilmente avalizaria esses que foram compostos por Pisetta. Mas não poderia negar sua presença em cada um deles. Levando isso em conta e ponderando uma intensa convivência de mais de doze anos, o tradutor julgou-se no dever e no direito de inserir as iniciais W. S. entre o seu nome e sobrenome.

E, se houvesse hoje a possibilidade de um encontro pessoal com o Bardo, Pisetta afirma que teria o que lhe dizer, num sentimento de profunda gratidão. "Se a minha pobre musa amada for, / A mim cabe o trabalho, a ti o louvor." (Soneto 38, v. 13-14.)

Honi soit qui mal y pense.

São Paulo, 16 de setembro de 2016.
Lázaro Polar

PREFÁCIO

Os 156 sonetos de William Pisetta

LEANDRO KARNAL*

Os brasileiros, pelo menos alguns, conhecem enredos das peças de William Shakespeare. Romeu e Julieta e Hamlet, com certeza, já passaram pelo imaginário de muita gente. Se a cacatua Nigel da animação *Rio 2* pode recitar o *to be or not to be*, é um sinal de que a cultura pop incorporou algo do Bardo.

As peças são traduzidas e encenadas há bastante tempo. Mesmo utilizando versos em muitas passagens, o enredo teatral pode ser captado, e a prosa, bem vertida. Teatro também é imagem e pode chegar a Oscar como filme, como prova Sir Laurence Olivier com seu inesquecível Hamlet. Shakespeare teatral existe em alguns recantos da nossa memória lusófona ou cultura teatral.

A barreira maior está na poesia. Muitos alunos americanos e ingleses estudaram sonetos de Shakespeare. A língua é um país e a poesia é o passaporte mais complexo e rico para ultrapassar a fronteira. Mesmo um soneto de Camões é um desafio para nós. A poesia é o laboratório vivo da comunicação e sua zona de experimentação mais ousada. Versos desafiam em qualquer idioma, especialmente naquele que não ouvimos da voz materna "meu filho", adaptando ideia de Bilac.

---

* Historiador e doutor em História Social pela Universidade de São Paulo. É autor de mais de dez livros, colunista fixo do jornal *O Estado de São Paulo* e professor de História da Unicamp.

Há séculos, os tradutores são acusados de perder o sentido original ou introduzir coisas novas, como a clássica expressão "vã" que um brasileiro pespegou à filosofia do príncipe dinamarquês. Sabem os teóricos da tradução que a entropia é inevitável, mesmo no mais culto e honesto ser que se disponha a erigir pontes entre duas línguas. Entropia existe entre mim e Shakespeare em inglês e existe entre mim e Shakespeare em português.

Fui colega de Almiro Pisetta em um curso de tradução há anos. Enquanto eu explanava sobre a sociedade elisabetana do ponto de vista histórico e cultural, ele passava textos do gênio de Stratford-Upon-Avon. Todos os anos escolhíamos uma peça para analisar em conjunto com os alunos. Por vezes, em trabalho conjunto com a professora Valderez Carneiro da Silva, encenávamos trechos do inglês em recitais amadores e inesquecíveis. Eu, Almiro e Val transmitimos nosso amor ao mundo da literatura inglesa por muitos anos a muitos estudantes de tradução. Tenho saudades daquela época.

Passados tantos anos daquela experiência, Almiro concluiu um projeto denso e impactante. Com sua pertinácia usual e formação erudita, dedicou-se a traduzir todos os sonetos do autor da *Tempestade*. O resultado de tantos anos e de tanto conhecimento está em suas mãos. A ideia é muito boa: o original em inglês, uma versão poética e uma versão mais literal. Os sonetos se multiplicaram em três espelhos, possibilitando uma aproximação que não existia na lusofonia.

O tríptico de Almiro é portentoso. Leio os sonetos de forma regular há mais de 30 anos. Aqui eles ressurgem com vigor e novidade. Os achados são engenhosos e a introdução dá uma pista, ainda que pequena, do imenso conhecimento de Almiro da língua inglesa, de Shakespeare, de poética e da arte da tradução.

O livro não é um raio *out of the blue* de um diletante. É um processo de toda uma vida que, tendo chegado à maturidade cognitiva e solidez refinada de erudição, produz esta obra que se torna indispensável e clássica ainda no verdor no lançamento.

Aprendi muito lendo o texto que você, querida leitora e estimado leitor, está a principiar. Na tautologia hamletiana, a obra traz "palavras, palavras, palavras" e que palavras! Despertam a vontade de emular o duque Próspero e abandonar as lides do mundo pelo prazer de uma biblioteca. Sabendo que seremos todos caveiras a sofrer insultos da pá de um coveiro incauto e dado à chalaça, pelo menos que tenhamos versos até lá.

Termino grato a William Shakespeare pela capacidade de criar estes versos, a Almiro por traduzi-los e à editora Martin Claret por trazer a lume o esforço de tantos anos. O resto será sempre o silêncio diante de linhas com som e fúria que nos excedem e estimulam a seguir para longe do sol de York em busca da casca de noz na qual seremos felizes lendo sonetos. Que seja este o dia de são Crispim e que a luz do Oriente de Julieta brilhe sobre nós, joguetes da fortuna e menores do que o olhar de William.

Adaptando o soneto 80 na relação entre o Bardo e nós:

> He of tall building and of goodly pride.
> Then if he thrive and I be cast away,
> The worst was this: my love was my decay.

Shakespeare é maior do que todos nós e, se todos naufragamos lendo, afundamos por amor. Assim, *All the world's a stage!* Bem-vindos ao teatro genial de William Shakespeare e Almiro Pisetta! Boa leitura.

INTRODUÇÃO

A sequência completa de sonetos que passou a ser conhecida como *The Sonnets of William Shakespeare* é composta de 154 poemas. Foi publicada pela primeira vez em 1609 e dedicada a W. H. Não se sabe ao certo quem foi W. H, nem se a publicação foi autorizada pelo autor, nem se os sonetos foram apresentados numa ordem estabelecida por ele. Tampouco temos informação definitiva sobre quando eles foram escritos. O que se sabe sem dúvida é que uma menção a sonetos de Shakespeare circulando entre seus amigos foi feita em 1598 e que dois sonetos da sequência foram publicados em 1599: os de números 138 e 144. A suposição mais plausível é que os sonetos da sequência completa foram criados durante os anos de 1590, porque justamente nessa década houve na Inglaterra uma febre de "soneteação", e muitas sequências vieram a lume depois da publicação póstuma de *Astrophil and Stella*, de Sir Philip Sidney, em 1591, sequência que se tornou famosa principalmente porque seu autor havia sucumbido heroicamente em campo de batalha em outubro de 1586, um mês antes de completar 32 anos. Em sua obra *Shakespeare — Sonetos* (Rio de Janeiro: Ediouro, provavelmente de meados da década de 1970, p. 24), Péricles Eugênio da Silva Ramos elenca dezenove dessas sequências publicadas entre 1593 e 1598. Os 154 sonetos de Shakespeare são normalmente divididos em duas partes. Os da primeira parte, de 1 a 126, são endereçados a um "Fair Youth", aqui designado "Belo Rapaz"; já os sonetos da segunda parte, de 127 a 154, são endereçados a uma "Dark Lady", aqui designada "Dama Escura". As duas partes se sobrepõem e se entrelaçam. O todo da sequência encerra um relato dramático, que a rigor consiste num triângulo amoroso. Retomaremos esse assunto depois do parágrafo parentético que vem em seguida.

* * *

(É preciso explicitar desde já o que não será tratado nesta introdução. Inúmeros são os textos que foram escritos e publicados sobre questões tais como quem foi o W. H. da dedicatória de 1609, quem foi o "Belo Rapaz", quem foi a "Dama Escura" ou quem foi o "Poeta Rival" de Shakespeare presente na sequência. Aqui se adotou como regra uma advertência do dr. Samuel Johnson, o grande prócer da literatura inglesa do século XVIII, que encorajava quem quisesse obter "o maior prazer" a ler Shakespeare "ignorando totalmente todos os seus comentaristas". (Ver Rex Gibson, *Shakespeare — The Sonnets*, na página anterior à página 1.) Por isso, o "Belo Rapaz" será apenas um "belo rapaz", que se torna amigo/amado/patrono de Shakespeare; a "Dama Escura", apenas uma "dama escura", com quem o poeta tem um envolvimento amoroso; e o "Poeta Rival", apenas um dos "poetas rivais" aludidos na obra, que se esmera na criação de poemas em louvor do Belo Rapaz. Todavia, para quem se interessar por essas questões e quiser se aprofundar nelas, seguem algumas dicas sobre três textos introdutórios em português que tratam delas. O primeiro foi elaborado por Péricles Eugênio da Silva Ramos e constitui a introdução à sua obra *Shakespeare — Sonetos*, publicada pela Ediouro provavelmente em meados da década de 1970. Esse texto é fruto de meticulosa pesquisa, cuidadosamente documentada, e preenche trinta apinhadas páginas (9-41). O segundo foi escrito por Nehemias Gueiros e constitui a introdução à obra *William Shakespeare — 30 sonetos*, traduzidos por Ivo Barroso. Intitulada "Mistério do soneto shakespeariano", essa longa introdução (p.7-45) corrobora, mais de vinte anos depois, as informações dadas por PESR, além de acrescentar algumas previsões sobre futuros estudos da análise crítica de *The Sonnets*. O terceiro texto, de 1990, é de Jorge Wanderley, tradutor de todos os 154 sonetos da sequência, autor também de uma bela introdução à sua obra (p.9-23). Claro e didático, Wanderley se posiciona a favor de A. L. Rowse, que, em seu livro *Shakespeare's Sonnets — The Problems Solved*, (Nova York: Harper & Row, 1973), afirma categoricamente ter solucionado todos os problemas a respeito da identidade de W. H., do Belo Rapaz, da Dama Escura e do Poeta Rival, além do papel de Shakespeare na trama dramática envolvendo essas pessoas.)

* * *

O drama subjacente em *Os sonetos* envolve quatro pessoas, além de algumas entidades personificadas. As pessoas são Shakespeare, o

Belo Rapaz, a Dama Escura e o Poeta Rival. As principais entidades personificadas são o Tempo, a Morte e a Natureza. Shakespeare é obviamente o protagonista. Não se discute aqui se os sonetos são autobiográficos, como querem alguns, ou se são meras criações literárias, como querem outros. O que se aceita plenamente é que eles contêm elementos suficientes para compor uma intensa história de amor, narrada por um eu lírico aqui visto como sendo Shakespeare. Essa identificação do protagonista com Shakespeare é proposta por dois autores — G. Blackmore Evans e Rex Gibson —, que em boa medida nortearam as traduções, a introdução e as notas presentes neste livro.

O protagonista Shakespeare, um velho (sonetos 22, 37, 96 e 138), deficiente físico (sonetos 37 e 89), é um poeta que às vezes subestima sua produção artística (sonetos 32 e, de modo contundente, 72), mas em geral a superestima (sonetos 55, 60, 65, 81 e 107, só para citar alguns); seu apelido é Will (sonetos 135, 136 e 143).

O Belo Rapaz é jovem (sonetos 11, 19, 108 e 126), belo (sonetos 1, 2, 4, 5, 6, 10, 12, 13, 14 e 17, além de muitos outros); é modelo para os homens do porvir (soneto 19), mas tem uma feição andrógina (soneto 20); além disso, não é totalmente confiável (sonetos 33, 34, 35, 40, 41, 42, 48, 49, 69, e vários outros).

A Dama Escura é uma negra bela (soneto 127), domina a arte da música (soneto 128), difere do modelo petrarquiano de beleza, mas nem por isso é menos dotada (soneto 130); mas ela é também tirana (soneto 131), tem um coração cheio de desdém (soneto 132), trai o amor de Shakespeare (sonetos 133 e 134), é promíscua (sonetos 135-137), cruelmente indecorosa e provocante (sonetos 139, 140 e 149), qual anjo da cor do mal (soneto 144), "negra como o inferno e escura como a noite" (soneto 147) e perjura (soneto 152); ela é a causa de um incurável mal de amor contraído por Shakespeare (sonetos 153 e 154).

O Poeta Rival surge com todo o seu poder (sonetos 80 e 86); mas a verdade é que todos querem imitar Shakespeare escrevendo poemas para o Belo Rapaz (soneto 78); isso faz o poeta mergulhar numa crise: ele sabe que o Belo Rapaz merece o trabalho de um poeta melhor que ele mesmo mas lamenta que outros tenham se apropriado do valioso tema, antes exclusivamente seu (soneto 79).

As entidades personificadas são reconhecidas por serem apresentadas em *The Sonnets* com inicial maiúscula, como se fossem nomes próprios. As principais são três: o Tempo, a Morte e a Natureza. A que mais se destaca, o Tempo, com T maiúsculo, tem um peso assustador.

Curiosamente ele — e não a Morte — carrega o alfanje do qual nada escapa (sonetos 12, 60, 100 e 123); ele é visto conspirando com a Deterioração (soneto 15); é cruel e tirano (soneto 16); sua voracidade não tem limites (soneto 19); o que ele dá ele mesmo destrói (soneto 60); ele esmaga e desgasta (soneto 63), deforma e deteriora (sonetos 64 e 65); avança sorrateiro para a eternidade (soneto 77); é um entalhador de rugas (soneto 100); faz seus cálculos e contabiliza as mudanças (soneto 115), que ele decide impor (soneto 123); é caprichoso e malvado (soneto 126).

A Morte personificada aparece apenas em cinco sonetos, e seu poder não é tão grande, comparado com o do Tempo. No soneto 18, ela chega a ser menosprezada; no 32, ela é reconhecida como poderosa, mas é xingada; no 73, ela é comparada à noite que tudo encerra no repouso; no 107, Shakespeare afirma que a Morte se sujeita a ele; no 146, ele declara a morte da Morte e a extinção do morrer.

A Natureza também entra em cena apenas em seis sonetos, e sua importância é ambígua. Ela empresta seus dons e no fim quem os recebeu é chamado a deixar este mundo e enfrentar uma auditoria (soneto 4); ela pintou o rosto do Belo Rapaz e ao criá-lo se apaixonou por ele e o adaptou para si mesma (soneto 20); hoje está falida e precisa se valer dos recursos exclusivos do Belo Rapaz (soneto 67), que ela preserva como modelo de beleza (soneto 68); é "a senhora soberana que controla a deterioração" (soneto 126); e atualmente "todo mundo assumiu o poder da Natureza" por meio de embelezamentos artificiais (sonetos 68 e 127). As estações do ano, intimamente ligadas à Natureza, estão bastante presentes, mas sempre com iniciais minúsculas; isso acontece mesmo no soneto 97, no qual o outono é apresentado grávido pela ação da primavera. Quatro meses são citados, sempre com inicial maiúscula, mas isso não indica necessariamente uma personificação, visto que o uso de minúsculas seria visto nesse caso como uma transgressão das normas da língua inglesa. O melancólico Saturno entra em cena uma vez, sorrindo e dançando (soneto 98).

* * *

O relato dramático embutido em *Os sonetos* começa com uma série de dezessete poemas, tradicionalmente denominados "sonetos de procriação". São todos endereçados ao Belo Rapaz e contêm um único, surpreendente e insistente conselho: casa-te e faz pelo menos um filho que garanta a preservação da tua verdade e beleza e evite a deterioração de uma casa tão bela. (Tudo indica que o Belo Rapaz é de família nobre.) Prossegue o aconselhamento: a Natureza, que livremente empresta seus dons, no fim vai te chamar para uma prestação de contas. O mundo não aceita que tu o deixes na viuvez sem lhe dar filhos. Sai dessa tua solidão, abandona esses "teus solos celibatários". Há mulheres cujo ventre nunca arado aguarda a tua atividade de marido. Há jardins à espera de cultivo. Tu tens de legar ao futuro a tua essência e para isso precisas ser destilado. Tu deves defender-te contra a tirania do Tempo e seu alfanje; um dia virá em que só tua prole poderá tornar isso possível. E Shakespeare, de certo modo surpreendente, insiste: "Por amor a mim, faz outro igual a ti" (soneto 10). E o poeta depois afirma que luta pela preservação do Belo Rapaz: "Em guerra contra o Tempo por te amar, à medida que ele de ti vai subtraindo, eu novamente em ti vou enxertando" (soneto 15). Mas Shakespeare pondera que seu "estéril verso" e sua "pena de aprendiz" pouco podem fazer (soneto 16). Se ele celebrasse o Belo Rapaz condignamente, os leitores do futuro iam achar que seus sonetos são "delírios de poeta, versos exagerados de alguma canção antiga. Mas, se algum filho teu estivesse vivo nessa época, tu viverias duas vezes — nele e nos meus versos" (soneto 17).

A série dos sonetos de procriação, que começa dizendo que os dons do Belo Rapaz só serão preservados se ele tiver filhos, termina com o poeta prometendo-lhe uma vida duradoura em seus sonetos. Já em seguida, no soneto 18, Shakespeare assume sozinho o papel de defender e preservar, com seus "versos eternos", a beleza de um "eterno verão" do seu amigo/amado/amante/patrono e impedir que ele vague na sombra da Morte. Prole nenhuma será mencionada daqui por diante. O dístico que fecha o soneto 18 é uma audaciosa declaração do poder da arte do poeta, declaração que soa ainda mais forte por ser toda feita de monossílabos: 20!

> So long as men can breathe or eyes can see,
> So long lives this, and this gives life to thee.

> Enquanto aqui se ler e respirar,
> Isto vai viver — vida vai te dar.

Valoroso e destemido, logo no soneto 19 Shakespeare parte para o ataque contra outro inimigo implacável. Apostrofando o Tempo, ele lhe impõe a proibição de um crime hediondo: marcar com rugas a fronte do Belo Rapaz, que deve ser preservado como padrão de beleza para os homens do futuro. Mas, dando-se conta de que essa sua proibição é inútil, o poeta desafia o Tempo a fazer o pior estrago que puder, pois mesmo assim em seus versos seu amor/amado sempre será jovem. Depois de enfrentar a Morte e o Tempo, Shakespeare vai agora (soneto 20) atacar a Natureza. Quando fez o Belo Rapaz, que devia ser mulher, a Natureza se apaixonou por sua obra. Por isso mesmo, ela a transformou mediante a simples adição de um pênis, e assim a roubou de Shakespeare, que acabou forçado a se conformar com um amor meramente platônico, deixando para as mulheres o uso do tesouro do Belo Rapaz. (Quem não admite nenhuma atividade sexual entre Shakespeare e o "Fair Youth" cita o dístico que fecha o soneto 20 como seu principal argumento.)

Posicionando-se contra a tradição petrarquiana de endeusar o ser amado, Shakespeare assume, no soneto 21, uma postura realista para descrever o Belo Rapaz. (Essa postura se repetirá no soneto 130, na descrição da Dama Escura.)

Um duplo transplante cardíaco acontece no soneto 22, que celebra a unificação de duas pessoas pelo amor: Shakespeare e o seu amado/amigo. Mais adiante, no soneto 36, afirma-se que essa unificação deverá ser disfarçada devido à diferença de classe entre o poeta e o Belo Rapaz. No soneto 23 Shakespeare descreve sua dificuldade de dizer à perfeição as palavras do ritual do amor; ele pede para ser interpretado de acordo com sua aparência ("looks") ou seus escritos ("books"). (Não se sabe ao certo se Shakespeare escreveu "looks" ou "books".) O soneto 24 é um bom exemplo da dificuldade mencionada no poema anterior. Esse elaborado soneto conceptista, típico dos poemas do amor cortês, explora metaforicamente o que conseguem fazer o olhar e o coração de duas pessoas que se amam e se observam cara a cara: produzir um quadro que poderia se intitular "Dois amantes de olho no olho". A conclusão, quem diria, sugere que se deve suspeitar do resultado final do quadro. Possibilidade de futuros problemas.

O relato dramático prossegue mostrando que o amor tem seus benefícios, mas também acarreta vários tipos de tormentos. Alguns benefícios do amor: a lembrança do ser amado provoca euforia (soneto 29); a dolorosa saudade causada por perdas passadas se desvanece ante a lembrança do caro amigo (soneto 30); todos os amores do passado se concentram no Belo Rapaz (soneto 31); até mesmo a insônia leva Shakespeare a ter nítidas visões do Belo Rapaz (soneto 43). Alguns tormentos do amor: a insônia provoca desassossego espiritual e impede o descanso físico (soneto27), e assim a noite oprime o dia e o dia oprime a noite, e os dois, o dia e a noite, se mancomunam para torturar o poeta apaixonado (soneto 28); nuvens escondem o sol que vai embora (soneto 33); depois das nuvens, sobrevém o incômodo de uma metafórica chuva inesperada, e já se fala em desgraça e ofensa cometida pelo Belo Rapaz; mas rolam redentoras lágrimas (34). Entre os tormentos de amor, ora amargos, ora doces, também estão as horas de saudade, causada pela separação e ausência: sonetos 39, 43, 44, 45, 50 e 51. No soneto 39 Shakespeare descreve de modo profundo e convincente o melhor fruto de uma ausência produtiva. No soneto 43, ao contrário do que acontece no 27, a insônia é considerada um benefício do amor, por permitir visões singulares em sonho. Já os sonetos 44 e 45 se fundamentam na antiga teoria dos quatro elementos básicos na constituição da matéria: terra e água, fogo e ar. O soneto 44 lamenta as limitações impostas por terra e água em casos de separação. Quem dera o corpo fosse pensamento! O soneto 45 imagina os possíveis benefícios dos outros dois elementos (fogo e ar; ar = pensamento; fogo = desejo), que permitem as incessantes idas e vindas de pensamentos e desejos de corações apaixonados. A separação e a consequente saudade descritas nos sonetos 50 e 51 relatam duas viagens a cavalo empreendidas por Shakespeare. Na primeira (soneto 50), ele vai pesaroso e lento se afastando do amado/amigo; e até o cavalo insiste em ir bem devagar. Já na segunda, na viagem de volta relatada no soneto seguinte, o poeta quer fustigar até o vento para ir mais veloz. O velho cavalo não consegue acompanhá-lo.

Há também tormentos do amor que, aparentemente, são frutos artificiais da fantasia de quem ama. Destaca-se a guerra mortal que se trava entre o olhar e o coração sobre a divisão da conquista da imagem do Belo Rapaz (soneto 46). Felizmente, os dois chegam a uma conclusão justa. Já o soneto 47 mostra o olhar e o coração fazendo um bom acordo e cada um presta bons serviços ao outro. Os sonetos 113 e 114 descrevem um conflito entre o olhar e a mente. O 113 descreve o poder falseador da mente; o 114 mostra como a mente bajula o olhar, que é quem prepara para ela a taça da lisonja, mas ele bebe primeiro.

Outros sonetos, como aqueles em que Shakespeare se predispõe a sofrer o menosprezo em benefício do seu amor pelo Belo Rapaz (sonetos 49, 88 e 89), não são mais que repetições do mesmo tema explorado antes dele por poetas italianos e provençais.

Shakespeare, todavia, sabe que há no horizonte tormentos mais dolorosos que os já descritos: a insônia do amor vigilante tem agora a companhia preocupada da desconfiança (soneto 61). O que estaria acontecendo? Algo muito grave já foi mencionado nos sonetos 40-42. No primeiro dessa tríade, Shakespeare afirma que o Belo Rapaz usa "o seu amor", isto é, tem relações sexuais com sua amada. (Só depois saberemos que a amada é a Dama Escura.) Numa tentativa de desculpá-lo, o poeta faz uma racionalização pouco convincente: "Se por me amares minha amada afanas, / Entendo, amor, e o meu amor terás". Mas a conclusão final consiste num melancólico pedido: "Mata-me com insultos, mas não sejamos inimigos". No soneto 41, Shakespeare divisa a explicação da traição do Belo Rapaz em dois fatores: ele é nobre e bonito, por isso as mulheres o assediam e querem conquistá-lo. Mas em seguida, de modo inesperado e arguto, o foco da responsabilidade é direcionado para o Belo Rapaz: ele nem sequer tomou o cuidado de evitar usar o leito do amigo, com relação ao qual violou uma dupla fidelidade: a da Dama Escura, atraindo-a para si, e a dele mesmo, traindo Shakespeare. No Soneto 42 a dupla traição é reavaliada pelo poeta. Um novo processo de racionalização forçado o leva a uma conclusão inacreditável, na qual ele invoca a sua unificação com o Belo Rapaz, o que lhe permite a doce ilusão de ser ele o único amor dessa mulher: "Eu sou o único amor dela". "O amor que é dela é meu" (Shakespeare falaria assim?).

As circunstâncias imediatas propiciadoras da dúplice traição são reveladas no soneto 134, que faz parte da série dos sonetos endereçados à Dama Escura. "Ao que tudo indica o triângulo amoroso se revelou quando o jovem atuou como intermediário ('surety-like'), fazendo a corte à Dama Escura em nome de Shakespeare" (Gibson, p. 157). E o que aconteceu foi que o jovem se apaixonou por ela, que agora o tem prisioneiro do seu amor. Ela, agindo como uma cruel usurária, lança mão de tudo visando a seus próprios interesses ('juros'). No dístico que fecha esse soneto Shakespeare admite ter perdido o Belo Rapaz e estar, ele também, apaixonado pela Dama Escura. Ela exerce sobre os dois uma dupla escravidão de amor (soneto 133), tema convencional nas histórias e poemas da tradição romanesca medieval aqui seguida pelo poeta. Com relação à traição que lhe impuseram seus dois amores, Shakespeare tem reações diferentes. Ao Belo Rapaz ele dispensa mil elogios por sua beleza, verdade e lealdade. Quando o acusa diretamente de seus erros, ele apela para alguma forma de racionalização que o possa desculpar. Já à Dama Escura ele dispensa alguns poucos elogios (como no soneto 127, que celebra sua cor negra; no 128, em que ela é delicadamente descrita tocando espineta; e no 130, no qual ele a apresenta de modo realista mas positivo, para concluir que seu amor por ela não perde em relação ao amor dispensado a outras mulheres falsamente comparadas). Nos outros sonetos dedicados a ela geralmente predominam a condenação e o xingamento. Se o rapaz é vítima da própria beleza e idade, fatores que provocam o irresistível assédio das mulheres, a Dama Escura, negra como o inferno e escura como a noite (soneto 147), não é menosprezada pela cor da sua pele, mas sim pelo seu comportamento, que Shakespeare desaprova: "Tu não és negra em nada, a não ser em tuas ações. E daí, presumo eu, procede essa difamação" (soneto 131). Uma nítida apreciação contrastiva dos dois amores é apresentada no soneto 144; nele a Dama Escura é o espírito do mal que, com sua sensualidade, quer levar o Belo Rapaz — o "anjo melhor", o "meu santo" — para o inferno. Mas Shakespeare conclui suspeitando que um já deve ter o outro no seu inferno. (Comentando esse soneto, Rex Gibson observa que, "na gíria elisabetana, 'hell' [inferno] implicava o órgão sexual feminino e 'fire out' [infectar] significava transmitir uma doença sexual" (p. 167)).

Três sonetos constituem o *envoy* (ofertório) dos poemas de cada série: respectivamente, os sonetos 126, 153 e 154. No 126, que na verdade não é um soneto, mas sim um poema de seis dísticos, Shakespeare se despede do Belo Rapaz, a quem faz uma advertência final: apesar de a Natureza preservá-lo para desafiar e desgraçar o Tempo, ela não poderá mantê-lo eternamente: terá de entregá-lo para que ele faça sua prestação de contas. Os sonetos 153 e 154 (o *envoy* da segunda parte) narram uma lenda grega relatada num epigrama grego do século V, que aqui é aplicada à Dama Escura. E a conclusão final é que o poeta contraiu um mal de amor que não tem cura.

* * *

Alguns sonetos da sequência, que estão apenas indiretamente envolvidos com o relato dramático acima exposto, tratam de temas mais genéricos e universais. São mais meditativos e impressionam pela sua força. Integram esse grupo os sonetos 94, 116, 124, 129 e 146. O 116 e o 124 são reflexões sobre a natureza do verdadeiro amor — um amor idealizado. O 116 está entre os mais celebrados de Shakespeare; já o 124, entre os mais discutidos, uma vez que os estudiosos anseiam desesperadamente por situá-lo na História da Inglaterra mediante a definição de quem seriam "os tolos do Tempo, os que morrem pelo bem depois de uma vida vivida para o crime" evocados no dístico final. O Soneto 94 pode ser interpretado como um elogio a quem, detendo muito poder, tem total controle sobre si mesmo e não se presta à prática do mal. Mas o elogio, que alguns consideram irônico, é diminuído com uma advertência, cuja ideia é geralmente atribuída a Gregório Magno: "*Corruptio optimi pessima*", ou seja, "a corrupção do ótimo é péssima". O soneto 104 é muito citado em discussões sobre a natureza biográfica ou não da sequência. Os defensores da tese biográfica veem nos "Três olentes abris, três junhos quentes" uma reflexão de Shakespeare sobre a duração de seu amor/amizade envolvendo o Belo Rapaz. O soneto 129 é uma vigorosa censura contra o pecado da luxúria, e às vezes ele é associado a sermões medievais sobre o tema. Finalmente o soneto 146, que geralmente se alega ser o único soneto cristão de toda a sequência, é um aconselhamento endereçado à alma para que ela se dedique aos valores superiores do espírito em detrimento do corpo. A prometida vitória final sobre a morte e o morrer remete a outro soneto famoso, de um contemporâneo de Shakespeare, John Donne (1572-1631).

Outros temas secundários tangencialmente ligados ao relato dramático aparecem na sequência de Shakespeare: em regra, eles são identificados nas notas que acompanham a tradução de cada unidade. Merece destaque o grupo dos sonetos 71-74 por suas reflexões sobre a morte que Shakespeare vê se aproximando. No soneto 71 ele pede que o Belo Rapaz não evoque seu nome e esqueça seu amor após sua morte — para evitar possíveis zombarias. Continuando a meditação sobre o mesmo tema, Shakespeare parece entrar em profunda depressão, a ponto de sentir vergonha de seu nome e obra. No soneto 73, com justiça considerado um dos mais belos da sequência, a constatação da chegada da morte é descrita em três imagens tão justas quanto tradicionais. Surpreendentemente, essa constatação vem acompanhada de outra com uma possível consequência otimista: a consciência da rápida chegada da morte torna o amor mais robusto. Finalmente, contrastando diametralmente com o pessimismo depressivo do soneto 72, o 74 mostra otimismo em relação ao que o poeta deixará para o Belo Rapaz: nada mais, nada menos do que a sua sequência de sonetos.

* * *

O relato dramático extraído da sequência shakespeariana poderia levar à conclusão de que *Os sonetos* poderiam ser vistos como mais uma das comédias de Shakespeare, em que pese seu formato *sui generis*. Aceitando-se essa visão, caberia a pergunta: Qual seria o tema dessa comédia? Na opinião de Graça Moura é a traição. Na opinião deste tradutor é a loucura do amor. Sobre o caráter teatral de *Os sonetos,* Graça Moura observa que

> ... neles também se surpreende o funcionamento constante daquilo que poderíamos chamar os "mecanismos da traição". Da mesma traição que tão grande papel tem nas tragédias do grande dramaturgo isabelino, entendida aqui, está bem de ver, com uma certa elasticidade conceptual. Mas vejamos: numa série de oposições inúmeras vezes retomadas, nos *Sonetos*, o tempo trai a beleza e as pompas, a velhice trai a juventude, o amigo trai o amigo, o homem trai a mulher, a mulher trai o homem, a tristeza e o desânimo traem a alegria, a decadência trai a pujança, a escassez trai a abundância, os sentimentos são traídos... (p. 7)

Este tradutor, que vê em *Os sonetos* não uma tragédia mas sim uma comédia cujo tema é a loucura do amor, baseia-se na lembrança de um parecer emitido por um antigo mestre seu, cujo nome exato foi esquecido, mas não o ensinamento; ele concluiu seu curso sobre as comédias de Shakespeare dizendo que todas elas têm um tema em comum: o da "infatuation through love", ou seja, a "loucura ou a obsessão do amor". As duas opiniões — a de Graça Moura e a deste tradutor — parecem igualmente defensáveis.

* * *

O percurso desta tradução: De Ezra Pound a Paulo Vizioli até Horácio

Tudo começou no fim do século passado. E os primeiros sonetos traduzidos foram os que o tradutor conhecia melhor por tê-los analisado com seus alunos em sala de aula: sonetos 19, 20, 95, 130, 138. Outros foram traduzidos por lhe terem causado uma forte impressão desde a primeira leitura: sonetos 18, 73, 116, 144. No dia 27 de janeiro de 2004 sentiu-se o tradutor tentado a traduzir todos os outros sonetos da sequência. Caindo em tentação, contraiu um furor tradutório que só o deixou em 25 de maio daquele ano: os 154 sonetos estavam traduzidos. A qualidade da tradução era indiscutivelmente muito discutível. Mas já era um começo.

Após muitas releituras e correções dos versos dessa primeira etapa, teve o tradutor a ideia de fazer uma tradução dos mesmos sonetos, mas dessa vez em prosa. Isso foi em 2008. Coincidência: talvez antes, talvez logo depois de lhe ocorrer essa ideia, o tradutor teve seu primeiro contato com a obra de A. L. Rowse, *Shakespeare's Sonnets — The Problems Solved*. Nela, num processo de tradução intralingual, cada soneto é traduzido para o inglês americano na forma de prosa. Essa etapa foi muito menos febril que a de 2004, e o tradutor se deu conta de que traduzir sonetos na forma de prosa é menos estimulante e mais difícil: requer-se mais pesquisa. Não constam datas sobre quando essa etapa terminou; mas deve ter sido em 2012. O resultado dela passou depois por uma revisão a quatro olhos.

Tendo em mãos duas traduções, já bastante descansadas, em abril de 2016 teve início a terceira etapa. O cotejo de cada composição em verso e sua correspondente tradução em prosa para detectar possíveis descompassos semânticos. Esse trabalho, novamente feito a quatro olhos, foi o mais sério. A revisora, uma exímia e inflexível *fault-finder*, exigia correções, que às vezes consistiam na mudança de uma simples palavra e outras vezes numa nova tradução de uma quadra inteira. Se os sonetos aqui traduzidos não são grande coisa, imagine o leitor o que eram antes de passarem pelo crivo dessa vigorosa censura. Agora, no início de outubro, é elaborada esta introdução.

* * *

Ao partir para a aventura de verter todos os sonetos da sequência de Shakespeare, o tradutor levava consigo algumas convicções teóricas sobre a tradução de poemas de forma fixa. Tinha perfeita consciência das "três atividades principais" da criação poética — a melopeia, a fanopeia e a logopeia — originalmente expostas por Ezra Pound (*Literary Essays of Ezra Pound*, "How do Read", p. 15-40, Nova York: New Directions, 1968, 11ª reimpressão), e depois habilmente adaptadas por Paulo Vizioli como as "três atividades principais" da tradução de poesia ("A tradução de poesia em língua inglesa: problemas e sugestões", em *Tradução e comunicação*, São Paulo, n. 2, p. 109-128, mar. 1983). Mas já durante o furor tradutório inicial outra convicção foi tomando forma na mente do tradutor. Convencido de que traduzir um soneto era criar um novo poema, ele julgou que deveria ter direito à licença poética explicitada por Horácio: "Pictoribus atque poetis quidlibet audendi semper fuit aequa potestas", ou seja, "os pintores e poetas sempre tiveram com justiça a faculdade de cometer qualquer ousadia" (cf. verbete 1881, *Poetica licentia*, e o subsequente breve ensaio em Renzo Tosi, *Dicionário de sentenças latinas e gregas*. São Paulo: Martins Fontes, 1996, p. 85-86).

A convicção inicial que o tradutor levava consigo era a proposta poundiana adaptada por Paulo Vizioli, que entendia a tradução de poesia como um caminho intermediário entre dois extremos: o extremo dos que acham que poesia é o que se perde na tradução e o extremo dos que veem o texto de partida a traduzir como um mero estímulo para a própria inspiração. O caminho intermediário proposto por Vizioli considera a tradução de poesia como "recriação literária" (Vizioli, p. 109-110). Essa recriação impõe rédeas curtas ao tradutor nas três frentes: na melopeia, na fanopeia e na logopeia.

A melopeia, por exemplo, exige a preservação do *ritmo*, que é parte intrínseca da linguagem poética. Mas o próprio Vizioli já percebe um problema insuperável. Um soneto de Shakespeare contém sempre mais palavras em seus catorze pentâmetros iâmbicos do que contêm os catorze decassílabos do seu soneto correspondente traduzido para o português. (Neste livro, por exemplo, os sonetos 71, 81 e 91, obviamente escolhidos de modo aleatório, contêm, respectivamente 123/100, 117/87, 114/98 palavras em inglês/português.) Decorre disso que o tradutor, por dispor de menos palavras, terá de sacrificar ou parte do ritmo ou parte do sentido. Vizioli posiciona-se pela preservação do sentido, em primeiro lugar (p. 115). Ainda no âmbito da melopeia, há outros empecilhos decorrentes do aspecto representado pelas *qualidades sonoras*. A primeira delas é a rima. Ela também tem suas exigências e às vezes impõe ligeiras distorções do significado de um ou de outro verso (p. 118); e há outras qualidades sonoras a considerar, tais como "a *repetição* (de vocábulos ou frases), a *assonância* (que é a presença dos mesmos sons vocálicos em palavras diferentes), a *consonância* (que é a recorrência de sons consonantais), e a *aliteração* (quando os sons repetidos se localizam no início das diferentes palavras)" (p. 120). O tradutor deve buscar a correspondência dos valores expressivos das sonoridades e, total ou parcialmente, recriá-las, na visão de Vizioli.

A fanopeia, por sua vez, exige a preservação, ao máximo, das imagens e a manutenção da *atmosfera*. Alterações tais como anacronismos, feitas pelo próprio Pound, ou liberdades (Vizioli fala em "desatinos") de alguns tradutores atuais não produzem recriações poéticas, mas sim adaptações (p. 123).

Finalmente, a logopeia. Das três, essa é a atividade mais complexa e portanto a mais difícil para os tradutores, sempre na opinião de Vizioli. A questão básica consiste nesse caso em "se captar o *tom* do texto original. [...] Em outras palavras, não se pode traduzir em linguagem elevada o que um autor exprime em linguagem trivial e vice-versa" (p. 124). (Veremos mais adiante que a logopeia de que fala Pound é mais complexa e esquiva do que essa adotada por Vizioli.) Outras questões relacionadas com a logopeia, que o tradutor de poesia deve levar a sério, são as palavras com *conotações múltiplas* e os *trocadilhos*. Vizioli reconhece que estes muitas vezes são "praticamente intraduzíveis. Nesses casos, o único recurso é a velha muleta das notas de rodapé" (p. 126).

O tradutor desta sequência julgou de início que, durante todo o processo da tradução da sequência ele se pautaria pelas sugestões de Vizioli nas três frentes: melopeia, fanopeia e logopeia. Todavia, logo no início da empreitada, ao contrário do que sugeriu seu mentor, ele optou pelo decassílabo e não pelo alexandrino, que lhe daria mais sílabas para compor seu poema. De igual maneira, a irregularidade do soneto 145, que é feito de tetrâmetros, foi mantida: o tradutor optou por versos octossílabos. Como já foi insinuado antes, aconteceu que de fato o tradutor se sentiu no direito de cometer certas ousadias. Isso já se pode perceber no que se refere à melopeia. No soneto 31, por exemplo, o emprego da forma arcaica "mi" só visou garantir uma rima perfeita sem precisar recorrer a uma evidente muleta que resultaria no par assim/mim:

Imagens dos que amei eu vejo em ti,
E tu que és todos tudo tens de mi.

Outra ousadia particular se revela na tradução do soneto 66, sobre o qual Evans diz que, nesse caso, "a estrutura retórica, única em *The Sonnets*, representa um uso extremo da figura da repetição chamada anáfora (aqui, dez versos consecutivos começam com 'And'), e o resultado disso é que, embora se mantenha o esquema convencional de rimas, o movimento normal da construção dos quartetos fica submerso" (p. 173). Na tradução ocorreu, praticamente por geração espontânea, uma inovação ainda maior: em doze versos o esquema de rimas foi reduzido à simples repetição de -ar / -ada. Essa redução foi mantida, na presunção de que ela possa, quem sabe, sugerir que a vida neste nosso mundo "é" sempre a mesma desgraceira que se repete sempre igual. O "soneto" 126, que não é um soneto, mas sim um poema feito de seis dísticos com rimas emparelhadas, foi traduzido em versos dodecassílabos, por parecer que essa métrica se ajusta bem a dísticos que apresentam esse esquema de rimas.

Ainda no campo da melopeia foram feitas algumas outras tentativas que pedem alguns comentários. O soneto 65 apresenta aliterações que transmitem com vigor a ideia de robusta resistência:

When rocks impregnable are not so stout,
Nor gates of steel so strong but Time decays?

O tradutor tentou transmitir a mesma ideia, apesar da adaptação fonética:

Se impermeáveis rochas racharão,
E férreas portas o Tempo corrói?

No soneto 76, que trata da repetida exposição pessoal, Shakespeare parece sugerir um tríplice "I" quando escreve "Why write I". Na tradução aparece de forma explícita um tríplice "eu". "Por que eu falar do eu que sou, sempre eu". No soneto 104 temos uma oração contendo uma surpreendente sequência sonora: "when first your eye I eyed..." Esse "ai-ai-aid" é até engraçado. O tradutor fez uma opção semântica, que resultou numa aliteração talvez interessante, mas não engraçada:

"Des que olho no olho a olhei, a tua imagem...". Finalmente, no soneto 30, que é uma meditação sobre dolorosas perdas ao longo da vida, há um quarteto (versos 9-12) em que predomina o uivante som de "uou".

> Then can I grieve at grievances foregone,
> And heavily from woe to woe tell o'er
> The sad account of fore-bemoanèd moan,
> Which I new pay as if not paid before

Esse som expressa o choro, assim como o expressa o verbo "weep" do verso 7. Mas o choro em "uou" sugere o choro de um adulto, não o de uma criança, que geralmente chora em "i", como em "weep". Antes de escrever esta introdução, o quarteto acima havia gerado a seguinte tradução:

> Lamentando lamentos lamentados,
> A dor de mágoa em mágoa faz presente
> O refrão triste, e choros rechorados
> E quitados eu pago novamente.

Manteve-se, como se pode ver, a ideia de lamentos e choros repetidos. Mas todo o "uou" se perdeu. Houve, porém, uma revisão na undécima hora, e o resultado final foi este:

> Lamentando lamentos lamentados,
> Eu num soturno voo vou reavaliando
> O refrão triste e choros rechorados
> E quitados de novo vou quitando.

Percebe-se uma leve sugestão dos "uous" de Shakespeare, em parcial detrimento do sentido. A preferência do tradutor foi pela preservação da melopeia.

A atividade da fanopeia é muito rica em *The Sonnets.* O soneto 12, por exemplo, poderia ser ilustrado por várias imagens rurais com possíveis títulos sugestivos: "O bravo dia mergulhado na hedionda noite"; "A violeta pós-primavera"; "Os negros caracóis esbranquiçados"; "Altas árvores despojadas"; "Árvores frondosas protegendo do sol o gado"; "O verde do verão em feixes sobre carroças com suas brancas e ásperas barbas". Os sonetos 50 e 51 poderiam ser filmados num único clipe, mostrando o passo impassível da besta e a melancolia seguida pela ansiedade de Shakespeare na ida e na volta. O soneto 80 poderia inspirar pintores iniciantes a representar um barquinho e um suntuoso iate no meio do temível oceano. O soneto 143, o da galinha, poderia ser objeto de outro clipe possivelmente intitulado "A penosa fujona e o bebê chorão". Um duplo quadro poderia nascer da imagem dos "Bare ruined choirs" ("Ex-coros em ruína") do celebrado soneto 73. Isso porque a frase tanto pode sugerir árvores despojadas pela chegada do inverno, em cujos ramos antes cantaram as aves do verão, quanto coros de templos em ruína onde outrora cantavam vozes de meninos — sugerindo bem situações históricas típicas do cristianismo inglês, protestante, católico e anglicano. O fato é que, como já disse Ezra Pound e repetiu Vizioli, preservar as imagens na tradução não é muito difícil. Já garantir a ambiguidade do sentido, como dos "Ex-coros em ruína" do soneto 73, é às vezes mais difícil. Mas aí já passamos para outra esfera.

A logopeia foi descrita por Pound como "the dance of the intellect among words" (Ezra Pound. *Literary Essays of Ezra Pound*, "How to Read". Nova York: New Directions Publishing, p. 25). Vizioli diz que a logopeia trata do jogo das denotações e das conotações dos vocábulos, e acrescenta que Pound a definiu como "a dança do intelecto por trás das palavras," sem indicar a fonte original dessa citação traduzida. Seja como for, "among/entre" as palavras ou "through/por trás" delas, na leitura de poesia o intelecto dança. Numa definição menos opaca, publicada no *New York Herald Tribune* de 20 de janeiro de 1929, Pound redefine a logopeia como poesia que "emprega palavras não por seu significado direto, mas [...] levando em conta especialmente seu uso habitual, o contexto em que esperamos encontrá-las" (*Wikipedia* — acesso em 15/10/2016: https://en.wikipedia.org/wiki/Ezra_Pound%27s_Three_Kinds_of_Poetry). Tomemos então como exemplo a palavra "fair" como ela se apresenta em vários dos dezessete sonetos de procriação e no soneto 144 da sequência.

As "fairest creatures" do soneto 1 são "as criaturas mais belas" ou "os mais belos" nas traduções aqui propostas em prosa e verso. O "this fair child of mine" do soneto 2 é "este meu belo filho" na prosa e "esta criancinha" no verso. A "criancinha" surgiu evocada pela rima, mas é inegável a carga semântica positiva do sufixo -inha. O "she so fair" do soneto 3 resultou em "uma mulher tão bela" e em "Quem tão bela". No soneto 5 o verbo "unfair" foi traduzido como "enfeiar"; e a nota final sugere como sinônimo perifrástico "retirar a beleza de". A forma adverbial "fairly" foi traduzida como "em beleza" na prosa, e simplesmente como "belo" no verso. A nota sugere "no que se refere à beleza". A frase "much too fair" do soneto 6 resultou em "belo demais" na prosa e "tão bem dotado" no verso. Mais uma vez entrou em jogo o poder da rima. O "fairer lodged" do soneto 10 apresenta "moradia mais bela" na prosa e "melhor abrigo" no verso. *Lato sensu*, moradia equivale a abrigo. No soneto 13 "so fair a house" resultou em "casa tão bela" e em "lar tão belo". A nota acrescenta outra possibilidade: "uma casa tão nobre", o que sugere que o Belo Rapaz, suposto patrono de Shakespeare, pertencia à nobreza. No soneto 16 o verso "Neither in inward worth nor outward fair" foi traduzido na prosa como "a vida de tua virtude interior e beleza exterior" e, no verso, "A tua beleza explícita ou contida".

Há dezenas de outras ocorrências da palavra "fair" e suas variações em outros sonetos. Mas vamos nos fixar agora apenas em mais um caso que contrapõe dois versos do soneto 144:

> The better angel is a man right fair;
> The worser spirit a woman coloured ill.

Note-se primeiro que o "fair" do "Fair Youth" se opõe, na sequência, ao "dark" da "Dark Lady" — que agora é descrita como "a woman coloured ill". A tradução em prosa aqui proposta é "O anjo bom é um homem perfeitamente louro; o espírito pior é uma mulher da cor do mal." O adjetivo "louro" foi uma opção; outra opção possível seria "belo". E a opção por "uma mulher da cor do mal" foi a forma que pareceu mais adequada no contexto desse soneto em que a Dama Escura é o "worser spirit" que tenta levar Shakespeare para o inferno mediante o transvio e a corrupção do Belo Rapaz. Já na tradução em verso se lê:

> Um anjo bom, um louro todo esmero,
> Uma negra, um anjo que é nefando.

O "right fair" gerou "todo esmero" pela óbvia exigência da rima, preservando-se e até enfatizando a prosódia semântica positiva da frase, considerando-se que "esmero" significa "Apuro e elegância na aparência" (Aulete Digital). *Mutatis mutandis*, o mesmo se aplica no caso de "um anjo que é nefando" para "a woman coloured ill", considerando-se que "nefando" significa "Pervertido, moralmente degradado; corrupto" (Aulete Digital). A título de curiosidade, mas visando sobretudo mostrar como dança o intelecto entre as palavras ou por trás delas, aqui vão algumas traduções desses dois versos publicadas em português entre 1956 e 2002:

Belo amigo, o anjo bom, a minha alma o venera:
O anjo mau, mulher escura e corrompida.

(Jerônimo de Aquino, 1956.)

O bom anjo homem é de beleza sem par,
O mau anjo, mulher de cara mal pintada.

(Oscar Mendes, 1969.)

O anjo do bem é um formosíssimo varão
E uma mulher de cor bem má o anjo do mal.

(Péricles Eugênio da Silva Ramos, 1975?)

É homem, o anjo bom, de alta extração,
E o mau, mulher tisnada em demasia.

(Jorge Wanderley, 1991.)

o mau espírito é dona de vis cores,
o bom anjo homem é de clara tez.

(Vasco Graça Moura, 2002.)

Aquino eleva o bom anjo ao altar da veneração, em detrimento do mau anjo que ele diz ser mulher escura e corrompida. Mendes vê no bom anjo uma beleza sem igual, mas critica a maquiagem ruim do mau anjo. Ramos declara a formosura e maturidade do Belo Rapaz, mas atribui muita maldade à cor da mulher. Jorge Wanderley diz que o anjo bom provém de uma casta nobre, e vê no anjo mau uma mulher tisnada demais. Graça Moura identifica o bom anjo como um homem de pele clara, em contraste com o mau espírito que é uma mulher de vis cores. Conclusão: cada um a seu modo exalta o "Fair Youth" expressando por ele veneração, admiração por sua beleza, sua formosura e maturidade, sua nobre procedência ou pela cor clara de sua tez. Em contrapartida, cada um a seu modo deprecia a mulher escura atribuindo-lhe corrupção, maquiagem de má qualidade, uma cor bem má, uma tez demasiado tisnada, cores vis. Aquino e PESR parecem fixar-se na aparência moral ou físico-moral dos dois implicados; Mendes e Graça Moura parecem restringir-se à sua aparência física; Wanderley privilegiou suas qualidades sociofísicas. A rigor, numa direção geral, todos concordam em suas avaliações, mas todos discordam na expressão delas. Não foi à toa que Ezra Pound considerou a logopeia o aspecto mais difícil de preservar na tradução de poesia. Cada intelecto inventa seu jeito de dançar. E caberia ainda a observação de que dois versos extraídos de um soneto não mostram a qualidade do poema na sua totalidade. Cada um desses pares de versos provavelmente soaria bem melhor e seria mais satisfatório tendo em vista o soneto como um todo.

Observe-se agora o verbo "to lie" e seu duplo sentido no dístico que fecha o soneto 138:

> Therefore I lie with her, and she with me,
> And in our faults by lies we flattered be.

Sabe-se que o verbo "to lie" pode significar "deitar(-se)" bem como "mentir". Nesse soneto bastante cínico Shakespeare descreve um amor puramente físico que convive bem com as mútuas mentiras dele e da Dama Escura. Em português não há um verbo que dê conta desse duplo sentido: deitar(-se)/mentir. A solução encontrada pelo tradutor resultou neste dístico:

> Por isso vamos juntos para a cama
> Na lisonja de quem somente ama.

A opção foi explicitar um dos significados do verbo "to lie" de Shakespeare e sugerir o outro mediante outro duplo sentido perceptível no trocadilho: somente ama = só mente e ama.

Quem cria um trocadilho em geral só o faz pela lúdica satisfação que ele provoca. Não há como negar que o tradutor se deixou seduzir pelo jogo com duplos sentidos em vários momentos, fazendo uso de ambiguidades que, em regra, surgiram de modo espontâneo, mas depois de reconhecidas foram adotadas deliberadamente. É o que se pode detectar no último verso do soneto 42. A tradução em prosa diz: "Doce ilusão! Então sou o único amor dela", que pode sugerir "o único a mordê-la";

e a tradução em verso afirma: "Doce ilusão, o amor que é dela é meu", que numa leitura rápida poderia soar como "o amor, cadela, é meu." Isso é defensável porque Shakespeare está falando da tríplice traição que lhe impôs a Dama Escura, e sua racionalização forçada poderia facilmente implicar um xingamento (certo, Will?). Mais um exemplo de trocadilho implícito ocorre no verso 12 do soneto 99: "A vengeful canker eat him up to death" na tradução em verso resultou em "Um verme vingativo a despetala". Shakespeare está censurando uma rosa ladra ("him") que roubou o hálito do Belo Rapaz. Nesse contexto, a afirmação "a despetala" também poderia ser interpretada como ato de fala contendo um prognóstico de mau agouro: "há de espetá-la".

Ao mesmo tempo que o tradutor ia tomando essas liberdades na tradução, consolidava-se na sua cabeça a convicção de que a licença poética, que Horácio diz sempre ser direito dos poetas e pintores, também deve se estender aos tradutores de poesia. Ela vai então permitir ousadias de tipo gramatical ou semântico; vai permitir o uso de arcaísmos e/ou anacronismos; vai permitir certas formulações lúdicas ou jocosas. A convicção foi adotada e aqui é reivindicada em diversos casos que, na visão de Vizioli, têm a ver com o *tom* do poema. Assim, no verso 13 do soneto 21 foi empregado o informal termo "lero-lero" para traduzir "hearsay". No sétimo verso do soneto 35 aparece a palavra "bobagem" para traduzir "amiss". No sétimo verso do soneto 68 o informal e pejorativo termo "bestunto" foi considerado muito bom para traduzir "second head" no contexto do poema. No quarto verso do soneto 70 a palavra escolhida para traduzir "crow" foi "urubu", que, com seus três lúgubres "us", enfatiza o caráter da calúnia e seus soturnos efeitos. No quinto verso do soneto 117 o termo "manés", igualmente informal e talvez considerado gíria, foi empregado para traduzir "unknown minds"; e "bondoso olhado" (expressão inovadora que só pode ser entendida em oposição a "mau olhado") foi empregada para traduzir "your sight". Finalmente, no quarto verso do soneto 130, "If hairs be wires, black wires grow on her head", foi assim traduzido em verso: "E o cabelo é bombril e escuridão". Nesse caso a escolha do tradutor não foi feita sem alguma hesitação suscitada pela suspeita de que o termo "bombril" pudesse ser considerado politicamente incorreto. Mas comparem-se nesse caso outras soluções adotadas por outros tradutores desse verso, mais literais e menos surpreendentes, como nos exemplos seguintes:

"Como de arame preto é a cabeleira dela", Jerônimo de Aquino, 1956.
"Se arames são cabelo, arame negro a adorna", Oscar Mendes, 1969.
"E seus cabelos, fios de algum negro metal", Péricles Eugênio da Silva Ramos, 1975?
"Se são fio os cabelos, negro é o seu", Jorge Wanderley, 1990.
"Se há toucas de oiro, negro fio a touca", Vasco Graça Moura, 2002.

O leitor é convidado a fazer a sua escolha (*Pace tua*, Biinha), tendo em mente que, além do mais, a palavra "bombril" foi obviamente criada a partir de bom+brilho. E a palavra "brilho" certamente está entre as mais bonitas da língua portuguesa.

É bem provável que todos os casos mencionados em que o tradutor recorreu à "licença poética" fossem vistos pelo mestre Vizioli como exemplos de adaptação, não de recriação poética. Guardado o máximo respeito devido ao querido mestre, caberia então a pergunta de Julieta e sua resposta: "What's in a name? That which we call a rose / By any other name would smell as sweet". Ou seja, "O que é um nome? O que chamamos 'rosa' com outro nome teria o mesmo perfume". O fato é que o tradutor optou em seu trabalho pelo usufruto do prazer não só estético, mas também lúdico da tradução. Esse mesmo duplo prazer foi desfrutado na tradução do 3º quarteto do soneto 82:

And do so, love; yet when they have devised
What strainèd touches rhetoric can lend,
Thou, truly fair, wert truly sympathised
In true plain words by thy true-telling friend.

Aqui Shakespeare emprega a figura de linguagem conhecida como poliptóton, que consiste na repetição de uma palavra em diversos casos e formas: truly — truly — true — true-telling. O tradutor optou por usar quatro vezes palavras que pelo menos foneticamente sugerem o vocábulo "sim", que tem uma prosódia semântica positiva mais ou menos equivalente a "true".

Faz isso, amor, mas se um poeta um dia
Na retórica se exaurir contigo,
Tu, belo sim, és visto em simpatia
Em simples versos do sincero amigo.

Nenhum comentário será feito aqui sobre a tradução dos "will sonnets", que é como são designados os sonetos 135 e 136. Os múltiplos significados de Will/will transparecem nas traduções propostas e são explicitados nas notas que as acompanham. Convém, porém, observar que, "seja como for, é muito provável que Shakespeare e seus amigos do sexo masculino se divertissem com esses chistes de ordem sexual" (Rex Gibson, p. 135).

* * *

(Adotada a reivindicação da ousadia horaciana, o tradutor chegou a algumas convicções pessoais. O tradutor de poemas de forma fixa faz o que pode, usando de toda a liberdade que puder assumir e justificar. Traduzir um soneto de Shakespeare é menos inútil e bem mais agradável do que passar o tempo diante da tevê sem ter optado previamente por nenhum programa. Traduzir um soneto de Shakespeare é um pouco como solucionar um quebra-cabeça de palavras de línguas cruzadas, só que a solução fica sempre aberta. Se um poema traduzido não tiver mérito algum, a culpa é toda do tradutor. Se um poema traduzido tiver algum mérito, esse mérito é dividido entre o poeta e o tradutor em partes desiguais. A tradução de um poema de forma fixa é sempre mais "fácil", mais gratificante e mais enganadora do que a tradução de um poema de forma supostamente livre. Quem admira e traduz um grande poeta consagrado sente que sempre tem bons motivos para pedir perdão. Quem admira e traduz um poeta consagrado tem sempre bons motivos para alegrias *íntimas* que podem ser compartilhadas, talvez até mendigando alguma boa recepção. Um poeta admirado e amado deveria permitir ao tradutor algumas liberdades íntimas — até mesmo lúdicas. A ousadia de um tradutor não deveria implicar nenhum desrespeito pelo autor. O prazer que se origina da fluência, cadência, perfeição de métrica e rima é às vezes coroado pelo aplauso fácil — por isso é um prazer perigoso. Em outras palavras, o prazer que o tradutor sente diante do poema traduzido é tão grande quanto enganoso. A licença poética aqui reivindicada tem algo a ver com o *Make it new* de Ezra Pound.)

* * *

Vários autores ajudaram o tradutor na sua travessia dos *The Sonnets* até *Os sonetos*, desde o ponto de partida, no litoral da ilha da Grã-Bretanha, até o ponto de chegada, no litoral luso-brasileiro.

A ideia da aventura foi concebida, como já foi dito acima, a partir do estudo de alguns sonetos em sala de aula. Mas o embarque de fato só aconteceu graças a uma dupla colaboração antes da travessia: (1) a de Barbara Herrnstein Smith com sua obra *William Shakespeare — Sonnets* (Nova York: Avon Books, 1969), livro de bolso editado por ela com uma introdução de 32 páginas, boas notas de rodapé para cada soneto, terminando com mais de 80 páginas contendo um índice temático e um índice com breves comentários para as palavras-chave; e (2) a de Barbara A. Mowat e Paul Werstine com seu *Shakespeare's Sonnets* (Nova York: Washington Square Press, 2004), editado por eles, de novo no formato de livro de bolso, com uma introdução de 32 páginas, notas detalhadas para cada soneto, notas mais longas no fim, além de um ensaio de Lynne Magnusson intitulado "Shakespeare's Sonnets: A Modern Perspective" e uma lista de obras sugerindo outras leituras.

Outros três passageiros do lado de lá estiveram presentes durante a travessia: Stephen Booth, G. Blackmore Evans e Rex Gibson. A obra *Shakespeare's Sonnets* de Booth (New Haven Londres: Yale University Press, 1977, republicada como um Yale Nota Bene book em 2000) tem 583 páginas, 404 delas recheadas de comentários dos sonetos, e é tida como a "Bíblia" para os estudiosos do assunto. Booth foi o consultor para casos especiais. Com G. Blackmore Evans (*The Sonnets* da coleção The New Cambridge Shakespeare, Nova Délhi: 1997, reimpressão de 2008) o tradutor entrou em contato já no meio da viagem, mas sua participação foi muito importante sobretudo durante o cotejo e a revisão das traduções em prosa e verso. São muito valiosas suas 164 apinhadas páginas de comentários, muitas vezes baseados em Booth. Rex Gibson (*Shakespeare — The Sonnets.* Reino Unido: Cambridge University Press, 1997, 2000) é de longe o mais didático e acessível dos três colegas de viagem. Sua obra, concebida para uso em sala de aula, contém informações tão claras quanto úteis. Cada soneto é seguido de uma explanação do conteúdo e uma breve lista de palavras explicadas. São sugeridas muitas atividades para o trabalho em sala de aula. Gibson declara que sua edição se vale do texto estabelecido por G. Blackmore Evans, que é exatamente o texto adotado neste livro, como já foi dito antes.

Houve mais um passageiro anglófono que foi consultado em vários momentos cruciais da travessia: A. L. Rowse. Seu já citado livro *Shakespeare's Sonnets — The Problems Solved* (Nova York: Harper & Row, 1973) foi muito útil graças à sua também já mencionada tradução intralingual em prosa de cada soneto.

No mesmo barco estava um grupo lusófono de autores/tradutores. Alguns deles já foram mencionados, mas é preciso indicar suas obras e incluir mais alguns nomes. Em ordem cronológica, dos mais antigos para os mais recentes, aqui vai a listagem:

Jerônimo de Aquino (*William Shakespeare — Sonetos*. Volume XXII das Obras Completas de Shakespeare publicadas em São Paulo pela Edições Melhoramentos. Nessa obra, que é bilíngue, não consta a data da publicação do volume, mas no prefácio, assinado por Carlos Alberto Nunes, se lê: São Paulo, junho de 1956). Sobre Jerônimo de Aquino quase nada se sabe. A única informação sobre esse intrépido tradutor bandeirante pode ser conferida em http://naogostodeplagio.blogspot.com.br/2008_08_01_archive.html, um blog de 2008, atualizado em agosto de 2010, que informa o seguinte: "Jerônimo de Aquino foi professor do curso da escola normal de Guaratinguetá por volta dos anos 1940. [...] As traduções de Jerônimo de Aquino ainda não estão em domínio público". Nessa edição bilíngue, os sonetos traduzidos se apresentam em dodecassílabos, rimados de acordo com o esquema do soneto shakespeariano.

Oscar Mendes, junto com F. Carlos de Almeida Cunha Medeiros, publicou outra tradução da obra completa de Shakespeare (Rio de Janeiro: José Aguilar, 1969), e coube a ele preparar a tradução e as notas das obras líricas. Obra monolíngue, traz os 154 sonetos traduzidos em dodecassílabos sem rimas.

Péricles Eugênio da Silva Ramos. Sua obra *Sonetos de Shakespeare* é bilíngue e contém 45 sonetos em versos dodecassílabos rimados. Não consta nenhuma data na 4ª edição publicada no Rio de Janeiro pela Ediouro. Ela deve ser de meados da década de 1970.

Jorge Wanderley, *William Shakespeare — Sonetos*. (Rio de Janeiro: Civilização Brasileira, 1991). Neurocirurgião pernambucano, no meio do caminho de sua vida, Wanderley abandonou a medicina para se dedicar à literatura, especializando-se em tradução de poesia, como atestam sua dissertação de mestrado e a tese de doutorado. Wanderley defende a musicalidade do verso traduzido. Reforçando essa mesma ideia, diz que "uma tradução deve fluir" (p. 20). Referindo-se a sonetos traduzidos por Ivo Barroso, ele afirma que "a poética que norteia essa tradução se aproxima dos princípios que julgo devam ser privilegiados neste contexto" (p. 21). (Wanderley se refere a 24 sonetos traduzidos por Ivo Barroso e publicados em 1975.) A obra de Jorge Wanderley é bilíngue, e os 154 sonetos foram traduzidos em decassílabos e seguem o esquema de rimas de Shakespeare.

Ivo Barroso, *William Shakespeare — 30 sonetos*. (Rio de Janeiro: Nova Fronteira, 1991). Edição bilíngue. Os sonetos desse ilustre mineiro se apresentam em decassílabos rimados.

Barbara Heliodora, *Poemas de Amor de William Shakespeare* (Rio de Janeiro: Ediouro, 2000). A coleção contém a tradução de dezenove sonetos, em decassílabos rimados.

Vasco Graça Moura, *Os sonetos de Shakespeare*. (Lisboa: Bertrand Editora, 2002). Moura publicou inicialmente dezessete sonetos (em 1978) e depois cinquenta (em 1970) traduzidos por ele em versos dodecassílabos e rimados. A versão integral dos sonetos desse tradutor português foi toda feita em versos decassílabos sempre rimados.

Anotações feitas durante a travessia e depois

Foi feita uma constatação digna de nota. Jerônimo de Aquino, Oscar Mendes e Péricles Eugênio da Silva Ramos optaram por versos de doze sílabas para traduzir os pentâmetros iâmbicos de Shakespeare. Já os tradutores mais recentes, como Jorge Wanderley, Ivo Barroso e Barbara Heliodora, preferiram versos de dez sílabas, mais próximos da versificação shakespeariana. Vasco Graça Moura é um caso à parte. Seus primeiros dezessete sonetos, publicados em 1978, e depois outros cinquenta, publicados em 1970, se apresentaram em versos dodecassílabos rimados. Mas sua versão integral da sequência traz todos os sonetos em versos decassílabos. Assim, no que se refere à tradução dos sonetos de Shakespeare para a língua portuguesa, Moura é o caso emblemático de uma transição: da opção por versos dodecassílabos, preferida pelos tradutores mais antigos, para os decassílabos, preferida pelos mais recentes.

Quem justifica sua opção pelos versos dodecassílabos argumenta que o inglês é uma língua mais sintética e monossilábica que o português. Péricles Eugênio da Silva Ramos apela para a conclusão a que chegou Giuseppe Ungaretti, poeta "italiano do Egito" (Antônio Cândido, Estudos Avançados vol. 8 nº 22, São Paulo, set./dez. 1994. Disponível em: http://www.scielo.br/scielo.php?script=sci_arttext&pid=S0103-40141994000300025) talvez mais conhecido em São Paulo por ter lecionado literatura italiana na USP, de 1937 a 1942. Ungaretti, que traduziu quarenta sonetos da sequência para o italiano, concluiu que "cada pentâmetro de Shakespeare adquire, em sua língua, a média de dezesseis sílabas" (*apud* Péricles Eugênio da Silva Ramos, p. 11). Portanto, para garantir a tradução do sentido, um número maior de palavras se faz necessário. É possível observar, por exemplo, que 13 dos 154 sonetos terminam com um dístico de pelo menos vinte palavras; ou seja, cada verso de dez sílabas é constituído por dez ou mais palavras. (Ver exemplos desse caso nos sonetos 2, 18, 26, 43, 96, 103, 115, 129, 134, 136, 146, 147 e 149.) Isso sem falar das muitas dezenas de outras ocorrências semelhantes nos outros doze versos de cada soneto. Essa constatação motivou a preferência de PESR pelo dodecassílabo na tradução, o que, no fundo, significa uma preferência pela preservação do sentido. Já a preferência pelo decassílabo no mesmo caso é uma preferência pela preservação da sonoridade. Jorge Wanderley afirma enfaticamente: "O som de um decassílabo (no caso o pentâmetro iâmbico) *não é o som de um dodecassílabo ou outro qualquer*" (p.19). Vasco Graça Moura, que, como vimos, em detrimento de sua opção anterior pelo dodecassílabo passou depois a preferir o decassílabo, diz que este é "mais próximo, embora não coincidente nas acentuações, do pentâmetro jâmbico shakespeariano" (p. 9).

Anotações marginais. (1) Por obra do mero acaso, a tradução presente neste livro contém pelo menos quatro versos decassílabos feitos de apenas três palavras cada um: "Transacionando nessa solidão" — soneto 4, v. 9; "Nada prevejo detalhadamente" — soneto 14, v. 15; "Lamentando lamentos lamentados" — soneto 30, v. 9; "Sugerindo aventuras amorosas" — soneto 95, v. 6; e dois versos contendo, cada um, mais de dez palavras: "Ah, não! Eu sou o que sou e os maus astutos" — soneto 121, v. 9, onze palavras; "Que a tua cor negra é a mais bela a meu ver" — soneto 131, v. 2, doze palavras. (2) Embora pareça estranho aos nossos olhos e ouvidos, certas palavras, como "even", "heaven" e "power", são geralmente empregadas como monossílabos nos sonetos de Shakespeare. Exemplos: "Where breath most breathes, *even* in the mouths of men" (soneto 81, v. 14), "To shun the *heaven* that leads men to this hell" (soneto 129, v. 14) e "Use *power* with *power*, and slay me not by art" (soneto 139, v. 4). De forma semelhante, a palavra "verão" é às vezes monossilábica nos sonetos de Graça Moura. Exemplos: "a flor do verão ao verão traz a doçura" (soneto 94, v. 10); "que o verão a seu prazer a ti se alia" (soneto 97, v. 11).

* * *

Com relação ao texto original dos sonetos três fatos foram anotados: (1) a presença de termos arcaicos como "ere" significando "before, early" em 6, v. 2 e 4, 68, v. 8, 73, v. 14 e em 104, v. 14; "erst" como forma superlativa de "ere" em 12.6; o arcaico emprego de "which" em vez de "who" (quando o antecedente do pronome é uma pessoa e não uma coisa) em 20, v. 8, 31, v. 4 e 7, 35, v. 14, 38, v. 10, 84, v. 1, 86, v. 9, 204, v. 8, 206, v. 13, 121, v. 3 e 8, 124, v. 10 e 14, 144, v. 2; a presença de formas aferéticas como "'twixt" em vez do arcaico "betwixt" com o significado de "between" em 75, v. 4 e 115, v. 6; "fore" em vez de "before" em 7, v. 11; "'cide" em vez de "decide" em 46, v. 9; a presença de formas inesperadas como "like of" significando "gostam de" em 21, v. 13, "many's" como forma possessiva de "many" em 93, v. 7 e "worser" como forma reduplicativa do comparativo "worse". (2) Também foi anotada a discrepância de gênero nas duas línguas implicadas na obra. Não se quer falar aqui apenas do caso específico do soneto 97, no qual o outono aparece grávido e quem o engravidou foi a primavera; nem da Morte, que em inglês é sempre "he", ou seja, "o Morte". Mas chamaram a atenção, no soneto 99, os dois "his" referindo-se a uma ladra rosa. Esse gênero masculino ecoa depois no último verso do soneto 109, no qual Shakespeare se dirige ao Belo Rapaz chamando-o de "my rose". Nesse caso, a opção do tradutor foi empregar uma correspondência aproximada do gênero masculino: "botão em flor". No soneto 102 foi anotada a estranha tríplice referência ao rouxinol: no masculino "his" no verso 8 e no feminino "her" nos versos 10 e 13. O emprego de "his" nesse caso é muito discutido pelos estudiosos dos sonetos. (3) Anotada foi também a frequente repetição de rimas em /i/ nos sonetos de Shakespeare. Elas ocorrem em 75 dos poemas da sequência, e em 15 deles duas vezes. Já nos sonetos traduzidos é mais frequente a rima em -ar. Ela ocorre em 57 sonetos; um caso especial é o soneto 66, já comentado acima: nele a dupla de rimas

-ar/-ada se repete nos versos 1-12. Que significam esses fatos? Talvez apenas que nem Shakespeare nem o tradutor se preocuparam muito com essas repetições de rimas. Nem as buscaram deliberadamente, nem sentiram a necessidade da exclusão delas, que provavelmente derivam da índole do inglês e do português. Nesse caso, digno de nota é também o fato de que só se percebe a presença de tantas rimas em /i/ nos sonetos de Shakespeare quando se faz um levantamento específico sobre esse assunto. Caso contrário, o fato passa despercebido. Oxalá o mesmo aconteça com os sonetos traduzidos!

* * *

Prefaciando a tradução de Jerônimo de Aquino, Carlos Alberto Nunes mostra com detalhes o profundo esquecimento em que caíram os sonetos de Shakespeare depois da morte do autor. Foi um esquecimento pesado, documentado, que perdurou cerca de dois séculos (cf. *Sonetos* — tradução de Jerônimo de Aquino, p. 7). Depois os sonetos ressuscitaram para nunca mais morrer. Cabe então perguntar: por que, hoje, os *The Sonnets* são, segundo as estatísticas, campeões de venda em relação a tudo o mais que William Shakespeare escreveu? Anthony Hecht lança essa pergunta e ele mesmo propõe uma resposta dizendo que o maior número de seus leitores é constituído por pessoas jovens apaixonadas, para quem esses sonetos são "um *vade mecum* compacto e irresistível" (Evans, p. 1). (Há quem torça um patusco nariz meio cético em relação a essa explicação envolvendo "jovens apaixonados".) Na opinião do tradutor, talvez também se deva dizer que a popularidade dos sonetos está relacionada, em primeiro lugar, com o fato de se tratar de composições para serem lidas e não encenadas, como acontece com as peças dramáticas de Shakespeare; em segundo lugar, a popularidade deles se deve também ao fato de alguns dos leitores se deixarem encantar pelos sonetos a ponto de se sentirem tentados a traduzi-los para a sua língua — e às vezes caírem nessa tentação. O próprio tradutor dos sonetos traduzidos deste livro se encantou com o primeiro soneto de Shakespeare que apareceu no seu caminho, e depois com outros. Mas o primeiro, o soneto 73, foi memorizado e até hoje faz parte de sua pequena antologia poética da insônia, muitas e muitas vezes recitada em vão, mas não sem certo prazer. (É claro que, desde o primeiro encontro até hoje, muitos anos se passaram, e o soneto 73, que antes era belo e romântico, hoje é belo e melancólico.) Por algum misterioso motivo surgiu nele um dia o desejo de traduzir o primeiro soneto, depois outro, depois outros, depois todos.

Vizioli diz que "traduzir poesia é, acima de tudo, um trabalho de amor". E prossegue falando "em obediência à própria vocação" e afirmando, como já se disse antes, que a satisfação almejada por quem traduz "é fundamentalmente de natureza estética" (p. 111). Causa uma certa estranheza aos ouvidos de quem conheceu Vizioli primeiro como colega, depois como orientador e por fim como amigo, essa descrição da tradução de poesia como "um trabalho de amor". Amor por quem compôs o poema? Pelo poema em si? Por si mesmo na função de tradutor? Pelo resultado do trabalho? Provavelmente por tudo isso misturado. No caso deste livro, o fato é que a convivência com os sonetos de Shakespeare, ora mais, ora menos intensa, pelo período de já quase treze anos, propiciou ao tradutor uma certa prazerosa intimidade com os poemas e, via metonímia, com seu autor. *Thank you*, Will.

São Paulo, 1º de dezembro de 2016.
Almiro W. S. Pisetta

TO.THE.ONLIE.BEGETTER.OF.
THESE.INSVING.SONNETS.
M^{r}.W.H. ALL.HAPPINESSE.
AND.THAT.ETERNITIE.
PROMISED.

BY.

OVR.EVER-LIVING.POET.

WISHETH.

THE.WELL-WISHING.
ADVENTVRER.IN.
SETTING.
FORTH.

T. T.

À INSTIGANTE

LEITORA E DESTES SONETOS

INTÉRPRETE ORIGINAL

SEMPRE BONDOSA

REVISORA INFLEXÍVEL

ASSIM OS DEDICO:

LINDA LINDA MAIS QUE LINDA

ESTRELA FIXA IDEAL

NADA EXISTE EM TI E EM MIM

IMPEDINDO O QUE EU PREVI

TÃO EVIDENTE DESDE O ALBOR

AQUI O DECLARO: TE AMO E ADMIRO

THE SONNETS OF WILLIAM SHAKESPEARE & OS SONETOS DE ALMIRO W. S. PISETTA

I

From fairest creatures we desire increase,
That thereby beauty's rose might never die,
But as the riper should by time decease,
His tender heir might bear his memory:
But thou, contracted to thine own bright eyes,
Feed'st thy light's flame with self-substantial fuel,
Making a famine where abundance lies,
Thyself thy foe, to thy sweet self too cruel.
Thou that art now the world's fresh ornament,
And only herald to the gaudy spring,
Within thine own bud buriest thy content,
And, tender churl, mak'st waste in niggarding:
  Pity the world, or else this glutton be,
  To eat the world's due, by the grave and thee.

Nós desejamos a multiplicação das criaturas mais belas, para que assim a rosa da beleza nunca venha a desaparecer. Pois, sendo que o mais maduro, com o tempo, está fadado à morte, seu tenro herdeiro deve guardar sua memória. Mas tu, comprometido com teus belos olhos, alimentas a luz da tua chama com o combustível de tua própria essência, criando carestia onde há abundância. Tu és inimigo de ti mesmo, cruel demais com teu doce eu. Tu, que ora és o jovem ornamento do mundo e único arauto da vistosa primavera, em teu próprio botão ocultas teu conteúdo e, jovem avarento, armazenando desperdiças. Tem dó do mundo, ou então sê esse glutão que, antes de ser engolido pela cova, morrendo sem filhos, engole o que ao mundo é devido.

1

Que os mais belos se expandam mais e mais,
Que seja eterna a rosa da beleza.
O tempo o mais maduro leva, e traz
Seu herdeiro a lembrança com leveza.
Tu com teu lindo olhar ensimesmado,
Chama que de si mesma se alimenta,
Na abundância vives esfaimado:
Ego-hostil contra ti em luta cruenta.
Enfeite renovado deste mundo,
Tu tens a primavera, tu enfeitiças,
E em teu botão te fechas lá no fundo:
Poupando-te a ti mesmo desperdiças.
  Tem dó do mundo, ou sê esse glutão
  Que se engole e a sós se enterra no chão.

Inicia-se aqui a série dos "sonetos de procriação". São os primeiros dezessete sonetos da coletânea. Neles o poeta pede ao "Fair Youth" (doravante denominado "Belo Rapaz") que se case e tenha filhos. As razões desse estranho pedido são várias. A primeira delas está no primeiro soneto: os filhos preservarão a beleza, agora primaveril, do Belo Rapaz.

3 the riper = os mais velhos. *5 contracted to* = noivo de, que só amas; *6 self--substantial* = auto-alimentado. *11 content* = conteúdo; contentamento; sêmen (primeira de muitas insinuações de ordem sexual nos sonetos de Shakespeare). *12 tender churl* = jovem pão-duro. *12 in niggarding* = guardando, armazenando.

II

When forty winters shall besiege thy brow,
And dig deep trenches in thy beauty's field,
Thy youth's proud livery so gazed on now
Will be a tottered weed of small worth held:
Then being asked, where all thy beauty lies,
Where all the treasure of thy lusty days,
To say within thine own deep-sunken eyes
Were an all-eating shame, and thriftless praise.
How much more praise deserved thy beauty's use,
If thou couldst answer, 'This fair child of mine
Shall sum my count, and make my old excuse',
Proving his beauty by succession thine.
  This were to be new made when thou art old,
  And see thy blood warm when thou feel'st it cold.

Quando quarenta anos sitiarem a tua testa e cavarem profundas trincheiras no campo de tua beleza, a orgulhosa libré de tua formosura, agora tão admirada, será um traje esfarrapado de pouco valor. Então, quando te perguntassem onde está toda a tua beleza, onde está todo o tesouro dos teus dias fogosos, dizer que estão dentro dos teus olhos fundos e encovados seria uma vergonha mordaz e um elogio improfícuo. O uso de tua beleza mereceria muito mais louvor se tu pudesses responder: "Este meu belo filho saldará minha conta e desculpará minha velhice", provando que essa beleza, por sucessão, é tua. Isso significaria ser renovado quando estiveres velho, e ver teu sangue aquecido quando o sentires frio.

2

Com já quarenta invernos tua testa
Riscada em tua beleza quando for,
Tua jovem libré da grande festa
Será um trapo já quase sem valor.
À pergunta cadê a tua beleza —
O tesouro da vida mais fogosa —,
Mostrar na cova os olhos com frieza
Seria uma vergonha lastimosa.
Mais louvor teria o uso da beleza
Se pudesses dizer: "Esta criancinha
Há de a conta fechar-me com justeza:
Hoje é dela a beleza que era minha."
  Então renascerias na velhice
  Aquecendo o teu sangue frio e triste.

A paternidade é apresentada como uma forma de preservar, na velhice, algo da juventude.

3 livery = libré, uniforme de gala. *4 tottered weed* = traje esfarrapado. *6 lusty* = joviais e vigorosos. *8 all-eating* = corrosiva. *8 thriftless* = inútil. *10 fair* = louro; belo. *12 by succession* = por hereditariedade.

III

Look in thy glass and tell the face thou viewest,
Now is the time that face should form another,
Whose fresh repair if now thou not renewest,
Thou dost beguile the world, unbless some mother.
For where is she so fair whose uneared womb
Disdains the tillage of thy husbandry?
Or who is he so fond will be the tomb
Of his self-love to stop posterity?
Thou art thy mother's glass, and she in thee
Calls back the lovely April of her prime;
So thou through windows of thine age shalt see,
Despite of wrinkles, this thy golden time.
  But if thou live remember'd not to be,
  Die single, and thine image dies with thee.

Olha no espelho e diz ao rosto que vês: "Chegou o tempo em que este rosto deve formar outro". Se agora não renovares esse aspecto juvenil, tu decepcionas o mundo, desabençoas alguma mãe. Pois onde existe uma mulher tão bela cujo ventre não arado desdenha o teu cultivo? Ou quem será tão tolo a ponto de barrar a posteridade sendo o túmulo do teu amor-próprio? Tu és o espelho de tua mãe, e ela evoca em ti o belo abril da sua primavera. Assim, apesar das rugas, através da janela da tua idade tu verás esta tua fase dourada. Mas, se vives para não ser lembrado, morre solteiro, e tua imagem morrerá contigo.

3

Diz no espelho ao teu rosto refletido:
"Alguém devo fazer igual a mim".
Se o bem da juventude for retido,
Logras o mundo e secas uma mãe.
Quem tão bela, de ventre nunca arado,
Desdenha o teu cultivo de marido?
Quem tão louco em si guarda sepultado
O que podia tê-lo sucedido?
Espelhas tua mãe que em si predisse
Tua beleza em plena primavera.
Assim pelas janelas da velhice
Entre rugas verás tua face bela.
  Mas se queres ficar no esquecimento,
  Morre solteiro, enterra o teu talento.

A paternidade não só previne a aniquilação da própria imagem como também significa uma bênção para a mulher/mãe.

3 fresh repair = condição intacta, aspecto jovem. *4 unbless* = privar da bênção. *5 uneared* = não arado. *6 husbandry* = cultivo (referência velada ao dever sexual do marido). *7 fond* = tolo.

IV

Unthrifty loveliness, why dost thou spend
Upon thy self thy beauty's legacy?
Nature's bequest gives nothing, but doth lend,
And being frank she lends to those are free:
Then, beauteous niggard, why dost thou abuse
The bounteous largess given thee to give?
Profitless usurer, why dost thou use
So great a sum of sums, yet canst not live?
For having traffic with thy self alone,
Thou of thyself thy sweet self dost deceive:
Then how when Nature calls thee to be gone,
What àcceptable audit canst thou leave?
Thy unused beauty must be tombed with thee,
Which usèd lives th'executor to be.

Belo imprevidente, por que desperdiças contigo o legado de tua beleza? A Natureza empresta sem nada dar de graça e, sendo dadivosa, ela empresta aos que são generosos. Então, belo avarento, por que abusas dos generosos dons que te são concedidos para repassar? Usurário sem lucro, por que tu empregas uma soma tão grande e ainda assim não poderás sobreviver? Ocorre que, ocupando-te só contigo mesmo, tu fraudas teu delicado ser. Então, quando a Natureza te chamar para ir embora, que aceitável prestação de contas poderás apresentar? Não usada, tua beleza deverá ser enterrada contigo; usada, ela viverá para administrar o teu legado.

4

Ó belo imprevidente, vais gastando
Só contigo o legado da beleza?
Só é generosa a Natureza quando
Bondosa empresta a quem tem mais largueza.
Gentil pão-duro, por que desperdiças
Os dons que recebeste para dar?
Por que essa usura inútil em que viças,
Tão grande soma sem poder usar?
Transacionando nessa solidão
O teu eu — só — engana o próprio eu.
Que balanço final terás então,
Se cobra a Natureza o que te deu?
  Intacta, tua beleza morre inteira;
  Usada, ela seria tua herdeira.

A imagem predominante no soneto é a do desperdício, que se associa à masturbação: o sêmen nesse caso não resulta na fecundação de uma mulher.

1 unthrifty = incauto. *3 bequest* = empréstimo. *4 free* = generosos. *5 niggard* = sovina. *6 bounteous* = abundante.

V

Those hours that with gentle work did frame
The lovely gaze where every eye doth dwell
Will play the tyrants to the very same,
And that unfair which fairly doth excel;
For never-resting time leads summer on
To hideous winter and confounds him there,
Sap checked with frost and lusty leaves quite gone,
Beauty o'ersnowed and bareness every where:
Then were not summer's distillation left
A liquid prisoner pent in walls of glass,
Beauty's effect with beauty were bereft,
Nor it nor no remembrance what it was.
  But flowers distilled, though they with winter meet,
  Leese but their show; their substance still lives sweet.

Aquelas horas que com delicado trabalho moldaram o belo objeto no qual todos os olhos se fixam serão tiranas com esse mesmo objeto e enfeiarão aquele que, em beleza, se destaca. Pois o tempo que nunca para vai levando o verão rumo ao abominável inverno e ali o destrói: a seiva é reprimida pela frigidez, e as viçosas folhas somem totalmente; a beleza é coberta pela neve, e a aridez abrange tudo. Então, se o verão não tivesse sido destilado num líquido feito prisioneiro dentro de paredes de vidro, o efeito da beleza com a beleza se perderia, não sobrando nem ela nem a lembrança dela. Mas flores destiladas, embora enfrentando o inverno, perdem apenas sua aparência; a essência delas continua viva.

5

O tempo delicado que manobra
O belo objeto que deleita o olhar
Será o tirano de sua própria obra,
E o belo enfeiará com seu passar.
O tempo sem parar leva o verão
Para o odioso inverno que o desfaz:
A seiva é congelada, as folhas vão,
Encoberta a beleza estéril jaz.
Se a essência do verão não ficar presa
Em paredes de vidro destilada,
Perde-se o enfeite e o efeito da beleza,
Tudo é esquecido, já não sobra nada.
  Mas destilada a flor, mesmo no inverno,
  Só a imagem morre, a essência é dom eterno.

A sucessão das estações simboliza a passagem do tempo. As flores, que têm seu auge no verão, perecem no inverno. Um modo de preservá-las é destilar sua essência. Mais uma metáfora da procriação.

4 unfair = retirar a beleza de. *4 fairly* = no que se refere à beleza. *6 confounds* = estraga, elimina. *10 pent* = confinado. *11 were bereft* = seria perdido. *14 Leese* = perdem.

VI

Then let not winter's ragged hand deface
In thee thy summer ere thou be distilled:
Make sweet some vial; treasure thou some place
With beauty's treasure ere it be self-killed.
That use is not forbidden usury
Which happies those that pay the willing loan;
That's for thyself to breed another thee,
Or ten times happier be it ten for one;
Ten times thyself were happier than thou art,
If ten of thine ten times refigured thee:
Then what could death do if thou shouldst depart,
Leaving thee living in posterity?
  Be not self-willed, for thou art much too fair
  To be death's conquest and make worms thine heir.

Então não deixes que a rude mão do inverno desfigure em ti o verão antes de seres destilado. Enche algum frasco de perfume; enriquece algum lugar com tua beleza antes que ela se autodestrua. Não é proibida aquela usura que faz feliz quem de bom grado paga o empréstimo. Cabe a ti mesmo criar outro teu semelhante e serás dez vezes mais feliz se forem dez por um. Dez vezes tu mesmo mais feliz serás, se dez dos teus dez vezes te reproduzirem. Então a morte nada poderá fazer, se tiveres de partir, deixando-te a ti mesmo na posteridade. Não sejas egoísta, pois és belo demais para seres vítima da morte tendo os vermes como teus herdeiros.

6

Então que a mão do inverno não apague
Em ti o verão sem seres destilado:
Alegra um novo frasco que resguarde
O dom da tua beleza, preservado.
Não há proibida usura no contrato
Que alegra quem aceita pagar juro;
Se tu gerares outro eu de fato,
Mais feliz serás, já terás lucro.
Dez vezes mais feliz que és serias,
Em dez de ti dez vezes refletido:
Então na morte nada sofrerias,
Deixando-te viver depois de ido.
  Não teimes só: alguém tão bem-dotado
  Não pode só aos vermes ser legado.

Continua a metáfora da destilação, processo que pode ser repetido muitas vezes, resultando na proliferação: um pai, por exemplo, pode ter dez filhos.

2 ere = "before". *3 vial* = frasco; metaforicamente, útero. *6 happies* = alegra. *13 self-willed* = teimosamente centrado em si mesmo.

VII

Lo in the orient when the gracious light
Lifts up his burning head, each under eye
Doth homage to his new-appearing sight,
Serving with looks his sacred majesty;
And having climbed the steep-up heavenly hill,
Resembling strong youth in his middle age,
Yet mortal looks adore his beauty still,
Attending on his golden pilgrimage:
But when from highmost pitch, with weary car,
Like feeble age he reeleth from the day,
The eyes (fore duteous) now converted are
From his low tract and look another way:
   So thou, thyself outgoing in thy noon,
   Unlooked on diest unless thou get a son.

Olha, quando no oriente o gracioso sol ergue sua fronte flamejante, cada espectador cá embaixo presta homenagem à sua nova aparição, reverenciando com olhares sua sagrada majestade. E, depois de escalar a íngreme colina celestial, ele parece um robusto jovem na meia-idade. A essa altura, olhares mortais ainda adoram sua beleza, sempre atentos à sua dourada peregrinação. Mas quando, deixando o ápice em seu carro cansado, como um frágil velho ele oscila deixando o dia, os olhos, antes prestativos, agora se desviam de sua baixa rota e se voltam para outra direção. Assim tu, excelente em tua plenitude, morrerás esquecido se não tiveres um filho.

7

Vê, quando a leste o sol todo fulgente
Ergue sua fronte em chamas, cada olhar,
Ante a nova aparição, reverente,
Contempla a majestade em seu altar.
Já escalada a montanha celestial,
Como um jovem viril na meia-idade,
Sua beleza ainda adora o olhar mortal,
Admirando a dourada agilidade.
Mas quando o carro, do ápice cansado,
Velho e fraco do dia se retira,
Cada olhar se desvia para o lado,
Já sem respeito pela baixa pira.
    Assim tu, extinguindo-se teu brilho,
    Morrerás só se não houver um filho.

Aqui a passagem do tempo é simbolizada pelo percurso do sol ao longo do dia. A procriação é uma forma de evitar as consequências do ocaso.

2 under eye = observador terreno. *10 reeleth* = retira-se cambaleante. *11 fore* = "before". *11 duteous* = obsequiosos.

VIII

Music to hear, why hear'st thou music sadly?
Sweets with sweets war not, joy delights in joy:
Why lov'st thou that which thou receiv'st not gladly,
Or else receiv'st with pleasure thine annoy?
If the true concord of well-tunèd sounds,
By unions married, do offend thine ear,
They do but sweetly chide thee, who confounds
In singleness the parts that thou shouldst bear;
Mark how one string, sweet husband to another,
Strikes each in each by mutual ordering;
Resembling sire, and child, and happy mother,
Who all in one, one pleasing note do sing;
  Whose speechless song being many, seeming one,
  Sings this to thee, 'Thou single wilt prove none.'

Tu que és música aos ouvidos, por que ouves música melancolicamente? O doce não combate o doce, a alegria se deleita na alegria. Por que gostas daquilo que não recebes com prazer, ou então por que recebes com prazer o que te aborrece? Se a verdadeira harmonia dos sons bem afinados, unidos em casamento, ofende teu ouvido, eles, docemente, só te censuram porque confundes em teus solos celibatários as partes que te caberia tocar. Vê como uma corda, docemente casada com outra, se harmoniza com ela em mútua ordenação, parecendo pai e criança e feliz mãe: todos juntos cantando agradavelmente em uníssono. A canção deles, sem palavras, sendo múltipla, mas parecendo uma só, canta assim para ti: "Solteiro tu não és ninguém!".

8

Música, por que à música te opões?
Doce ama o doce; a alegria, a alegria.
Por que amar o que oprime os corações?
Terás prazer no que te contraria?
Sons concordes, em ótima harmonia,
Bem casados ofendem teu ouvido?
São queixas contra ti, que em tua folia
Em solos tens as partes confundido.
Ouve, uma corda, em doce casamento,
Ressoa na outra, mútua e combinada,
Como se pai e mãe com seu rebento
Todos juntos entrassem na toada:
  São muitos sons que palavras não têm
  Mas dizem que solteiro tu és ninguém.

A harmonia de sons bem afinados é apresentada como uma família. Um instrumento isolado não pode produzir essa harmonia.

7 confounds = prejudica. *8 singleness* = celibato. *11 sire* = "father".

IX

Is it for fear to wet a widow's eye
That thou consum'st thy self in single life?
Ah! if thou issueless shalt hap to die,
The world will wail thee like a makeless wife;
The world will be thy widow and still weep,
That thou no form of thee hast left behind,
When every private widow well may keep,
By children's eyes, her husband's shape in mind:
Look what an unthrift in the world doth spend
Shifts but his place, for still the world enjoys it,
But beauty's waste hath in the world an end,
And kept unused the user so destroys it:
  No love toward others in that bosom sits
  That on himself such murd'rous shame commits.

É por medo de fazer uma viúva chorar que te consomes na vida de solteiro? Ah!, se tu sem filhos acaso vieres a morrer, o mundo, feito uma mulher sem marido, lamentará perder-te. O mundo será tua viúva e sempre chorará por não teres deixado nenhum modelo de ti mesmo, quando cada viúva em particular, vendo-a nos olhos dos filhos, pode guardar na memória a figura de seu marido. Tudo aquilo que um perdulário gasta neste mundo apenas muda de lugar, pois o mundo sempre o desfruta. Mas a beleza desperdiçada tem no mundo seu fim e, se não a usar, seu usuário a destrói. Não existe nenhum amor pelos outros naquele peito que contra si mesmo comete crime tão vergonhoso.

9

Por isto te consomes só e solteiro,
Temes fazer tua viúva chorar?
Ah, mas se estéril tu fores primeiro,
Irá a terra viúva deplorar.
Viúva tua, a terra chorará
Por cópia não deixares quando ido,
Pois em regra a viúva guardará
No olhar do filho a forma do marido.
O que o pródigo aqui tão mal destina
Muda de lugar e aqui se usufrui.
Mas o belo mal gasto aqui termina,
Não usado, seu dono ele destrui.
  Nenhum amor aos outros tem guarida
  Em quem tal gesto engendra suicida.

A imagem de uma viúva sem filhos enfatiza o egoísmo "assassino" do Belo Rapaz.

3 issueless = sem filhos. *4 makeless* = "mateless", sem companheiro. *5 still* = sempre. *6 form* = imagem.

Observação: *12 destrui* = forma verbal corrente em Portugal. Mais do que uma subserviência à língua da Pátria-Mãe, ocorre aqui uma tirânica imposição da rima.

X

For shame deny that thou bear'st love to any,
Who for thyself art so unprovident.
Grant, if thou wilt, thou art beloved of many,
But that thou none lov'st is most evident;
For thou art so possessed with murd'rous hate,
That 'gainst thyself thou stick'st not to conspire,
Seeking that beauteous roof to ruinate
Which to repair should be thy chief desire:
O change thy thought, that I may change my mind!
Shall hate be fairer lodged than gentle love?
Be as thy presence is, gracious and kind,
Or to thyself at least kind-hearted prove:
  Make thee another self for love of me,
  That beauty still may live in thine or thee.

Envergonha-te! Nega que tens algum amor por alguém, tu que em relação a ti mesmo és tão imprevidente. Admito, se quiseres, que és amado por muitos, mas que tu não amas ninguém está mais do que claro. Estás tão tomado de ódio assassino que não hesitas em conspirar contra ti mesmo procurando arruinar aquela linda casa, quando teu desejo principal deveria ser o de mantê-la. Por favor, muda teu modo de pensar para que eu mude de ideia! Deve o ódio ter moradia mais bela do que a do delicado amor? Sê como é teu aspecto, gracioso e bom; ou pelo menos para ti mesmo mostra-te bondoso. Por amor a mim faz outro igual a ti, para que a beleza possa sempre viver em ti ou nos teus.

10

Que vergonha! Negar os teus amores,
Contigo mesmo tão imprevidente!
Admito sim que tens admiradores,
Porém que tu não amas é evidente.
Possuído de ódio assassino,
Contra ti tu não temes conspirar,
A casa arruinando em desatino
Que devias mais que nada preservar.
Muda a minha opinião com a atitude.
Terá o ódio que o amor melhor abrigo?
Expõe a tua nobreza e tua virtude,
Pelo menos de ti sê bom amigo.
  Por me amares, faz outro igual a ti:
  Que nele o belo permaneça aqui.

Fazendo um sugestivo pedido, Shakespeare se refere a si mesmo pela primeira vez nos sonetos, dirigindo-se diretamente ao Belo Rapaz.

1 bear'st love = amas. *6 stick'st not* = não tens escrúpulos.

XI

As fast as thou shalt wane, so fast thou grow'st
In one of thine, from that which thou departest,
And that fresh blood which youngly thou bestow'st
Thou mayst call thine, when thou from youth convertest:
Herein lives wisdom, beauty, and increase,
Without this folly, age, and cold decay:
If all were minded so, the times should cease,
And threescore year would make the world away.
Let those whom Nature hath not made for store,
Harsh, featureless, and rude, barrenly perish:
Look whom she best endowed, she gave the more;
Which bounteous gift thou shouldst in bounty cherish:
She carved thee for her seal, and meant thereby,
Thou shouldst print more, not let that copy die.

Com a mesma rapidez com que envelheceres, crescerás num dos teus, num desses de quem te separarás, e aquele sangue novo que ainda jovem hás de legar tu podes chamar de teu, quando deixares a juventude. Nesse processo está a sabedoria, a beleza e o crescimento; sem ele, temos a loucura, a velhice e a fria deterioração. Se todos nós buscássemos isso, a vida acabaria, e três vintenas de anos fariam o mundo desaparecer. Que aqueles que a natureza não fez para a reprodução, os cruéis, os feios e os deformados, pereçam estéreis. Vê que ela aos bem-dotados deu muito mais, e esse generoso dote tu deves desfrutar generosamente. Ela te esculpiu para seres sua estampa e quer com isso que tu faças mais cópias, impedindo assim que a tua imagem desapareça.

11

Decrescerás, mas rápido já cresces,
Em alguém preservando o que legares.
Esse teu sangue novo que ofereces
Será teu quando um velho te tornares.
Nisso o belo, o sabido, o abençoado.
Fora disso, o feio, o louco e infecundo,
Mas neste caso, o tempo era acabado:
Três vintenas, já era o fim do mundo.
Estéril morra quem nasceu pra morte:
Que o informe, o rude e áspero pereça.
O mais dotado, vês, tem melhor sorte:
Que teu grande favor te favoreça.
  Seu modelo te fez a natureza:
  Quer cópias, não a morte da beleza.

A procriação aqui se associa à razão, à beleza e ao progresso.

4 convertest = te afastas. *8 threescore* = sessenta. *9 for store* = para a procriação. *13 seal* = modelo.

XII

When I do count the clock that tells the time,
And see the brave day sunk in hideous night,
When I behold the violet past prime,
And sable curls all silvered o'er with white,
When lofty trees I see barren of leaves,
Which erst from heat did canopy the herd,
And summer's green all girded up in sheaves
Borne on the bier with white and bristly beard:
Then of thy beauty do I question make
That thou among the wastes of time must go,
Since sweets and beauties do themselves forsake,
And die as fast as they see others grow,
  And nothing 'gainst Time's scythe can make defence
  Save breed to brave him when he takes thee hence.

Quando conto as horas que o relógio bate, e vejo o bravo dia mergulhado na hedionda noite; quando contemplo a violeta pós-primavera e os negros caracóis completamente embranquecidos; quando as altas árvores vejo despojadas de suas folhas, elas que outrora protegiam do calor o gado; e o verde do verão todo amarrado em feixes sobre carroças, com suas brancas e ásperas barbas; então sobre tua beleza eu me pergunto se tu com os estragos do tempo deves partir, uma vez que doçuras e belezas têm de desaparecer e morrer com a rapidez com que outras crescem, e nada contra o alfanje do Tempo pode te defender, a não ser os filhos que o desafiem quando ele te levar daqui.

12

Se ao toque do relógio as horas conto
E noto que o dia claro já anoitece;
Se em flor de ex-primavera olhando aponto
Negro cacho onde o branco adeja e cresce;
Se altas árvores vejo desfolhadas,
Ex-dosséis para o gado em dias quentes,
E o trigo velho em cargas amarradas,
Barbas brancas já mortas mas pungentes;
Vendo isso tua beleza então questiono:
Se um destroço do tempo tu serás.
O doce e o belo ficam no abandono:
Crescem outros enquanto morrerás.
  Pois do alfanje do Tempo nada escapa:
  Só o filho vinga o pai que o Tempo estaca.

A transitoriedade da vida se apresenta aqui por meio de imagens rurais.

4 sable curls = cachos negros. *6 erst* = palavra arcaica para outrora, superlativo de "ere". *8 bier* = carroça; carro fúnebre. *14 save breed* = exceto a prole.

XIII

O that you were your self! but, love, you are
No longer yours than you yourself here live;
Against this coming end you should prepare,
And your sweet semblance to some other give:
So should that beauty which you hold in lease
Find no determination; then you were
Your self again after yourself's decease,
When your sweet issue your sweet form should bear.
Who lets so fair a house fall to decay,
Which husbandry in honour might uphold
Against the stormy gusts of winter's day
And barren rage of death's eternal cold?
  O none but unthrifts: dear my love, you know
  You had a father, let your son say so.

Ah, quem dera fosses dono de ti mesmo! Mas, amor, tu só és teu pelo tempo em que viveres neste mundo. Contra a chegada do fim tu devias preparar-te transferindo tua imagem para alguma outra pessoa. Assim, aquela beleza que te foi dada em empréstimo não deveria ter vencimento. Então serias tu mesmo novamente depois da morte, quando tua bela descendência teu belo aspecto carregasse. Quem deixa uma casa tão bela se deteriorar, quando uma administração honrada poderia mantê-la contra as ventanias tempestuosas do inverno e o estéril furor da fria morte eterna? Ninguém, a não ser os imprevidentes. Querido amor, tu sabes que tiveste um pai. Deixa que teu filho diga a mesma coisa.

13

És teu, amor! Mas tu deves saber:
Só pode ser seu quem ainda vive.
Contra o teu fim te deves precaver:
Só noutro um belo rosto sobrevive.
Se a beleza que a ti foi confiada
Não findar nunca, então terás saúde
Após a morte: em prole confirmada
Tua beleza em forma e atitude.
Quem lar tão belo entrega à decadência,
Se obra de marido o salvaria
Contra os ventos do inverno sem clemência,
Contra o furor da eterna noite fria?
  Só o imprudente, amor, bem sabes disso.
  Tive um pai: que teu filho diga isso.

A paternidade vista mais uma vez como uma forma de sobrevivência de si mesmo: chance que se deve dar ao futuro filho.

6 determination = término, fim. *9 so fair a house* = uma casa tão nobre. *10 husbandry* = manutenção. *13 unthrifts* = pródigos.

Observação: Neste soneto, Shakespeare surpreende ao referir-se ao Belo Rapaz como "meu querido amor" no verso 13 e lhe dispensa a forma de tratamento "you". Em geral, a forma preferida é o arcaico "thou". (Ver casos semelhantes do emprego de "you" nos sonetos 57, 58, 71, 72, e 75, entre outros.) A alternância das duas formas parece aleatória, motivada talvez apenas pela eufonia.

XIV

Not from the stars do I my judgement pluck,
And yet methinks I have astronomy,
But not to tell of good or evil luck,
Of plagues, of dearths, or seasons' quality;
Nor can I fortune to brief minutes tell,
Pointing to each his thunder, rain, and wind,
Or say with princes if it shall go well
By oft predict that I in heaven find:
But from thine eyes my knowledge I derive,
And, constant stars, in them I read such art
As truth and beauty shall together thrive
If from thy self to store thou wouldst convert:
  Or else of thee this I prognosticate,
  Thy end is truth's and beauty's doom and date.

Não tomo minhas decisões baseando-me nos astros, e, no entanto, acho que conheço astrologia; mas não para falar de boa sorte ou de azar, de pestes, de carestias ou da qualidade de estações. Tampouco sei prever a sorte dos próximos minutos, indicando para cada um deles seu trovão, chuva e vento, ou dizer acerca de príncipes, mediante a observação de pequenos sinais descobertos no céu, se as coisas vão correr bem ou não. Mas de teus olhos derivo meu conhecimento. Astros constantes, neles eu leio segredos como este: a verdade e a beleza juntas vão prosperar se tu desviares a atenção de ti mesmo para a tua descendência. Caso contrário, este é o meu prognóstico a teu respeito: Teu fim é a destruição definitiva da verdade e da beleza.

14

Não é nos astros que me fundamento,
Embora eu tenha a minha astrologia,
Mas não para prever no firmamento
Ou peste, ou morte, ou dura carestia.
Nada prevejo detalhadamente,
Não falo em trovões, chuvas e escarcéus,
Nem de reis leio a sorte sorridente,
Dizendo o que percebo que há nos céus.
Dos teus olhos derivo o que conheço —
Astros constantes, neles há dizeres:
O belo e o vero manterão seu preço,
Se tu na prole te reproduzires.
  Ou então só resta a pura realidade:
  Teu fim é o fim do belo e da verdade.

Nos olhos do Belo Rapaz, e não no mundo exterior, residem a verdade e a beleza a serem preservadas.

1 pluck = colho. *2 methinks* = me parece. *12 store* = filhos. *12 convert* = mudar, mudar de ideia.

XV

When I consider every thing that grows
Holds in perfection but a little moment,
That this huge stage presenteth nought but shows
Whereon the stars in secret influence comment;
When I perceive that men as plants increase,
Cheerèd and checked even by the selfsame sky,
Vaunt in their youthful sap, at height decrease,
And wear their brave state out of memory:
Then the conceit of this inconstant stay
Sets you most rich in youth before my sight,
Where wasteful Time debateth with Decay
To change your day of youth to sullied night,
  And all in war with Time for love of you,
  As he takes from you, I ingraft you new.

Quando considero que tudo o que cresce se mantém em perfeição só por um fugaz momento; que este palco imenso nada nos mostra, a não ser exibições sobre as quais os astros comentam exercendo sua influência secreta; quando percebo que os homens crescem como plantas, aplaudidos e vaiados exatamente pelo mesmo céu; orgulham-se do vigor de sua juventude e, atingido o ápice, decrescem e perdem sua bela condição, que cai no esquecimento; então o conceito desse estado inconstante aos meus olhos te faz riquíssimo de juventude, pois em ti o Tempo devastador debate e conspira com a Deterioração para transformar a fase da tua juventude em negra noite. E, em guerra contra o Tempo por te amar, à medida que ele de ti vai subtraindo, eu novamente em ti vou enxertando.

15

Quando penso que tudo o que floresce
Só é perfeito por um breve instante,
Que neste imenso palco só aparecem
Shows promovidos por astros distantes;
Quando homens vejo e plantas vicejando
Sob aplausos ou vaias lá do céu,
No orgulho e juventude se acabando,
Se exibindo no que já se perdeu;
Então a ideia deste estado instável
Te faz rico de vida ao meu olhar:
O cruel Tempo em noite deplorável
Teu dia juvenil quer transformar.
    Em guerra contra ele por amar-te,
    Se mais de ti ele tira, eu mais vou dar-te.

O Tempo, muitas vezes personificado, é um tema muito frequente nos sonetos. Em geral ele é fator de deterioração. Aqui o poeta promete compensar com sua arte os malefícios do Tempo.

3 nought = "nothing". *9 stay* = duração.

XVI

But wherefore do not you a mightier way
Make war upon this bloody tyrant Time,
And fortify yourself in your decay
With means more blessèd than my barren rhyme?
Now stand you on the top of happy hours,
And many maiden gardens, yet unset,
With virtuous wish would bear your living flowers,
Much liker than your painted counterfeit:
So should the lines of life that life repair
Which this time's pencil or my pupil pen
Neither in inward worth nor outward fair
Can make you live yourself in eyes of men:
  To give away yourself keeps yourself still,
  And you must live drawn by your own sweet skill.

Mas por que tu não combates de modo mais eficaz esse cruel tirano que é o Tempo? Por que não te fortificas em teu declínio com meios mais abençoados do que meu estéril verso? Agora te encontras no auge de teus dias felizes, e muitos jardins virgens, ainda por semear, em seu casto desejo gerariam para ti flores vivas, muito mais condizentes contigo do que teu retrato forjado. Assim teus descendentes vivos devem renovar a tua vida, visto que nem o pincel dos pintores de hoje, nem a minha pena de aprendiz conseguem preservar aos olhos dos homens a vida de tua virtude interior e beleza exterior. Entregando-te a alguém para sempre te preservarás e então viverás desenhado por tua própria doce habilidade.

16

Mas não há nenhum jeito mais potente
De derrotar do Tempo a tirania
E impedir a tua fase decadente
Numa bênção melhor que a rima fria?
Tu tens a teu dispor horas felizes,
Jardins virgens ainda incultivados
Almejando a tuas flores dar raízes
E retratos de ti mais detalhados.
Que a linhagem da vida te dê vida,
Pois artistas de hoje ou minha pena
A tua beleza explícita ou contida
Não mostram ao olhar de forma plena.
   É dando-te que te preservarás:
   No que reproduzires viverás.

A conjunção adversativa que abre o soneto 16 mostra que nele temos a continuação do 15. A paternidade supera a tirania do Tempo. Observe-se também a metáfora de mulheres como jardins incultivados.

1 wherefore = "why". *8 liker = more like* (you). *9 lines of life* = linhagens. *14 drawn* = desenhado, retratado.

Observação: "pencil" e "pen" eram termos vulgares para referir-se ao pênis.

XVII

Who will believe my verse in time to come,
If it were filled with your most high deserts?
Though yet, heaven knows, it is but as a tomb
Which hides your life, and shows not half your parts.
If I could write the beauty of your eyes,
And in fresh numbers number all your graces,
The age to come would say, 'This poet lies;
Such heavenly touches ne'er touched earthly faces.'
So should my papers (yellowed with their age)
Be scorned, like old men of less truth than tongue,
And your true rights be termed a poet's rage
And stretchèd metre of an àntique song:
  But were some child of yours alive that time,
  You should live twice, in it and in my rhyme.

Quem acreditará em meus versos no futuro, se eles forem recheados com teus altíssimos dotes, embora sejam, Deus sabe, apenas uma espécie de tumba que esconde tua vida e não mostra nem metade do que és? Se eu conseguisse registrar por escrito a beleza dos teus olhos e em versos originais recriar toda a tua graça, os tempos por vir diriam: "Este poeta mente! Semelhantes traços celestiais nunca tocaram um rosto humano". Assim, meus escritos amarelados pelo tempo seriam desprezados como velhos falastrões mais que mentirosos, e teus verdadeiros méritos seriam chamados de delírios de poeta e versos exagerados de alguma canção antiga. Mas, se algum filho teu estivesse vivo nessa época, tu viverias duas vezes — nele e nos meus versos.

17

Alguém meu verso a sério levaria,
Se eu fosse recheá-lo com teus dotes?
Sabe o céu que ele é apenas tumba fria
Que tua vida esconde em meus retoques.
Se eu teus olhos pintasse em rimas belas,
Tua graça em novos versos agraciasse,
No futuro diriam : "São balelas!
Tão perfeita não há nenhuma face".
Este escrito, com o tempo amarelado,
Seria tomado por tagarelice:
Teu direito era apenas mais um dado
Que a métrica forçada perseguisse.
  Se então pudesses ostentar um filho,
  Nele e em meu verso tinhas vida e brilho.

Este que é o último dos sonetos de procriação junta o tema da "imortalidade por meio da poesia" do soneto 15 com o tema da procriação, duas coisas que garantiriam uma dupla sobrevivência ao Belo Rapaz.

6 in fresh numbers = em versos criativos. *8 ne'er* = "never". *10 less truth than tongue* = menos verdade que falação. *11 rage* = furor.

XVIII

Shall I compare thee to a summer's day?
Thou art more lovely and more temperate:
Rough winds do shake the darling buds of May,
And summer's lease hath all too short a date;
Sometime too hot the eye of heaven shines,
And often is his gold complexion dimmed;
And every fair from fair sometime declines,
By chance or nature's changing course untrimmed:
But thy eternal summer shall not fade,
Nor lose possession of that fair thou ow'st,
Nor shall Death brag thou wander'st in his shade,
When in eternal lines to time thou grow'st,
  So long as men can breathe or eyes can see,
  So long lives this, and this gives life to thee.

Devo comparar-te a um dia de verão? Tu és mais belo e mais moderado. Fortes ventos sacodem os tenros brotos de maio, e o prazo do verão é curto demais. Às vezes o olho do céu brilha demasiado quente, e muitas vezes seu aspecto dourado se obscurece, e toda beleza algum dia se afasta da beleza pelo acaso ou pela alteração do curso da natureza, que perde seus adornos. Mas teu verão eterno não se extinguirá nem tu perderás a beleza que possuis, nem a Morte se vangloriará de que tu caminhas em sua sombra, quando em versos eternos tu cresceres junto com o tempo. Enquanto os homens puderem respirar ou os olhos ver, isto vive, e isto te dá vida.

18

Comparo-te a um dia de belo estio?
Tu és mais belo e bem mais moderado:
Às vezes o verão traz vento frio
E é sempre muito curto o seu reinado.
Às vezes muito quente brilha o céu,
Não raro se obscurece a luz dourada.
O belo do não belo veste o véu,
Mudando a natureza degradada.
Mas teu verão eterno não termina
Nem essa tua beleza terá idade,
Nem a sombra da morte te domina:
Em meu verso estarás na eternidade.
    Enquanto aqui se ler e respirar,
    Isto vai viver — vida vai te dar.

Depois da *série de procriação*, inicia-se aqui uma longa sequência de sonetos (do 18 ao 126) que relata a envolvente e atormentada história de amizade/amor entre Shakespeare e o Belo Rapaz.

No soneto 18 predomina a imagem do amado como um belo dia de verão.

3 darling = belos. *3 May* = maio, mês do início da primavera, no hemisfério norte. *4 lease* = contrato. *6 complexion* = cor. *8 untrimmed* = despojado.

XIX

Devouring Time, blunt thou the lion's paws,
And make the earth devour her own sweet brood;
Pluck the keen teeth from the fierce tiger's jaws,
And burn the long-lived phoenix in her blood;
Make glad and sorry seasons as thou fleet'st,
And do whate'er thou wilt, swift-footed Time,
To the wide world and all her fading sweets;
But I forbid thee one most heinous crime:
O carve not with thy hours my love's fair brow,
Nor draw no lines there with thine àntique pen;
Him in thy course untainted do allow
For beauty's pattern to succeeding men.
  Yet do thy worst, old Time: despite thy wrong,
  My love shall in my verse ever live young.

Tempo voraz, cega as garras do leão e faz a terra devorar sua própria ninhada. Arranca os aguçados dentes das fauces do feroz tigre e queima a longeva fênix em sua juventude. Mostra estações alegres e tristes enquanto foges e faz tudo o que quiseres com o vasto mundo e seus prazeres fugazes. Mas eu te proíbo um crime extremamente hediondo! Ah, não marques com tuas horas a testa do meu amor, nem traces nela riscos com tua antiga pena. Permite que ele fique intacto em teu curso qual modelo de beleza para os homens do futuro. Ou então, faz teu pior, velho Tempo. Apesar de tua ofensa, meu amor em meus versos deverá ser para sempre jovem.

19

Gasta, ó Tempo, as garras do leão,
Faz a terra engolir a sua ninhada,
Ao tigre arranca as unhas da sua mão
E a forte fênix deixa incinerada.
Faz bons e maus momentos de passagem,
Dançando ao bel-prazer teu pé veloz
No vasto mundo e sua bela paisagem.
Mas te proíbo o crime mais atroz:
Não graves com tuas horas, nem de leve
Risques a fronte bela do meu bem:
Intacta deixa-a, pura como a neve,
Qual modelo do homem que ainda vem.
    Ou então atiça, ó Tempo, a tua maldade,
    No meu verso ele jamais terá idade.

Constatação desafiadora da inexorabilidade do Tempo, seguida de ufana promessa de Shakespeare relativa ao poder da sua arte.

4 in her blood = em seu pleno vigor. *10 àntique* = tosca.

XX

A woman's face with Nature's own hand painted
Hast thou, the master-mistress of my passion;
A woman's gentle heart, but not acquainted
With shifting change, as is false women's fashion;
An eye more bright than theirs, less false in rolling,
Gilding the object whereupon it gazeth;
A man in hue, all hues in his controlling,
Which steals men's eyes and women's souls amazeth.
And for a woman wert thou first created,
Till Nature as she wrought thee fell a-doting,
And by addition me of thee defeated,
By adding one thing to my purpose nothing.
  But since she pricked thee out for women's pleasure,
  Mine be thy love, and thy love's use their treasure.

Um rosto de mulher pintado pela mão da própria Natureza tens tu, senhor/senhora de minha paixão. Tens o coração delicado de mulher, mas que não é afeito à enganosa mudança como a falsa moda feminina. Tens olhos mais brilhantes que os delas, menos falsos em seus movimentos, dourando o objeto sobre o qual se fixam. És um homem em forma, com todas as formas sob teu controle, que rouba o olhar dos homens e encanta a alma das mulheres. E para seres mulher tu foste primeiro criado, até que a Natureza ao te formar ficou apaixonada e, fazendo uma adição, te roubou de mim, acrescentando uma coisa que para meu intento é nada. Mas sendo que ela te dotou para o prazer das mulheres, meu seja o teu amor, e que o uso dele seja o tesouro delas.

20

Rosto de mulher que em homem floresce,
Senhor/senhora és do meu amor.
Alma de mulher, mas que não conhece
A mudança e seu tom enganador.
Tens olhos menos falsos, mais brilhantes,
Que douram todo objeto contemplado.
Formas de homem, formas dominantes,
Tens homens e mulheres encantado.
Para seres mulher te concebeu
A Natureza até que, apaixonada,
De mim te subtraiu quando te deu
Uma coisinha e me privou do nada.
  E já que é das mulheres o atributo,
  Meu é o teu amor, delas o usufruto.

Retrato hermafrodita do Belo Rapaz, seguido de uma surpreendente, talvez duvidosa, proposta de amor platônico.

3 acquainted = conhecedor. *5 in rolling* = em seus trejeitos. *7 hue* = aspecto, forma, cor. *10 fell a-doting* = enamorou-se. *11 me of thee defeated* = me privou de ti. *12 thing* = um dos significados de "thing" nos tempos de Shakespeare era "pênis"; em contrapartida "*nothing*" (= *no thing*) podia significar vagina. *13 pricked thee out* = te deu um pênis.

XXI

So is it not with me as with that Muse,
Stirred by a painted beauty to his verse,
Who heaven itself for ornament doth use,
And every fair with his fair doth rehearse,
Making a couplement of proud compare
With sun and moon, with earth and sea's rich gems,
With April's first-born flowers, and all things rare
That heaven's air in this huge rondure hems.
O let me, true in love, but truly write,
And then believe me, my love is as fair
As any mother's child, though not so bright
As those gold candles fixed in heaven's air:
  Let them say more that like of hearsay well,
  I will not praise that purpose not to sell.

Então eu não sou como aquele poeta que é motivado por uma beleza artificial a escrever seus versos; aquele que usa o próprio céu como ornamento e emprega todas as belezas ao falar da sua amada, juntando numa orgulhosa comparação o sol e a lua, as ricas joias de mar e terra, as primeiras flores de abril e todas as raridades que o ar e este amplo universo contêm. Ah, permite-me que eu, leal no amor, só escreva lealmente o que é verdade, e então, podes crer, meu amor é tão belo quanto qualquer filho de mulher, mesmo não sendo tão brilhante como aquelas douradas luminárias suspensas no céu. Que digam mais os que gostam de falação. Eu, que não pretendo vender, não fico elogiando.

21

Não sou então o poeta inspirado,
Que em seus versos um quadro delineia
Em que de enfeite o próprio céu é usado:
Todo o belo em seu belo ele nomeia,
Com suas comparações maravilhosas,
Com sol e lua, com bens de mar e terra,
Com as rosas de abril e as mais formosas
Criações que esta abóbada aqui encerra.
Ah! Que eu, leal no amor, leal escreva,
Que assim belo há de ser o meu amado
Como um outro qualquer, embora deva
Se em beleza às estrelas comparado.
  Que diga mais quem ama um lero-lero;
  Eu não exalto, pois vender não quero.

A conjunção "So" que inicia o soneto 21 sugere uma continuação da ideia do dístico que fecha o 20. Shakespeare fala de sua maneira pessoal de exaltar o Belo Rapaz. Esse método "realista" que se opunha ao petrarquismo reaparecerá no soneto 130 para exaltar a Dama Escura.

1 Muse = poeta. *4 rehearse* = cita, compara. *13 like of* = "like". *13 hearsay* = palavrório.

XXII

My glass shall not persuade me I am old,
So long as youth and thou are of one date,
But when in thee time's furrows I behold,
Then look I death my days should expiate:
For all that beauty that doth cover thee
Is but the seemly raiment of my heart,
Which in thy breast doth live, as thine in me.
How can I then be elder than thou art?
O therefore, love, be of thyself so wary
As I not for myself but for thee will,
Bearing thy heart, which I will keep so chary
As tender nurse her babe from faring ill:
  Presume not on thy heart when mine is slain;
  Thou gav'st me thine, not to give back again.

O espelho não vai me convencer de que estou velho enquanto tu e a juventude forem da mesma idade. Mas, quando em ti eu observar as rugas do tempo, então vou querer que a morte encerre meus dias. Pois toda aquela beleza que de fato te reveste é apenas um belo atavio do meu coração, que existe no teu como o teu está em mim. Como posso então ser mais velho do que tu és? Por isso, amor, toma o mesmo cuidado que eu hei de tomar, não por mim, mas por ti, carregando o teu coração. Dele vou cuidar com o carinho de uma babá atenciosa que protege seu bebê de todo mal. O teu coração tu me deste sem restrição alguma. Não esperes tê-lo de volta quando o meu for destroçado.

22

O espelho não comprova a minha idade,
Enquanto a juventude em ti reside.
Mas se a mancha do tempo já te invade
Então quero que a morte me liquide.
Pois a beleza toda que te veste
É a roupa do meu pobre coração,
Que em ti está como em mim o que me deste.
Como eu posso mais velho ser então?
Por isso cuida bem de ti, benzinho,
Como eu de mim por ti hei de cuidar.
Pois o teu coração, todo carinho,
Qual babá seu bebê, vou carregar.
  Não terás coração se o meu morrer:
  Me deste o teu; jamais vou devolver.

O soneto elabora a imagem da unificação de duas pessoas que se amam. Uma se torna parte da outra em tal grau que, por assim dizer, acontece um duplo transplante cardíaco.

6 seemly raiment = roupagem apropriada. *11 chary* = carinhosamente. *12 faring ill* = machucar-se, ficar doente.

XXIII

As an unperfect actor on the stage,
Who with his fear is put beside his part,
Or some fierce thing replete with too much rage,
Whose strength's abundance weakens his own heart;
So I, for fear of trust, forget to say
The perfect ceremony of love's rite,
And in mine own love's strength seem to decay,
O'ercharged with burthen of mine own love's might:
O let my looks be then the eloquence
And dumb presagers of my speaking breast,
Who plead for love, and look for recompense,
More than that tongue that more hath more expressed.
O learn to read what silent love hath writ:
To hear with eyes belongs to love's fine wit.

Como aquele inábil ator que sobre o palco, tomado de medo, esquece sua fala, ou como algum ser feroz excessivamente raivoso, cuja força exagerada lhe enfraquece o coração, assim eu, temendo minha responsabilidade, esqueço de dizer à perfeição as palavras do ritual do amor. E na plenitude e força de meu amor pareço esmorecer, sobrecarregado pela força do meu próprio sentimento. Ah, permite que meus versos sejam a eloquência e os mensageiros silenciosos da voz do meu peito, implorando amor e buscando recompensa mais do que a língua mais expressiva jamais soube dizer. Ah, aprende a ler o que amor calado escreveu. Ouvir com os olhos é próprio da aguda inteligência do amor.

23

Como o inábil ator que, apavorado,
No palco treme e esquece a sua fala;
Ou como o ser por raiva transtornado,
Cuja força excessiva todo o abala;
Tal eu, por não confiar, não sei dizer
Os termos rituais do meu amor.
Amo tanto e pareço esmorecer
Sob o peso que sinto e seu vigor.
Que seja então meu verso a eloquência,
Do meu peito o mensageiro calado,
Que implora amor e espera recompensa
Mais que a língua que mais tem mais mostrado.
  Aprende a ler o amor silencioso:
  Ouvir só olhando é amor mais poderoso.

A intensidade dos sentimentos deixa a pessoa sem palavras. A eloquência passa a residir na expressão facial ("looks") ou em textos/poemas escritos ("books").

5 for fear of trust = pelo medo de confiar em mim mesmo. *9 looks* = "books". Muitos estudiosos fizeram essa correção, aqui adotada. *12 More... more... more* = bom exemplo de repetição, recurso muito presente nos sonetos de Shakespeare.

XXIV

Mine eye hath played the painter and hath stelled
Thy beauty's form in table of my heart;
My body is the frame wherein 'tis held,
And pèrspective it is best painter's art,
For through the painter must you see his skill,
To find where your true image pictured lies,
Which in my bosom's shop is hanging still,
That hath his windows glazèd with thine eyes.
Now see what good turns eyes for eyes have done:
Mine eyes have drawn thy shape, and thine for me
Are windows to my breast, wherethrough the sun
Delights to peep, to gaze therein on thee.
Yet eyes this cunning want to grace their art,
They draw but what they see, know not the heart.

Meu olho fez o papel do pintor e retratou a forma da tua beleza na tela do meu coração. Meu corpo é a moldura onde o quadro está contido, e a perspectiva é a melhor arte do pintor. No pintor tu tens de buscar seu talento, e assim descobrir onde está desenhada a tua verdadeira imagem, que no ateliê do meu peito está sempre exposta. E as vitrines desse ateliê são guarnecidas com o cristalino dos teus olhos. Ora vê que bons serviços os olhos prestaram aos olhos: os meus desenharam tua forma, e os teus para mim são vitrines do meu peito; através delas o sol gosta de espiar para, lá dentro, contemplar-te. No entanto, os olhos não têm tanta habilidade para dignificar sua arte: eles representam apenas o que veem e desconhecem o teu coração.

24

Meu olhar qual pintor a tua figura
Na tela retratou do coração.
O meu corpo lhe serve de moldura,
E a perspectiva é arte do artesão.
No pintor tens de buscar o que define
E encontrar tua imagem retratada.
No ateliê os teus olhos são vitrine:
Neles tua face vive pendurada.
Ora vê como o olhar ajuda o olhar:
Meus olhos te expressaram e teus olhos
Janelas são de mim que a luz solar
Penetra para ver os teus refolhos.
  Os olhos, porém, sempre falharão:
  Mostram o que veem, não o coração.

Este elaborado soneto conceptista celebra o amor cortês e explora metaforicamente o que conseguem fazer o olhar e o coração: produzir um quadro que poderia se intitular "Dois amantes de olho no olho". A conclusão sugere que se deve suspeitar do resultado final do quadro.

Observação: Este soneto não está entre os melhores de Shakespeare.

1 stelled = fixou. *8 glazèd* = envidraçadas. *11 wherethrough* = "through which". *13 want* = carecem de.

XXV

Let those who are in favour with their stars
Of public honour and proud titles boast,
Whilst I, whom fortune of such triumph bars,
Unlooked for joy in that I honour most.
Great princes' favourites their fair leaves spread
But as the marigold at the sun's eye,
And in themselves their pride lies burièd,
For at a frown they in their glory die.
The painful warrior famousèd for fight,
After a thousand victories once foiled,
Is from the book of honour rasèd quite,
And all the rest forgot for which he toiled:
  Then happy I that love and am belovèd
  Where I may not remove, nor be removèd.

Que os que são favorecidos pelos astros se vangloriem da homenagem pública e de orgulhosos títulos, enquanto eu, privado pela sorte desses triunfos, ignorado me alegro naquilo que mais venero. Os favorecidos dos príncipes abrem suas corolas, mas são como a calêndula exposta ao olhar do sol. E neles mesmos seu orgulho já está sepultado, pois ante um olhar severo eles morrem com sua glória. O intrépido guerreiro famoso por seu valor, depois de mil vitórias, vencido uma única vez, é totalmente apagado do livro de honra, e tudo o mais pelo que ele lutou fica esquecido. Feliz então sou eu, que amo e sou amado, e de onde estou não me retiro nem sou retirado.

25

Que os que são pelos astros protegidos
Seus títulos ostentem e honrarias,
Que se triunfos tais me são proibidos,
Tenha eu na honra as minhas alegrias.
Desabrocham os que o rei favorece
Quais calêndulas sob a luz solar.
Mas neles seu orgulho desfalece
Ante a menor censura de um olhar.
O guerreiro famoso e mais sofrido,
Que após duas mil vitórias foi ao chão,
É do livro de honra já excluído,
E todo o seu esforço foi em vão.
  Viva então eu que amando sou amado:
  Ninguém derrubo, nem sou derrubado.

Shakespeare declara sua absoluta confiança no Belo Rapaz.

5 fair leaves = belas pétalas. *6 marigold* = calêndula. Flor amarela, semelhante à margarida, que abre suas pétalas quando o sol nasce e as fecha quando ele se vai. *10 foiled* = batido, vencido. *11 rasèd* = “erasèd”.

XXVI

Lord of my love, to whom in vassalage
Thy merit hath my duty strongly knit,
To thee I send this written ambassage,
To witness duty, not to show my wit;
Duty so great, which wit so poor as mine
May make seem bare, in wanting words to show it,
But that I hope some good conceit of thine
In thy soul's thought (all naked) will bestow it,
Till whatsoever star that guides my moving
Points on me graciously with fair aspèct,
And puts apparel on my tottered loving,
To show me worthy of thy sweet respect:
  Then may I dare to boast how I do love thee;
  Till then, not show my head where thou mayst prove me.

Senhor do meu amor, a quem em vassalagem, teu mérito fortemente atrelou meu devido respeito, a ti envio esta mensagem por escrito, não para exibir meu talento, mas para testemunhar o meu amor. Trata-se de um dever tão grande que uma inteligência pobre como a minha pode fazer parecer mesquinho, faltando-lhe as palavras que o demonstrem. Mas eu espero que alguma opinião positiva de tua parte, na reflexão totalmente isenta de preconceito de tua alma, lhe dê acolhida, até que algum astro qualquer orientando meus passos derrame sobre mim a luz auspiciosa de sua posição favorável, e revista meu esfarrapado amor e assim me torne digno do teu doce respeito. Então poderei ousar vangloriar-me de como te amo. Até esse momento, que eu não mostre minha cabeça onde tu possas me testar.

26

Senhor do meu amor, em vassalagem
Teu mérito me prende firmemente;
Envio-te por escrito esta mensagem
Por dever, não qual mostra de talento.
Dever tão grande que meu pobre gênio,
Desnudo, é de palavras desprovido.
Mas acho que com teu isento empenho
Sua mudez no teu peito encontra abrigo,
Até que um astro guie meus movimentos,
E me mostre numa luz favorável,
Vista os meus versos com os indumentos
Que aos teus olhos me tornem respeitável.
  Que só então por te amar eu me enalteça,
  Sem antes arriscar minha cabeça.

O relacionamento entre Shakespeare e o Belo Rapaz é descrito como o que vincula um vassalo a seu senhor.

2 knit = vinculado. *3 ambassage* = arcaísmo; "embassage". *6 in wanting* = carecendo de, não tendo. *8 all naked* = totalmente despojado. *11 apparel* = roupas.

XXVII

Weary with toil, I haste me to my bed,
The dear repose for limbs with travel tired,
But then begins a journey in my head
To work my mind, when body's work's expired;
For then my thoughts (from far where I abide)
Intend a zealous pilgrimage to thee,
And keep my drooping eyelids open wide,
Looking on darkness which the blind do see;
Save that my soul's imaginary sight
Presents thy shadow to my sightless view,
Which like a jewel (hung in ghastly night)
Makes black night beauteous, and her old face new.
Lo thus by day my limbs, by night my mind,
For thee, and for myself, no quiet find.

Exausto no fim da jornada, logo busco o leito, o doce repouso para meu corpo cansado do trabalho. Mas depois que a ocupação física termina, começa em minha cabeça uma viagem que me exaure a mente. Pois então meus pensamentos, longe de onde estou, empreendem uma amorosa peregrinação para ti e mantêm minhas pesadas pálpebras completamente abertas, contemplando a escuridão que os cegos veem. Só que a visão imaginária de minha alma apresenta o teu fantasma aos meus olhos que nada enxergam, e ele, como uma joia apensa a uma noite espectral, embeleza a negra noite e renova sua velha face. Vê isso! De dia meu corpo e de noite minha mente, por causa de ti e de mim mesmo, não encontram descanso.

27

Exausto do trabalho, busco o leito,
Santo repouso do corpo cansado.
Nova jornada começa em meu peito,
Perturbação após um dia agitado.
Pensamentos, de sob minhas cobertas,
Vão peregrinos buscar o meu bem,
E deixam minhas pálpebras abertas
Olhando a escuridão que os cegos veem.
Só que a minha visão nada real
Aos olhos cegos a tua imagem traz,
Que paira dentro da noite espectral
E o feio belo, e o velho novo faz.
  Assim de dia o corpo, à noite a mente,
  Por mim, por ti, repouso não consentem.

Aqui começam a surgir os tormentos do amor. O primeiro deles é a insônia.

4 to work = ativar, pôr em movimento. *6 zealous* = fervorosa, dedicada. *14 for* = "because of". *14 quiet* = sossego.

XXVIII

How can I then return in happy plight
That am debarred the benefit of rest?
When day's oppression is not eased by night,
But day by night and night by day oppressed;
And each (though enemies to either's reign)
Do in consent shake hands to torture me,
The one by toil, the other to complain
How far I toil, still farther off from thee.
I tell the day to please him thou art bright,
And dost him grace when clouds do blot the heaven;
So flatter I the swart-complexioned night,
When sparkling stars twire not thou gild'st the even:
  But day doth daily draw my sorrows longer,
  And night doth nightly make griefs' length seem stronger.

Como posso assim voltar em boa condição, se não tenho o benefício do descanso? A opressão do dia não é aliviada pela noite, mas a noite pelo dia e o dia pela noite são oprimidos. E os dois, embora inimigos um do reino do outro, se mancomunam para me torturar, um pelo trabalho, o outro pela queixa de que quanto mais trabalho tanto mais longe estou de ti. Digo ao dia para lhe agradar que tu és brilhante e que o embelezas quando as nuvens mancham o céu. Do mesmo modo lisonjeio a negra face da noite dizendo que, quando as estrelas cintilantes não aparecem, tu ainda douras a noite. Mas o dia a cada dia prolonga mais minhas mágoas, e a noite a cada noite faz meu longo sofrimento parecer mais intenso.

28

Como então estar bem quando levanto
Sem o repouso que me refaria,
Se a noite não traz seu acalanto,
Se dia e noite mais pesam noite e dia?
Os dois, embora briguem entre si,
Se mancomunam para torturar-me:
Um traz a lida, o outro diz de ti
Que estás longe, bem longe de encontrar-me.
Agrado ao dia dizendo que és brilhante
E embelezas sua nublada visagem;
E à noite escura digo confiante
Que os astros substituis e com vantagem.
  Se dia a dia mais longa é a dor diurna,
  Mais forte assoma a noite a dor noturna.

Continuação do soneto anterior. A insônia, agora somada à ausência, atormenta o poeta noite e dia.

1 in happy plight = bem-disposto. *2 debarred* = privado de. *11 swart--complexioned* = negra, escura. *12 twire not* = não espiam. *12 even* = "evening".

XXIX

When in disgrace with Fortune and men's eyes
I all alone beweep my outcast state,
And trouble deaf heaven with my bootless cries,
And look upon myself and curse my fate,
Wishing me like to one more rich in hope,
Featured like him, like him with friends possessed,
Desiring this man's art, and that man's scope,
With what I most enjoy contented least;
Yet in these thoughts myself almost despising,
Haply I think on thee, and then my state
(Like to the lark at break of day arising
From sullen earth) sings hymns at heaven's gate;
  For thy sweet love rememb'red such wealth brings
  That then I scorn to change my state with kings.

Quando aos olhos dos homens e da Fortuna estou em desgraça, sozinho lamento o meu estado de excluído e atormento os surdos céus com meus gritos inúteis. Olho para mim mesmo e maldigo o meu destino, desejando ser outra pessoa mais rica em esperança, querendo ter a aparência dela e como ela ter amigos, desejando deste a habilidade e daquele as conquistas, sentindo-me com aquilo que mais desfruto mais descontente. Apesar de tudo isso, nessas considerações quase me desprezando, por acaso penso em ti, e então meu estado, como a cotovia ao romper da aurora, elevando-se do triste chão, canta hinos à porta do céu. Pois a lembrança de teu doce amor traz riqueza tal que já não quero trocar minha condição por aquela de reis.

29

Por homens e Fortuna abandonado,
Sozinho choro a triste condição:
Contemplo-me e lamento o meu estado,
Os surdos céus atormentando em vão.
Querendo ser mais rico em esperança,
Mais belo e por amigos mais aceito,
Deste a arte, daquele a luz me encanta,
Com o que tenho nada satisfeito.
Pensando assim então quase que enjoo.
Acaso penso em ti, e o desamparo
Como uma cotovia que alça voo
Sai do chão e já canta no céu claro;
  Pois teu amor lembrado é tal riqueza
  Que o meu lugar não troco por realeza.

Benefícios do amor. A primeira menção a um benefício é que a lembrança do ser amado provoca uma súbita passagem da quase depressão para uma intensa euforia.

2 beweep = "weep", deploro. *3 bootless* = vãos, inócuos. *10 haply* = casualmente. *14 scorn* = rejeito.

XXX

When to the sessions of sweet silent thought
I summon up remembrance of things past,
I sigh the lack of many a thing I sought,
And with old woes new wail my dear time's waste:
Then can I drown an eye (unused to flow)
For precious friends hid in death's dateless night,
And weep afresh love's long since cancelled woe,
And moan th'expense of many a vanished sight;
Then can I grieve at grievances foregone,
And heavily from woe to woe tell o'er
The sad account of fore-bemoanèd moan,
Which I new pay as if not paid before:
  But if the while I think on thee (dear friend)
  All losses are restored, and sorrows end.

Quando em sessões de silenciosa e doce meditação eu evoco as lembranças de experiências do passado, suspiro ante a falta de tantas coisas que busquei, e com antigos choros de novo lamento a perda de meu tempo precioso. Então chego a afogar meus olhos, não afeitos a inundações, por amigos ocultos na infindável noite da morte, e derramo de novo lágrimas de amor há muito enxugadas, e choro o desperdício de tantos suspiros. Então chego a sofrer por sofrimentos já passados e, pesaroso, de dor em dor passo a me lembrar do triste saldo de lamentos lamentados, que pago de novo como se não houvessem sido quitados antes. Mas, se por um instante eu penso em ti, querido amigo, todas as perdas são reparadas, e as mágoas têm seu fim.

30

Quando em sessões do doce pensamento
Eu convoco a lembrança do passado,
São muitas as ausências que lamento
E gemo e choro o tempo esperdiçado:
Inunda-se-me o olhar avesso ao choro:
E bons amigos cobre a noite anônima.
A dor do amor vivido então retomo:
Perdas, visões, ai, quanta coisa incômoda!
Lamentando lamentos lamentados,
Eu num soturno voo vou reavaliando
O refrão triste, e choros rechorados
E quitados de novo vou quitando.
  Mas se então penso em ti, meu caro amigo,
  Das perdas me refaço e alegre sigo.

Praticamente continuando a afirmação do soneto 29, Shakespeare apresenta o segundo benefício do amor: Num momento de dolorosa saudade, a lembrança do caro amigo restaura todas as perdas já sofridas.

4 new wail = choro novamente. *6 hid* = desaparecidos. *8 expense* = gasto. *8 sight* = "sigh". Alguns estudiosos sugerem que Shakespeare usou "sight" em vez de "sigh" pressionado pela rima.

XXXI

Thy bosom is endearèd with all hearts,
Which I by lacking have supposèd dead,
And there reigns love and all love's loving parts,
And all those friends which I thought buriède.
How many a holy and obsequious tear
Hath dear religious love stol'n from mine eye,
As interest of the dead, which now appear
But things removed that hidden in thee lie!
Thou art the grave where buried love doth live,
Hung with the trophies of my lovers gone,
Who all their parts of me to thee did give;
That due of many now is thine alone.
  Their images I loved I view in thee,
  And thou (all they) hast all the all of me.

Teu peito é enriquecido por todos os corações que, por me faltarem, eu supunha mortos. Nele reinam o amor, com todos os seus amorosos atributos, e todos aqueles amigos que julguei sepultados. Quantas lágrimas santas e obsequiosas o piedoso amor furtou de meus olhos, como um direito dos mortos, e agora eles aparecem apenas como coisas transferidas que estão ocultas em ti! Tu és o túmulo onde o amor sepultado vive, ornado com os troféus de meus amores de outrora. A ti eles deram tudo o que receberam de mim: o que era devido a muitos agora é só teu. As imagens deles por mim amadas eu as vejo em ti, e tu (que és todos eles) tens absolutamente tudo de mim.

31

'Stão todos no teu peito os corações
Que eu, saudoso, julgava falecidos.
Reina ali o amor — todas as versões —
De amigos que eu supunha já perdidos.
Que lágrimas sagradas e clementes
Do meu olhar roubou-me o amor piedoso.
São juros pagos para os ora ausentes:
Coisas tiradas que em ti têm repouso.
Tu és a tumba em que o amor vivo eu terei,
Com todos os troféus dos meus amados,
Que em ti deixaram tudo o que lhes dei:
São todos teus agora os meus legados.
  Imagens dos que amei eu vejo em ti,
  E tu que és todos tudo tens de mi.

Expandindo o tema dos benefícios do amor dos dois sonetos anteriores, o poeta afirma que todos os seus amores do passado estão presentes no novo amor pelo Belo Rapaz.

2 by lacking = por sentir sua falta. *3 parts* = atributos. *7 interest of the dead* = tributo pago aos mortos. *8 but* = somente como. *11 their parts of me* = suas quotas do meu amor.

Observação: No último verso da tradução aparece a palavra "mi", forma arcaica equivalente a "me, mim".

XXXII

If thou survive my well-contented day,
When that churl Death my bones with dust shall cover,
And shalt by fortune once more re-survey
These poor rude lines of thy deceasèd lover,
Compare them with the bett'ring of the time,
And though they be outstripped by every pen,
Reserve them for my love, not for their rhyme,
Exceeded by the height of happier men.
O then vouchsafe me but this loving thought:
'Had my friend's Muse grown with this growing age,
A dearer birth than this his love had brought
To march in ranks of better equipage:
  But since he died, and poets better prove,
  Theirs for their style I'll read, his for his love.'

Se sobreviveres ao dia em que a Morte me será bem-vinda, quando a malvada meus ossos cobrirá de pó, e tu por acaso mais uma vez examinares estes pobres rudes versos de teu finado amigo, compara-os com os da vanguarda da época. Embora eles sejam inferiores aos de outros poetas, preserva-os por amor, não por sua qualidade literária, que é superada pela excelência de talentos de outros homens. Ah, concede-me então apenas esta afetuosa ponderação: "Tivesse a Musa do meu amigo crescido com a prosperidade desta época, o seu amor teria criado um produto mais precioso que este, para marchar em fileiras mais bem equipadas. Mas, sendo que ele morreu, e outros poetas se mostram melhores, as obras deles hei de ler por seu estilo; as dele, por seu amor".

32

Se vires o meu dia consumado,
Que em pó vai me tornar a Morte ladra,
Relendo casualmente o meu legado,
Pobres versos que o teu amante lavra;
Se aos melhores da moda tu os comparas,
Verás que são por todos superados.
Mas nestes vê o amor, não rimas raras
Presentes nos poetas mais dotados.
Ah, expressa então por mim um pensamento:
"Vivesse a Musa dele em dias melhores,
Teria gerado o amor melhor rebento
Com nível superior e dons maiores.
 Mas já que ante outros ele é morto e obscuro,
 Noutros o estilo, nele o amor procuro".

Soneto de autocrítica. Em vários casos Shakespeare avalia seus sonetos, que ora são subestimados, ora supervalorizados. No soneto 32 ele pede ao Belo Rapaz que, após sua morte, seus "pobres rudes versos" sejam lidos por amor, não pelo estilo deles.

1 my well-contented day = o dia bem-vindo da minha morte. *2 churl* = tosca. *4 poor rude lines* = pobres e toscos sonetos. *9 vouchsafe* = dispensa--me. *10 Muse* = poesia. *10 with this growing age* = com esta época de florescimento literário. *11 dearer* = mais nobre.

XXXIII

Full many a glorious morning have I seen
Flatter the mountain tops with sovereign eye,
Kissing with golden face the meadows green,
Gilding pale streams with heavenly alcumy,
Anon permit the basest clouds to ride
With ugly rack on his celestial face,
And from the fòrlorn world his visage hide,
Stealing unseen to west with this disgrace:
Even so my sun one early morn did shine
With all triumphant splendour on my brow;
But out alack, he was but one hour mine,
The region cloud hath masked him from me now.
  Yet him for this my love no whit disdaineth:
  Suns of the world may stain, when heaven's sun staineth.

Muitas manhãs esplendorosas eu vi embelezando os topos das montanhas com seu olhar soberano, beijando os verdes prados com sua face dourada, tingindo de ouro pálidos rios com sua alquimia celestial. Mas depois logo permitiam que nuvens mais baixas com suas camadas disformes cobrissem o rosto celeste e ocultassem do mundo seu semblante, saindo o sol de cena sorrateiro rumo ao poente e deixando tudo num estado lastimoso. Exatamente assim o meu sol brilhou certa manhã e com triunfante esplendor iluminou minha fronte. Mas, que lástima, ele foi meu por apenas uma hora. Agora uma nuvem densa o escondeu de mim. Todavia, meu amor não o desdenha nem um pouco por isso. Os sóis do mundo podem manchar-se quando até o sol do céu se mancha.

33

Muitas belas manhãs tenho observado
Os topos das montanhas bajulando,
Com seus beijos dourando o verde prado
Em celeste alquimia os rios dourando;
Mas logo permitiam a vassalagem
De negras nuvens sobre o sol divino,
Roubando ao pobre mundo a sua miragem,
Sumindo o astro no ocaso em seu destino.
Assim certa manhã brilhou o meu sol,
Com seu amplo esplendor em minha testa.
Mas ai! Foi só uma hora de arrebol:
Foi-se o sol, nuvens são o que me resta.
  Mas nem por isso o meu amor zangou-se.
  Nos sóis do mundo há manchas que o sol trouxe.

Tormentos do amor. Surge aqui certa alteração climática: o céu fica nublado e o sol sem ser visto sai de cena.

4 alcumy = "alchemy". *6 ugly rack* = nuvens pesadas. *7 visage* = "face". *8 Stealing unseen* = retirando-se às escondidas. *11 out alack* = "out alas", lamentavelmente. *12 region cloud* = nuvem mais alta. *13 no whit* = nem minimamente.

Observação: Nos oito versos iniciais desse soneto há uma mudança de sujeitos gramaticais que se impõe mais pelo significado do que pela sintaxe do texto. O sujeito dos verbos "Flatter", "Kissing", "Gilding" e "permit" é sintaticamente "Full many a glorious morning"; já o sujeito de "hide" e "Stealing" é, do ponto de vista semântico, o sol, mas isso só é explicitado no verso 9.

XXXIV

Why didst thou promise such a beauteous day,
And make me travel forth without my cloak,
To let base clouds o'ertake me in my way,
Hiding thy brav'ry in their rotten smoke?
'Tis not enough that through the cloud thou break,
To dry the rain on my storm-beaten face,
For no man well of such a salve can speak,
That heals the wound, and cures not the disgrace:
Nor can thy shame give physic to my grief;
Though thou repent, yet I have still the loss:
Th'offender's sorrow lends but weak relief
To him that bears the strong offence's cross.
  Ah, but those tears are pearl which thy love sheeds,
  And they are rich, and ransom all ill deeds.

Por que me prometeste um dia lindo e me fizeste viajar sem a capa, permitindo que baixas nuvens me surpreendessem na estrada, escondendo teu esplendor em seus desagradáveis vapores? Não basta que tu por entre as nuvens apareças para enxugar a chuva em meu rosto castigado pela tempestade, pois homem nenhum pode exaltar esse lenitivo que cura a ferida, mas não repara a desgraça. Tampouco pode a tua vergonha remediar a minha dor. Embora te arrependas, mesmo assim a perda é sempre minha. A dor de quem ofende empresta apenas um breve alívio àquele que carrega a pesada cruz da ofensa. Ah, mas são pérolas essas lágrimas que teu amor derrama, e elas são valiosas e resgatam todos os efeitos malignos.

34

Por que me prometer um lindo dia
E sem capa induzir-me a viajar,
Para depois mandar a chuva fria
E teu brilho entre as brumas ocultar?
Não basta que entre as nuvens apareças
Secando no meu rosto a tempestade,
Pois elogio nenhum há que mereças
Curando o mal mas não a sua maldade.
Tua vergonha remédio não me traz:
Te arrependes, mas isso não compensa.
A dor em quem ofende não refaz
Aquele que carrega a cruz da ofensa.
  Mas, lágrimas de amor são diamantes:
  Compensam todo o mal causado antes.

Depois da nebulosidade, sobrevém o tormento de uma chuva inesperada. E já se fala em desgraça e ofensa. Mas rolam redentoras lágrimas.

1 beauteous = "beautiful". *4 brav'ry* = ""bravery", bravura, brilho. *7 salve* = unguento. *9 physic* = remédio. *13 sheeds* = "sheds": variação formal aqui preservada para rimar com "deeds".

XXXV

No more be grieved at that which thou hast done:
Roses have thorns, and silver fountains mud,
Clouds and eclipses stain both moon and sun,
And loathsome canker lives in sweetest bud.
All men make faults, and even I in this,
Authòrizing thy trespass with compare,
Myself corrupting salving thy amiss,
Excusing thy sins more than their sins are;
For to thy sensual fault I bring in sense —
Thy adverse party is thy advocate —
And 'gainst myself a lawful plea commence:
Such civil war is in my love and hate
  That I an àccessary needs must be
  To that sweet thief which sourly robs from me.

Não mais te aflijas por aquilo que fizeste. Rosas têm espinhos; e fontes prateadas, lama. Nuvens e eclipses mancham o sol e a lua, e a lagarta repugnante mora no botão mais delicado. Todos os homens cometem erros, e até mesmo eu neste soneto, autorizando-te a errar com minhas comparações, corrompendo a mim mesmo ao desculpar teu erro, atribuindo a teus pecados mais perdão do que eles merecem. Em defesa de tua falta sensual eu apresento a razão — teu oponente é teu advogado de defesa — e contra mim mesmo movo um processo legal. Tal guerra interna existe em meu amor e ódio que necessariamente sou cúmplice daquele meigo ladrão que sem dó me rouba.

35

Não mais o que fizeste te confronte:
Nuvens e eclipses mancham sol e lua,
Espinhos tem a rosa, lama a fonte,
No botão o vil verme se insinua.
Erra o mundo: até eu nesta passagem:
Comparando, autorizo-te onde erraste,
Me corrompo explicando a tua bobagem
E absolvendo-te mais do que pecaste.
À tua sensualidade dou razão —
Teu oponente, sou teu defensor —
Contra mim dou entrada numa ação
Numa guerra intestina de ódio e amor,
    Que me faz ser o cúmplice de quem
    Doce e cruel, me priva do meu bem.

Proposta de perdão. As nuvens e a chuva foram ofensas que precisam ser perdoadas. O poeta diz que nada é perfeito, todo mundo erra, mas seu perdão aqui é excessivo e dúbio.

6 compare = comparações. *9 bring in* = atribuo. *10 thy adverse* = teu oponente. *10 thy advocate* = teu advogado. *13 àccessary* = colaborador.

Observação: O verso 8 é problemático. Interpretação alternativa possível: "Desculpando teus pecados mais do que são desculpados os pecados dos outros".

XXXVI

Let me confess that we two must be twain,
Although our undivided loves are one:
So shall those blots that do with me remain,
Without thy help, by me be borne alone.
In our two loves there is but one respect,
Though in our lives a separable spite,
Which though it alter not love's sole effect,
Yet doth it steal sweet hours from love's delight.
I may not evermore acknowledge thee,
Lest my bewailèd guilt should do thee shame,
Nor thou with public kindness honour me,
Unless thou take that honour from thy name:
  But do not so; I love thee in such sort,
  As thou being mine, mine is thy good report.

Deixa-me reconhecer que nós dois precisamos ficar separados, embora nossos amores indivisos sejam um só. Assim aquelas manchas que comigo permanecem não vão te comprometer e por mim somente serão carregadas. Em nossos dois amores há uma única consideração, embora em nossas vidas nos separe uma ofensa que, mesmo não alterando o efeito único do amor, ainda assim do amor subtrai doces horas de prazer. Talvez nunca mais te reconheça em público, para que minha amarga culpa não te envergonhe; nem tu me honrarás com óbvia familiaridade, a menos que desejes subtrair a honra de teu nome. Mas não faças isso. Eu te amo de tal modo que, por seres meu, tua boa reputação também é minha.

36

Que somos duas pessoas eu já não nego,
Embora num só amor não dividido.
Assim aquelas manchas que carrego,
Sem tua ajuda, eu sofro só comigo.
São dois amores mas um só respeito,
Embora separados por ofensas
Que, mesmo não mudando o seu efeito,
Roubam do amor as horas mais intensas.
Talvez eu nunca mais te cumprimente:
Não te envergonhe o que tenho chorado.
Nem tu hás de me honrar publicamente
Para não ver teu nome desonrado.
   Não o faças; pois este que te ama,
   Por seres meu, também terá tua fama.

Separação imposta pela desigualdade social dos amantes. A unificação de duas pessoas pelo amor, descrita no soneto 22, precisa agora ser disfarçada em prol da fama do Belo Rapaz.

1 twain = separados. *2 undivided* = inseparáveis. *5 one respect* = um único sentimento. *6 spite* = injúria. *10 bewailèd guilt* = culpa assumida.

Observação: O dístico que fecha esse soneto se repete no soneto 96.

XXXVII

As a decrepit father takes delight
To see his active child do deeds of youth,
So I, made lame by Fortune's dearest spite,
Take all my comfort of thy worth and truth;
For whether beauty, birth, or wealth, or wit,
Or any of these all, or all, or more,
Intitled in thy parts, do crowned sit,
I make my love ingrafted to this store:
So then I am not lame, poor, nor despised,
Whilst that this shadow doth such substance give,
That I in thy abundance am sufficed,
And by a part of all thy glory live:
  Look what is best, that best I wish in thee;
  This wish I have, then ten times happy me.

Como um decrépito pai se alegra ao ver seu filho praticando proezas da juventude, assim eu, feito manco por gravíssima ofensa da Fortuna, tenho todo o meu conforto em teu valor e verdade. Pois se beleza ou berço ou riqueza ou inteligência ou qualquer uma dessas qualidades ou todas juntas ou mais outras, por direito, têm assento entre os teus atributos, o meu amor eu enxerto nessa tua fonte de riqueza. Assim não sou manco ou pobre ou desprezado, enquanto esse reflexo dos teus atributos me confere tal essência que eu na tua abundância já me basto e vivo como partícipe de toda a tua glória. O que existir de melhor, esse melhor eu o desejo em ti. Esse é o meu desejo, e assim me sinto dez vezes mais feliz.

37

Como o decrépito pai se deleita
Ao ver na juventude o filho ativo,
Tal eu, a quem Fortuna fez desfeita,
Só em teu valor leal me alegro e vivo.
Pois se beleza, berço, ouro ou talento,
Um desses bens, ou todos, ou bem mais,
Entre teus dotes têm coroa e assento,
Eu neles enxertado te amo em paz;
Já não sou manco, ou pobre, ou contrafeito:
Pois essa ideia tal substância traz
Que em tua riqueza eu fico satisfeito,
E honrado a minha parte em ti me faz.
  Deseja para ti o melhor desejo:
  Feliz mil vezes eu! O mesmo almejo.

Shakespeare reflete sobre o que acontece no relacionamento entre ele, que é um velho supostamente manco, e o Belo Rapaz, que age com a desenvoltura de um jovem.

3 dearest spite = mais maldosa crueldade. *8 make... ingrafted* = "make... engrafted", enxerto. *8 store* = reservatório. *10 shadow* = reflexo, proteção. *12 by a part* = participando.

XXXVIII

How can my Muse want subject to invent
While thou dost breathe, that pour'st into my verse
Thine own sweet argument, too excellent
For every vulgar paper to rehearse?
O give thy self the thanks if aught in me
Worthy perusal stand against thy sight,
For who's so dumb that cannot write to thee,
When thou thyself dost give invention light?
Be thou the tenth Muse, ten times more in worth
Than those old nine which rhymers invocate,
And he that calls on thee, let him bring forth
Eternal numbers to outlive long date.
  If my slight Muse do please these curious days,
  The pain be mine, but thine shall be the praise.

Como pode minha Musa carecer de assunto para sua criação enquanto respirares tu, que infundes nos meus versos teu próprio doce tema, inatingível para as composições vulgares? Ah, agradece a ti mesmo se algo em mim digno de leitura resiste ao teu escrutínio, pois quem é tão obtuso que não consegue escrever sobre ti quando tu mesmo conferes luz à criação? Sê tu a Musa número dez, dez vezes superior em valor àquelas nove que os rimadores invocam, e aquele que apelar a ti produza versos eternos que sobrevivam para todo o sempre. Se a minha pobre Musa agradar a estes tempos críticos, meu será o esforço, mas teu todo o louvor.

38

Minha Musa sem assunto? Impossível,
Se inspiras e respiras em meus versos
Tua doce trama mais que inatingível
Aos líricos vulgares e perversos.
Agradece a ti mesmo se algo em mim
Aos teus olhos for digno de louvor,
Pois qualquer parvo escreveria assim
Mais que inspirado à luz do teu primor.
Vem cá, musa dez, pé lépido, musa
Melhor que as nove amadas dos poetas.
O que te invoque sempre e só produza
Verso eterno que vença eternas metas.
  Se a minha musa hoje amada for,
  A mim cabe o trabalho, a ti o louvor.

Soneto de exaltação. O Belo Rapaz é visto como fonte de inspiração poética dos sonetos. Ele é intimado a ser a décima Musa, superior às nove musas tradicionais. A ele cabe ser exaltado; a Shakespeare, o esforço de exaltar.

1 Muse = neste caso, capacidade criativa. *4 rehearse* = declamar. *5 aught* = "anything". *6 against thy sight* = passar pelo crivo dos teus olhos. *12 numbers* = poemas, versos.

XXXIX

O how thy worth with manners may I sing,
When thou art all the better part of me?
What can mine own praise to mine own self bring?
And what is't but mine own when I praise thee?
Even for this, let us divided live,
And our dear love lose name of single one,
That by this separation I may give
That due to thee which thou deserv'st alone.
O absence, what a torment wouldst thou prove,
Were it not thy sour leisure gave sweet leave
To entertain the time with thoughts of love,
Which time and thoughts so sweetly doth deceive,
  And that thou teachest how to make one twain,
  By praising him here who doth hence remain.

Ah, como posso cantar teus méritos com propriedade quando a melhor parte de mim és tu? O que meu louvor pode acrescentar à minha pessoa, e o que é simplesmente meu quando te louvo? Por isso mesmo vamos viver separados, e assim nosso precioso amor perde a reputação de unidade, para que, por meio da separação, eu possa te dar a devida recompensa que só tu mereces. Ó ausência, que tormento tu não serias se o teu amargo e indesejado vazio não permitisse a doçura de passar o tempo pensando no amor, o que tempo e pensamentos tão docemente engana, e se tu não nos ensinasses como de um fazer dois, exaltando aqui aquele que está noutro lugar!

39

Como condignamente celebrar-te,
Quando o melhor de mim é todo teu?
Que pode acrescentar-me a minha arte?
Que louvo em ti que já não seja meu?
Melhor então vivermos apartados,
Sem crença de unidade em nosso amor,
Para que eu longe possa em meus agrados,
Dar-te o de que só tu és merecedor.
Ausência, tu serias um tormento,
Se o amargo vazio doce aval não fosse
Para amar todo o tempo em pensamento,
O que tempo e pensar nos tornam doce,
E não me ensinasses que num dois há,
Quando aqui louvo quem além está.

Separação imposta — já mencionada no soneto 36. Dificuldades inerentes para o poeta e delicada vantagem e lição da ausência.

1 with manners = com modéstia. *2 all* = "wholly", inteiramente. *5 Even for this* = exatamente por causa disso. *5 divided* = separados.

XL

Take all my loves, my love, yea, take them all;
What hast thou then more than thou hadst before?
No love, my love, that thou mayst true love call;
All mine was thine, before thou hadst this more.
Then, if for my love thou my love receivest,
I cannot blame thee for my love thou usest;
But yet be blamed, if thou this self deceivest
By wilful taste of what thy self refusest.
I do forgive thy robb'ry, gentle thief,
Although thou steal thee all my poverty;
And yet love knows it is a greater grief
To bear love's wrong, than hate's known injury.
  Lascivious grace, in whom all ill well shows,
  Kill me with spites, yet we must not be foes.

Toma todos os meus amores, meu amor, sim, toma todos! Que lucras com isso além do que já tinhas antes? Nenhum amor, meu amor, que possas chamar de verdadeiro. Tudo o que é meu era teu sem esse acréscimo. Então, se por me amares recebes minha amada como parte do meu amor, não posso censurar-te, pois estás usando o meu amor. Mas tu ainda és culpado se te enganas a ti mesmo, provando o que tu mesmo me recusas. Perdoo-te o furto, doce larápio, embora roubes para ti o pouco que tenho. E, no entanto, o amor sabe que dói mais suportar a ofensa inesperada do amor do que sofrer a injúria conhecida do ódio. Belo lascivo, em quem todo o mal parece um bem, mata-me com insultos, mas não sejamos inimigos.

40

Leva, amor, meus amores, leva tudo.
Que tens agora que antes já não tinhas?
Amor, nenhum sincero amor profundo:
Tuas já eram as coisas que eram minhas.
Se por me amares minha amada afanas,
Entendo, amor, e o meu amor terás;
Mas te censuro se a ti mesmo enganas,
Provando o que tu mesmo nunca dás.
Perdoo-te o furto, ladrão carinhoso,
Embora leves tudo o que me resta.
Mas sabe o amor que bem mais doloroso,
Mais que o ódio, é o amor quando molesta.
  Tu que o mal tornas bom, belo lascivo,
  Trucida-me, mas sem ser inimigo.

Começa aqui uma série de sonetos (40-42, 133-124 e 144) sobre o roubo da Dama Escura pelo Belo Rapaz e/ou vice-versa. Shakespeare perdoa a traição, mas não deixa de expressar sua amargura e ressentimento.

5 receivest = acolhes. *9 robb'ry* = "robbery", roubo. *12 wrong* = erro. *13 grace* = beleza.

XLI

Those pretty wrongs that liberty commits,
When I am sometime absent from thy heart,
Thy beauty and thy years full well befits,
For still temptation follows where thou art.
Gentle thou art, and therefore to be won,
Beauteous thou art, therefore to be assailed;
And when a woman woos, what woman's son
Will sourly leave her till he have prevailed?
Ay me, but yet thou mightst my seat forbear,
And chide thy beauty and thy straying youth,
Who lead thee in their riot even there
Where thou art forced to break a twofold truth:
  Hers, by thy beauty tempting her to thee,
  Thine, by thy beauty being false to me.

Aqueles errinhos que a libertinagem comete, quando às vezes me ausento do teu coração, combinam perfeitamente com tua beleza e idade, pois onde estiveres sempre te acompanha a tentação. És nobre e, portanto, alvo de conquista; és belo e, portanto, serás assediado. E quando uma mulher se propõe, que filho de mulher a deixará, indelicado, sem se impor? Pobre de mim, mas bem que tu podias poupar meu leito e censurar tua beleza e tua juventude libertina, que em seu deboche te levam exatamente para o lugar onde tu és forçado a violar uma dupla fidelidade: a dela, atraindo-a com tua beleza; a tua, com tua beleza me traindo.

41

Dos errinhos daquela liberdade
De quando tu me esqueces um instante
Tua beleza é culpada com a idade
Por ser a tentação uma constante.
Sendo nobre, tu és objeto de conquista,
Sendo belo, tu seduzes as mulheres.
Se uma quer, não há homem que resista,
Que não se agrade com os seus prazeres.
Mas bem que tu podias poupar-me o leito
E a idade controlar e a formosura,
Que na folia e sem nenhum respeito
Um duplo compromisso desnatura:
O dela, que tão belo a seduziste,
O teu, que belo e falso me traíste.

O poeta racionaliza a traição do Belo Rapaz e ao mesmo tempo apresenta detalhes dela e intensifica sua queixa.

1 liberty = licenciosidade. *3 full well befits* = são perfeitamente apropriados. A forma "befits", na 3ª pessoa do plural, era aceita na época de Shakespeare. *8 sourly* = cruelmente. *9 seat* = esse termo tem várias interpretações possíveis, entre elas a de "sela", com óbvias insinuações de ordem sexual. *10 straying* = transviada. *11 riot* = devassidão.

XLII

That thou hast her, it is not all my grief,
And yet it may be said I loved her dearly;
That she hath thee is of my wailing chief,
A loss in love that touches me more nearly.
Loving offenders, thus I will excuse ye:
Thou dost love her because thou know'st I love her,
And for my sake even so doth she abuse me,
Suff'ring my friend for my sake to approve her.
If I lose thee, my loss is my love's gain,
And losing her, my friend hath found that loss;
Both find each other, and I lose both twain,
And both for my sake lay on me this cross.
  But here's the joy, my friend and I are one.
  Sweet flattery! then she loves but me alone.

Que tu a possuas — esta não é a minha principal mágoa. E, no entanto, pode-se dizer que eu a amei intensamente. Que ela te possua — essa é causa principal da minha dor, uma perda amorosa que me toca mais fundo. Transgressores apaixonados, assim eu vos desculparei: tu a amas porque sabes que eu a amo, e ela, por saber que te amo, da mesma forma me injuria, permitindo que o meu amigo, por causa de mim, a teste. Se eu te perco, minha perda é lucro para a minha amada; e se eu a perco, o meu amigo já encontrou o que perdi. Os dois se acham, e eu perco duas vezes, e os dois, por mim, me impõem esta cruz. Mas aqui está o meu contentamento: meu amigo e eu somos um. Doce ilusão! Então eu sou o único amor dela.

42

Que tu a possuas não pesa em mim demais,
Mas meu amor por ela era o meu mundo.
Que ela te possua dói muito mais:
É perda que me toca mais a fundo.
Cruéis amantes, vos absolvo assim:
Tu a amas por saberes quem a ama,
E ela me desonra, e o faz por mim,
Deixando o meu amigo usar sua cama.
Te perco: meu amor tem seu presente;
Perco a ela: na perda o amigo luz.
Os dois se dão, eu perco duplamente,
Os dois me amando me impõem esta cruz.
  Mas somos um, o meu amigo e eu;
  Doce ilusão, o amor que é dela é meu.

A dupla traição é avaliada por Shakespeare. Um forçado processo de racionalização o leva a uma conclusão surpreendente na qual a unificação do poeta com o Belo Rapaz é evocada.

3 chief = "main" ("chief" como adjetivo). *5 ye* = forma arcaica, plural de "you".

XLIII

When most I wink, then do mine eyes best see,
For all the day they view things unrespected;
But when I sleep, in dreams they look on thee,
And darkly bright, are bright in dark directed.
Then thou, whose shadow shadows doth make bright,
How would thy shadow's form form happy show
To the clear day with thy much clearer light,
When to unseeing eyes thy shade shines so!
How would (I say) mine eyes be blessèd made,
By looking on thee in the living day,
When in dead night thy fair imperfect shade
Through heavy sleep on sightless eyes doth stay!
  All days are nights to see till I see thee,
  And nights bright days when dreams do show thee me.

É quando mais os fecho que meus olhos enxergam melhor, pois o dia inteiro eles veem coisas que não merecem atenção. Mas quando durmo, em sonhos eles se fixam em ti e, brilhando no escuro, no escuro são claramente direcionados. Então tu, cuja sombra torna as sombras claras, que bela imagem para o dia formaria tua sombra, com tua luz muito mais clara, se para olhos cegos a tua sombra tanto brilha! Como, repito, seriam abençoados meus olhos por se fixarem em ti à luz do dia, se nas horas mortas da noite tua bela sombra imperfeita, durante o sono pesado, permanece em olhos que não enxergam! Eu vejo todos os dias como noites, se não te vejo, e as noites são dias claros quando os sonhos te me mostram.

43

Meus olhos veem melhor durante o sono:
De dia só veem aquilo que é vulgar;
No sono em sonho, em ti e no abandono,
Brilham no escuro e fixam seu olhar.
E tu, sombra que as sombras ilumina,
Nas sombras formas forma em doce encanto
Para o dia de luz mais cristalina,
Tua sombra ao cego olhar brilhando tanto!
Seriam os meus olhos tão felizes
Sobre ti se fixando à luz do dia,
Se no escuro o fantasma sem matizes,
No mar do sono, o cego olhar me guia!
É noite opaca o dia em que não te vejo,
E a noite é luz se em sonho te revejo.

Neste soneto, ao contrário do que acontece no 27, a insônia é considerada *um benefício do amor*. Ela permite visões singulares.

2 unrespected = sem valor. *6 thy shadow's form form* = a sombra de tua forma formaria. *13 to see = a comtemplar.*

XLIV

If the dull substance of my flesh were thought,
Injurious distance should not stop my way,
For then despite of space I would be brought,
From limits far remote, where thou dost stay.
No matter then although my foot did stand
Upon the farthest earth removed from thee,
For nimble thought can jump both sea and land
As soon as think the place where he would be.
But ah, thought kills me that I am not thought,
To leap large lengths of miles when thou art gone,
But that, so much of earth and water wrought,
I must attend time's leisure with my moan,
  Receiving nought by elements so slow
  But heavy tears, badges of either's woe.

Se a pesada matéria do meu corpo fosse pensamento, a ofensiva distância não bloquearia meu caminho, pois nesse caso, apesar do espaço, eu seria levado para as mais remotas regiões onde estás. Nenhum problema então, mesmo que meus pés estivessem no ponto mais longínquo em relação a ti, pois o lépido pensamento pode pular por cima de mar e terra mediante a simples evocação do lugar remoto onde estiveres. Mas ai, mata-me pensar que não sou pensamento para saltar extensas milhas quando vais embora. Feito em iguais medidas de terra e água, eu preciso aguardar, gemendo, a passagem do tempo, sem nada receber de elementos tão lerdos, a não ser densas lágrimas, insígnias da desgraça de ambos.

44

Se o lerdo corpo fosse pensamento,
Ofensa o espaço não cometeria:
Já não era a distância impedimento,
Mesmo longe contigo eu já estaria.
Meu pé distante poderia ficar,
No ponto do universo mais remoto:
Cruzava o pensamento terra e mar
Para encontrar-te até em lugar ignoto.
Mas ai! Que duro não ser pensamento
Para anular a distância entre nós.
Com tanta terra e água em mim lamento:
Devo servir, gemendo, ao tempo atroz,
  Pois só recebo desses elementos
  As lágrimas, sinais dos seus tormentos.

Sonetos da *série sobre separação e ausência*: 44-45, 50-51. Os dois primeiros se fundamentam na antiga teoria dos quatro elementos básicos na constituição da matéria: terra e água, fogo e ar. O soneto 44 lamenta as limitações impostas por terra e água em casos de separação. Quem dera o corpo fosse pensamento!

8 as soon as think the place = só de pensar no lugar.

XLV

The other two, slight air and purging fire,
Are both with thee, wherever I abide;
The first my thought, the other my desire,
These present-absent with swift motion slide;
For when these quicker elements are gone
In tender embassy of love to thee,
My life, being made of four, with two alone
Sinks down to death, oppressed with melancholy,
Until life's composition be recured
By those swift messengers returned from thee,
Who even but now come back again assured
Of thy fair health, recounting it to me.
  This told, I joy, but then no longer glad,
  I send them back again, and straight grow sad.

Os outros dois elementos, o ar levíssimo e o fogo purificador, estão ambos contigo, onde quer que eu me encontre. O primeiro é o meu pensamento; o outro, o meu desejo. Estes, presentes/ausentes, com veloz movimento se deslocam. Quando esses elementos mais rápidos partem em direção a ti numa carinhosa missão de amor, minha vida, composta de quatro elementos, ficando só com dois, sente um pesar mortal, oprimida pela melancolia. Depois, sua composição é restaurada por aqueles lépidos mensageiros que de ti retornam. Neste exato momento eles estão aqui certificados de tua boa saúde, informando-me de tudo. Ouvindo isso, eu me rejubilo. Mas em seguida, já sem alegria, mando-os de volta outra vez e logo fico triste.

45

Os outros dois, o ar e o fogo intenso,
Estão ali contigo e estão aqui:
Um no desejo, o outro no que penso —
Presente-ausente: agora aqui, já ali.
Quando estes elementos voam depois
E lépidos te levam meu amor,
Dos quatro a minha vida só com dois,
Mergulha em morte, depressão e dor.
Até se equilibrar na sua essência
Ao retornarem meus dois mensageiros,
Que agora mesmo na minha presença
De ti boas novas trazem, tão certeiros.
  Assim exulto, mas a dor subsiste:
  Mando-os de volta e já me sinto triste.

Continuação do soneto anterior. O soneto 45 imagina os possíveis benefícios dos outros dois elementos: fogo e ar; ar = pensamento; fogo = desejo. Idas e vindas de pensamentos e desejos.

4 slide = move. *9 recured* = recuperada. *12 recounting* = relatando.

XLVI

Mine eye and heart are at a mortal war,
How to divide the conquest of thy sight:
Mine eye my heart thy picture's sight would bar,
My heart mine eye the freedom of that right.
My heart doth plead that thou in him dost lie
(A closet never pierced with crystal eyes),
But the defendant doth that plea deny,
And says in him thy fair appearance lies.
To 'cide this title is impannellèd
A quest of thoughts, all tenants to the heart,
And by their verdict is determinèd
The clear eye's moiety and the dear heart's part,
   As thus: mine eye's due is thy outward part,
   And my heart's right, thy inward love of heart.

O olhar e o coração travam guerra mortal, discutindo a divisão da conquista da tua imagem. O olhar quer proibir o coração de contemplar tua imagem; o coração nega ao olhar o exercício desse direito. O coração pleiteia que tu estás localizado nele, que é um recinto nunca devassado pelo olhar cristalino. Mas o acusado nega essa alegação, dizendo que nele está a tua bela aparência. Para decidir esse direito uma comissão de inquérito é instaurada, cujos membros são os pensamentos, todos locatários do coração, e pelo veredicto deles ficam assim estabelecidas a metade do olhar cristalino e a parte do precioso coração: cabe ao olhar a tua parte exterior; e ao coração, o coração do amor.

46

Em guerra, o olhar e o coração reagem:
Como dividir a conquista feita?
Ao coração o olhar proíbe a imagem,
E o coração o dano não aceita.
Que é tua morada alega o coração,
Recinto pelo olhar jamais vazado;
Mas que nele teus lindos dotes vão
Responde por sua vez o acusado.
A decidir o caso é promovido
Um julgamento — todo cordial.
Seu veredicto aceito foi ouvido:
A cada um, sua parte natural.
  Assim, aos olhos cabe o exterior;
  E ao coração, o coração do amor.

Inicia-se uma nova série de sonetos sobre uma *guerra entre o olhar e o coração ou a mente*: 46-47, 113-114. Guerra prenunciada no soneto 24, v. 13-14. Neste soneto a guerra acaba no tribunal de justiça.

3 bar = barrar. *9 'cide* = forma aferética de "decide". *9 impannnellèd* = estabelecido. *10 quest* = inquérito, investigação. *12 moiety* = porção.

XLVII

Betwixt mine eye and heart a league is took,
And each doth good turns now unto the other:
When that mine eye is famished for a look,
Or heart in love with sighs himself doth smother,
With my love's picture then my eye doth feast,
And to the painted banquet bids my heart;
Another time mine eye is my heart's guest,
And in his thoughts of love doth share a part.
So either by thy picture or my love,
Thyself, away, art present still with me,
For thou not farther than my thoughts canst move,
And I am still with them, and they with thee;
  Or if they sleep, thy picture in my sight
  Awakes my heart to heart's and eyes' delight.

Entre o olhar e o coração um acordo fica estabelecido, e cada um presta bons serviços ao outro. Quando o meu olhar sente fome de te ver, ou o coração apaixonado com suspiros se tortura, com a imagem do meu amor então o olhar se delicia e ao banquete visual convida o coração. Noutra ocasião o coração convida o olhar, com quem seus pensamentos de amor compartilha. Assim, ou por tua imagem ou por meu amor, tu, mesmo distante, sempre estás aqui comigo. Tu não podes ir mais longe do que meus pensamentos, e eu estou sempre com eles, e eles contigo. Ou, se eles dormirem, a tua imagem em meu olhar acorda o coração para deleite de ambos.

47

Meu coração e os olhos já acordados
Prometem mutuamente se ajudar:
Quando os olhos te buscam esfaimados
Ou morre o coração de suspirar,
O olhar no teu retrato se alimenta
E ao banquete convida o coração;
Depois o olhar o coração contenta
E no amor dá sua parte de emoção.
Assim no teu retrato e em meu amor,
Ausente embora, tu comigo estás:
Do meu pensar não podes mais dispor
E eu nele estou contigo sempre mais.
  Dormindo os dois, com teu retrato eu sonho:
  Acordam coração e olhar risonho.

Continuando o 46, o soneto 47 descreve um acordo estabelecido entre o olhar e o coração: o resultado é bom.

1 league = pacto.

XLVIII

How careful was I, when I took my way,
Each trifle under truest bars to thrust,
That to my use it might un-usèd stay
From hands of falsehood, in sure wards of trust!
But thou, to whom my jewels trifles are,
Most worthy comfort, now my greatest grief,
Thou best of dearest, and mine only care,
Art left the prey of every vulgar thief.
Thee have I not locked up in any chest,
Save where thou art not, though I feel thou art,
Within the gentle closure of my breast,
From whence at pleasure thou mayst come and part;
  And even thence thou wilt be stol'n, I fear,
  For truth proves thievish for a prize so dear.

Como fui cuidadoso quando saí de viagem, trancafiando com os cadeados mais seguros cada bagatela minha para que, sob a custódia mais garantida, sendo de meu uso exclusivo, nenhuma ficasse ao alcance de mãos traidoras! Mas tu, para quem minhas joias são bagatelas; tu, o meu consolo mais precioso, agora minha maior mágoa; tu, o melhor dos mais queridos e minha única preocupação, ficaste sujeito a ser presa do mais vulgar larápio. Não te tranquei em nenhum cofre, a não ser onde não estás, embora eu te sinta presente dentro do delicado recinto do meu peito, onde podes entrar e sair à vontade. E eu receio que mesmo dali possas ser roubado, pois a lealdade mostra-se ladra ante um prêmio tão grande.

48

Mil cuidados tomei quando parti,
Minhas tralhas tranquei em segurança.
De meu uso exclusivo, eu as tolhi
Da mão falsa, em prisão de confiança.
Mas tu, pra quem as joias tralhas são,
Minha maior angústia e minha paz,
A mais cara e maior preocupação,
A todos os ladrões exposto estás.
Não te tranquei em nenhuma prisão.
Salvo aqui onde eu te sinto, sem o estar,
No doce claustro do meu coração,
Donde podes sair bem como entrar.
  E mesmo aqui sujeito estás a assalto:
  Ladra é a lealdade ante prêmio tão alto.

Soneto de separação e ausência. Saindo de viagem, Shakespeare se sente ao mesmo tempo temeroso e desconfiado em relação ao Belo Rapaz.

4 wards = cofres. *12 From whence* = donde. *13 thence* = dali. *14 truth* = honestidade.

XLIX

Against that time (if ever that time come)
When I shall see thee frown on my defècts,
Whenas thy love hath cast his utmost sum,
Called to that audit by advised respects;
Against that time when thou shalt strangely pass,
And scarcely greet me with that sun, thine eye,
When love converted from the thing it was
Shall reasons find of settled gravity:
Against that time do I insconce me here
Within the knowledge of mine own desert,
And this my hand against myself uprear,
To guard the lawful reasons on thy part.
  To leave poor me thou hast the strength of laws,
  Since why to love I can allege no cause.

Para enfrentar aquele tempo (se é que ele um dia vai chegar) em que te verei desaprovando os meus defeitos; quando o teu amor tiver fechado a conta, depois de uma auditoria feita com ponderadas análises; para enfrentar esse tempo quando tu como estranho passares, mal me saudando com aquele teu olhar ensolarado; quando o amor, transformado em relação ao que era antes, encontrará motivos para se comportar formalmente; para enfrentar esse tempo eu aqui me abrigo na consciência de meu merecimento. Esta mão contra mim mesmo eu ergo para ratificar os motivos legítimos de tua parte. Para me deixar tu tens a força das leis; para te amar eu não posso alegar nenhuma causa.

49

Daquele tempo (se ele um dia chegar)
Em que tu meus defeitos reprovares,
Quando a conta quiseres já fechar
E um balanço prudente realizares;
Daquele tempo, quando me ignorares,
Mal saudando-me o sol do teu olhar,
Quando o amor já passado transformares
Em graves razões para me ignorar:
Daquele tempo agora me protejo
Na ciência daquilo que mereço
E esta mão contra mim sem nenhum pejo
Ergo e aprovo as razões desse teu preço.
  Para deixar-me as leis te assistirão,
  Para amar-te não tenho uma razão.

Os tormentos do amor: Shakespeare se predispõe a aceitar humildemente (demais?) o menosprezo do desamor.

3 Whenas = "'when". *4 audit* = investigação. *8 settled gravity* = comportamento formal. *9 insconce* = "ensconce", me protejo.

L

How heavy do I journey on the way,
When what I seek (my weary travel's end)
Doth teach that ease and that repose to say,
'Thus far the miles are measured from thy friend'.
The beast that bears me, tirèd with my woe,
Plods dully on, to bear that weight in me,
As if by some instìnct the wretch did know
His rider loved not speed being made from thee:
The bloody spur cannot provoke him on
That sometimes anger thrusts into his hide,
Which heavily he answers with a groan
More sharp to me than spurring to his side;
  For that same groan doth put this in my mind:
  My grief lies onward and my joy behind.

Com que lentidão avanço no meu caminho quando o que busco, o final da exaustiva jornada, ensina o previsto descanso e repouso a dizerem: "Até aqui já estás a tantas milhas do teu amigo". O animal que me leva, cansado de meus lamentos, se arrasta lerdo carregando meu pesar, como se por instinto o infeliz soubesse que sua carga não tem pressa, já que se afasta de ti. Não consegue fazê-lo correr a cruel espora que às vezes minha raiva força contra seus flancos. Ao que ele responde soturnamente com um gemido, mais agudo para mim do que as esporas em suas ilhargas. Pois o gemido me faz lembrar disto: Meu pesar está lá adiante; e minha alegria, lá atrás.

50

Pesado e triste, no caminho avanço,
Quando o que busco, meu lasso objetivo,
Da minha folga diz e do descanso:
"Cada passo mais longe o teu amigo."
Cansada e triste, até que se parece
Comigo a besta que me vai levando:
Por seu instinto como se soubesse
Sem pressa a carga de ti se afastando.
Em nada altera o passo a dura espora
Com que castigo às vezes sua ilharga;
Gemendo fundo a besta me apavora:
A dor em mim dói mais e é mais amarga.
  Nesse gemido volta o pensamento:
  Lá adiante a dor, lá atrás o meu contento.

Dois sonetos sobre *a separação e a ausência*: 50 e 51. A dor da saudade durante uma viagem de descanso e repouso.

1 heavy = pesaroso. *7 the wretch* = o pobre coitado. *10 hide* = couro.

LI

Thus can my love excuse the slow offence
Of my dull bearer, when from thee I speed:
From where thou art, why should I haste me thence?
Till I return, of posting is no need.
O what excuse will my poor beast then find,
When swift extremity can seem but slow?
Then should I spur though mounted on the wind,
In wingèd speed no motion shall I know:
Then can no horse with my desire keep pace;
Therefore desire (of perfect'st love being made)
Shall neigh (no dull flesh) in his fiery race,
But love, for love, thus shall excuse my jade:
  Since from thee going, he went willful slow,
  Towards thee I'll run and give him leave to go.

Assim o amor sabe desculpar a ofensa da morosidade do lerdo animal que me carrega quando me afasto de ti. Dali onde estás, por que deveria apressar-me em sair? Até eu voltar, não há necessidade de correr. Ah, que desculpa minha pobre besta terá na volta, quando a máxima velocidade vai parecer lentidão? Então eu meteria esporas até se estivesse cavalgando o vento. Voando feito um raio hei de ignorar qualquer movimento. Cavalo nenhum então correrá tanto quanto o meu desejo. Portanto, o desejo, feito do amor mais perfeito, já não sendo matéria, relinchará em sua fogosa corrida. Mas meu amor assim perdoará meu cavalo velho: sendo que, afastando-me de ti ele foi deliberadamente lento, em direção a ti, eu hei de correr, e dele solto a brida.

51

Assim o amor perdoa o passo brando
Do animal que me levou de ti.
Por que pressa, se eu estava te deixando?
Correr não devo até voltar ali.
Que desculpa o cavalo então vai ter
Quando lerdo seu pique for julgado?
Espora até no vento vou meter,
Imóvel, fixo em ti, num ritmo alado.
Cavalo algum supera o meu desejo,
Que sendo essência de um amor perfeito
Sem peso cruza o mundo num lampejo
Perdoando ao cavalo o seu defeito.
  Se ele teimoso e lento foi na ida,
  Na volta eu voo e dele solto a brida.

Segundo soneto sobre *a separação e a ausência*. Depois da viagem de ida descrita no soneto anterior, temos agora a viagem de volta. Antes o pesaroso afastamento, agora a ansiosa reaproximação.

4 of posting is no need = não é necessário correr como correm os cavalos dos correios. *6 but* = "only". *8 In wingèd speed* = em pleno voo. *12 jade* = pangaré.

Observação: O transporte dos correios ingleses, que tiveram seu início em 1516, no tempo de Shakespeare dependia de cavalos.

LII

So am I as the rich whose blessèd key
Can bring him to his sweet up-lockèd treasure,
The which he will not ev'ry hour survey,
For blunting the fine point of seldom pleasure.
Therefore are feasts so solemn and so rare,
Since, seldom coming, in the long year set,
Like stones of worth they thinly placèd are,
Or captain jewels in the carcanet.
So is the time that keeps you as my chest,
Or as the wardrobe which the robe doth hide,
To make some special instant special blest,
By new unfolding his imprisoned pride.
  Blessèd are you whose worthiness gives scope,
  Being had, to triumph, being lacked, to hope.

Eu sou como aquele sujeito rico que tem uma chave abençoada capaz de conduzi-lo a seu precioso tesouro trancafiado, que ele evita inspecionar a cada hora, para não estragar o ponto alto de seu extraordinário prazer. Por isso mesmo as festas são tão solenes e tão raras; porque, ocorrendo poucas vezes, engastadas ao longo do ano, são distribuídas de modo esparso como pedras preciosas, ou como as joias principais num colar. Assim o tempo que te guarda é como meu cofre, ou como o guarda-roupa que esconde a túnica para que ela em algum momento seja o adorno especial, quando sua beleza aprisionada for novamente exibida. Abençoado és tu. O teu valor é abrangente. Tido, és triunfo; guardado, és esperança.

52

Sou como o rico cuja nobre chave
Ao tesouro conduz trancafiado;
Mas poucas vezes ele o cofre abre,
Para o raro prazer ver preservado.
Por isso as grandes festas são escassas,
E raras vêm em datas anuais;
Como as pedras mais caras são esparsas,
Ou num colar as joias principais.
Assim o tempo é o cofre a te ocultar,
O guarda-roupa do manto mais lindo,
Para a data especial abençoar
Com orgulho de novo se exibindo.
  Bendito és tu, pois teu valor alcança,
  Tido a glória; guardado a esperança.

Shakespeare medita sobre *a separação e a ausência*. Os encontros raros são mais prazerosos. E a própria separação é vista como fator positivo.

8 carcanet = colar. *9 chest* = cofre, peito. *13 scope* = extensão.

LIII

What is your substance, whereof are you made,
That millions of strange shadows on you tend,
Since every one hath, every one, one shade,
And you, but one, can every shadow lend?
Describe Adonis, and the counterfeit
Is poorly imitated after you;
On Helen's cheek all art of beauty set,
And you in Grecian tires are painted new;
Speak of the spring and foison of the year:
The one doth shadow of your beauty show,
The other as your bounty doth appear,
And you in every blessèd shape we know.
  In all external grace you have some part,
  But you like none, none you, for constant heart.

Qual é a tua essência? De que és feito? Tu que milhões de estranhas imagens tens a teu dispor, sendo que todo mundo tem, cada um, uma só imagem, e tu, que és um só, consegues projetar todas elas? Descreva-se Adônis, e seu retrato é uma pobre imitação de ti; ou represente-se a face de Helena com a máxima arte; és tu novamente pintado em vestes gregas. Fale-se da primavera e da farta colheita do ano; uma é sombra de tua beleza; a outra se apresenta como tua prodigalidade, e tu estás em todas as abençoadas formas que conhecemos. Em todas as graças exteriores tu tens alguma parte, mas não és como nenhuma, nenhuma é como tu, graças à constância do teu coração.

53

De que és feito? Qual é a tua essência?
Milhões de imagens sobre ti concentras,
E cada uma é uma em aparência,
E tu que és um em cada uma entras.
Descreve Adônis. Seu retrato é apenas
Canhestra imitação do que pareces;
Toda a beleza no rosto de Helenas:
Em veste grega és tu que reapareces.
Falar de primavera e de colheita?
Uma é sombra da beleza que ostentas,
Na outra a tua abundância está perfeita:
Nas formas mais bonitas te apresentas.
  Estás em tudo o que de belo há:
  Mas fiel como tu ninguém será.

Soneto baseado na *teoria platônica*, segundo a qual a realidade consiste na essência ou substância e nas aparências ou fantasmas. Aqui o poeta faz um elogio (talvez sincero, talvez irônico) das aparências.

2 shadows = fantasmas. *5 counterfeit* = imitação. *7 all art* = todos os recursos. *9 foison* = forma arcaica para abundância. *14 like none* = interpretação ambígua: não gostas de ninguém; como ninguém.

LIV

O how much more doth beauty beauteous seem
By that sweet ornament which truth doth give!
The rose looks fair, but fairer we it deem
For that sweet odour which doth in it live.
The canker blooms have full as deep a dye
As the perfumèd tincture of the roses,
Hang on such thorns, and play as wantonly,
When summer's breath their maskèd buds discloses;
But, for their virtue only is their show,
They live unwooed, and unrespected fade,
Die to themselves. Sweet roses do not so,
Of their sweet deaths are sweetest odours made:
  And so of you, beauteous and lovely youth,
  When that shall vade, my verse distills your truth.

Muito mais bela a beleza parece devido ao delicado ornamento que a verdade lhe confere! A rosa parece linda. Mais linda, porém, a consideramos pelo delicado perfume que ela exala. Os botões de rosa brava têm uma cor tão intensa como o matiz perfumado das rosas e pendem de ramos espinhentos e dançam tão livremente quando o sopro do verão abre seus botões ocultos. Mas isso ocorre porque a única virtude dessas rosas falsas é a exibição. Vivas não são admiradas, e murchas são ignoradas, e morrem sós. Isso não acontece com as delicadas rosas. De sua delicada morte os mais agradáveis perfumes são extraídos. E assim de ti, belo e amável rapaz, quando te fores, em meu verso tua essência ficará destilada.

54

Tão mais bela a beleza se apresenta
Se a suave verdade for seu lume;
Mais linda é a linda rosa que se ostenta
Envolta numa onda de perfume.
Botões selvagens têm tão linda cor
À bela rosa perfumada igual;
Dos mesmos galhos pendem no calor
Que com seu sopro os faz desabrochar.
Mas neles a virtude é só vistosa:
Vivem sem amor e murcham no olvido,
Morrem sós. Diversamente da rosa
Da qual, morta, o bom perfume é extraído.
  Assim também, meu belo e bom rapaz,
  Tua essência em meus versos deixarás.

Retoma-se aqui o tema da *imortalidade pela arte* (sonetos 15-19) e o da destilação da essência ou substância (sonetos 5-6).

4 sweet odour = doce perfume (= essência). *9 their show* = suas aparências. *14 vade* = variante de "fade", perecerá.

LV

Not marble nor the gilded monuments
Of princes shall outlive this pow'rful rhyme,
But you shall shine more bright in these contènts
Than unswept stone, besmeared with sluttish time.
When wasteful war shall statues overturn,
And broils root out the work of masonry,
Nor Mars his sword nor war's quick fire shall burn
The living record of your memory.
'Gainst death and all oblivious enmity
Shall you pace forth; your praise shall still find room
Even in the eyes of all posterity
That wear this world out to the ending doom.
  So, till the judgment that yourself arise,
  You live in this, and dwell in lovers' eyes.

Nem o mármore, nem os dourados monumentos de príncipes terão vida mais longa do que a destes poderosos versos. No que neles está contido tu brilharás mais intensamente do que a pedra manchada pelo tempo imundo. Quando a devastadora guerra derrubar estátuas e tumultos destruírem obras de alvenaria, nem a espada de Marte nem a propagação do fogo queimarão o registro vivo de teu memorial. Contra a morte e contra todo inimigo fator de esquecimento, tu avançarás. Tu sempre terás um lugar seguro exatamente nos olhos de toda a posteridade que pisará neste mundo, até a destruição final. Assim, até o Dia do Juízo, quando ressurgirás, tu vives nisto e hás de morar nos olhos dos amantes.

55

Mais que a pedra e dourados monumentos
Viverá a minha rima poderosa,
E tu mais brilharás nestes contentos
Que a lápide que ao tempo é tão porosa.
Quando estátuas a guerra derrubar
E a batalha implodir a fortaleza,
Nem Marte nem o fogo irão queimar
O vivo memorial de tua beleza.
Contra a morte e o clamor do esquecimento
Tu avançarás. Louvor sempre haverá
Aos olhos do futuro julgamento
Até o dia em que o mundo findará.
  Até o juízo final ocorrer,
  Aqui e no olhar de amantes vais viver.

Soneto de autoafirmação. Ao contrário do que fez no soneto 32, em que subestimou seus "pobres rudes versos", aqui Shakespeare supervaloriza sua arte alçando-a acima de qualquer outra.

1 marble = ricos túmulos. *4 sluttish* = "dirty". 6 broils = batalhas.

LVI

Sweet love, renew thy force, be it not said
Thy edge should blunter be than appetite,
Which but today by feeding is allayed,
Tomorrow sharp'ned in his former might.
So, love, be thou: although today thou fill
Thy hungry eyes even till they wink with fullness,
Tomorrow see again, and do not kill
The spirit of love with a perpetual dullness:
Let this sad int'rim like the ocean be
Which parts the shore, where two contracted new
Come daily to the banks, that when they see
Return of love, more blest may be the view;
  As call it winter, which being full of care,
  Makes summer's welcome, thrice more wished, more rare.

Doce amor, renova a tua força. Que não se diga que o entusiasmo é menor que o apetite. Este, assim que hoje se alimenta é saciado, mas amanhã seu vigor é tão intenso quanto antes. Amor, sê tu assim também. Embora hoje enchas teus olhos famintos até o ponto de eles cochilarem satisfeitos, olha amanhã de novo e não mates o espírito do amor em perpétua letargia. Que esse triste intervalo seja como o oceano que separa os litorais aonde dois amantes recém-compromissados diariamente vêm para que, quando virem o retorno da pessoa amada, mais abençoada seja sua visão. Ou chama isso de inverno, que, sendo cheio de preocupações, torna o verão bem-vindo, três vezes mais desejado, mais extraordinário.

56

Renova, amor, tua força demonstrando
Não ser menor teu gume que o apetite,
Que hoje em mesa farta se saciando
Muito espera amanhã novo convite.
Sê assim, amor: tal qual o teu olhar,
Que farto hoje até cair de sono,
Olha outra vez amanhã sem deixar
Cair o amor da alma no abandono.
Que o sombrio intervalo seja o mar,
Que, se interpondo, isola os dois amantes
Que sempre vão à praia até avistar
O amor voltando mais belo que antes;
  Ou seja o inverno que, tão angustiado,
  Torna o verão mais lindo e desejado.

Esse soneto apresenta um pedido de renovação do amor para manter vivo seu espírito. Imagens: apetite, fome do olhar, saudade de noivos, inverno à espera do verão.

2 blunter = menos aguçado. *2 appetite* = apetite sexual. *8 dullness* = perda do apetite. *11 that* = "so that". *13 as* = "or".

LVII

Being your slave, what should I do but tend
Upon the hours and times of your desire?
I have no precious time at all to spend,
Nor services to do till you require.
Nor dare I chide the world-without-end hour
Whilst I (my sovereign) watch the clock for you,
Nor think the bitterness of absence sour
When you have bid your servant once adieu.
Nor dare I question with my jealous thought
Where you may be, or your affairs suppose,
But like a sad slave stay and think of nought
Save where you are how happy you make those.
  So true a fool is love that in your will
  (Though you do anything) he thinks no ill.

Sou teu escravo. Que devo fazer além de te servir nas horas e ocasiões que desejares? Não tenho absolutamente nenhum tempo precioso para gastar, nem serviços a fazer enquanto não precisares de mim. Nem ouso queixar-me das intermináveis horas de espera enquanto eu para ti, meu soberano, controlo o tempo; nem considero a angústia da ausência desagradável depois que tu dispensaste o teu servo. Nem ouso questionar com pensamentos ciumentos por onde possas andar, ou imaginar teus afazeres. Mas, como um triste servo, aguardo e não penso em nada, a não ser em como fazes felizes os que estão contigo. O amor é tão completamente tolo que em teus caprichos, faças tu o que fizeres, ele não vê maldade alguma.

57

Escravo teu, só me cabe esperar
O tempo e a hora do que desejares.
De meu não tenho tempo pra gastar
Nem tarefas que tu não ordenares.
Não me queixo da espera interminável,
Enquanto aguardo e fico olhando a hora,
Nem julgo amarga a ausência indesejável
Depois que o servo teu mandaste embora.
Nem com ciúme questiono em desespero
Onde estarias ou fazendo o quê.
Mas como escravo em nada penso e espero —
A não ser na alegria de quem te vê.
  Tão tolo é o amor leal que em tua vontade,
  Suceda o que suceda, vê bondade.

Nos sonetos 57 e 58 Shakespeare expressa um amor escravo ou servil totalmente submisso ao Belo Rapaz. Talvez o tom seja irônico, mas o tema da submissão amorosa era comum entre os sonetistas da época.

5 the world-without-end hour = o tempo interminável. *8 bid... adieu* = despedir(-se). *11 stay* = "wait".

LVIII

That god forbid, that made me first your slave,
I should in thought control your times of pleasure,
Or at your hand th'account of hours to crave,
Being your vassal bound to stay your leisure.
O let me suffer (being at your beck)
Th'imprisoned absence of your liberty,
And patience, tame to sufferance, bide each check,
Without accusing you of injury.
Be where you list, your charter is so strong
That you yourself may privilege your time
To what you will; to you it doth belong
Yourself to pardon of self-doing crime.
  I am to wait, though waiting so be hell,
  Not blame your pleasure, be it ill or well.

Não permita aquele deus que inicialmente me fez teu escravo que eu em pensamentos controle tuas horas de prazer, ou exija pessoalmente uma explicação de tua agenda. Sou teu vassalo, obrigado a aguardar tuas ordens. Deixa-me então sofrer, sob teu comando, a prisão de tua ausência, fruto de tua liberdade e, com dócil paciência, suportar toda censura sem te acusar de me ofender. Aonde quer que vás, teu reconhecimento público é tão forte que tu mesmo podes dispor do teu tempo para fazer o que quiseres. A ti cabe perdoar-te por praticares ofensas contra ti mesmo. A mim me cabe esperar, embora essa espera seja o inferno, sem censurar teu prazer, seja ele bom ou mau.

58

Que aquele deus que a ti me escravizou
Me livre de querer te controlar.
Cobrar-te o que fizeste nunca vou:
Teu vassalo, só devo te agradar.
Que assim eu sofra, sempre ao teu dispor,
Na ausência preso por tua liberdade,
E que paciente aceite lá o que for,
Sem jamais acusar-te de maldade.
És livre, vai! Tão forte é o teu poder
Que cabe a ti teu tempo bem gerir
Do jeito que te agrada, e é teu dever
O crime que te infliges redimir.
    A mim só cabe a espera, que é infernal;
    Não censurar teu prazer, bom ou mau.

Continuação do soneto anterior. O escravo aqui é um vassalo, sempre à disposição de seu amo e senhor.

3 at your hand = na tua presença. *3 to crave* = "should crave". *4 to stay your leisure* = ficar a teu dispor. *5 at your beck* = às tuas ordens. *7 bide each check* = suportar qualquer recriminação. *9 list* = "wish". *9 charter* = direitos e privilégios.

LIX

If there be nothing new, but that which is
Hath been before, how are our brains beguiled,
Which, labouring for invention, bear amiss
The second burthen of a former child!
O that recòrd could with a backward look,
Even of five hundred courses of the sun,
Show me your image in some àntique book,
Since mind at first in character was done,
That I might see what the old world could say
To this composèd wonder of your frame:
Whether we are mended, or whe'er better they,
Or whether revolution be the same.
  O sure I am the wits of former days
  To subjects worse have given admiring praise.

Se não há nada de novo, se tudo o que existe existiu antes, como nossa inteligência é enganada! Esforçando-se para criar novidades, ela cria erroneamente o segundo fardo de um filho tido antes. Ah, se o registro da história pudesse, numa retrospectiva, mesmo de apenas quinhentos anos, mostrar-me a tua imagem em algum livro antigo, desde quando a inteligência pela primeira vez foi representada como escrita, eu poderia avaliar o que a antiguidade pôde dizer em comparação com esta minha exaltação por escrito de tua forma; verificando se nós melhoramos, ou se eles eram melhores, ou se o ciclo da história se mantém igual. Ah, com certeza os gênios de tempos idos dedicaram admirados louvores a pessoas piores.

59

Se não há nada novo; se o que existe
Já existiu, como o cérebro é iludido!
O seu esforço de criar consiste
Em dar à luz o que já foi parido.
Eu queria nos registros do passado,
Voltar quinhentos anos, tendo a dita
De ver teu rosto em livro lá gravado,
Desde que a mente criou sua escrita,
Para entrever o que o mundo diria
Da minha exaltação da tua imagem.
Melhor a nossa? A deles? Ou seria
Sempre a mesma invariável reciclagem?
  Mas é claro que por antepassados
  Sujeitos bem piores são louvados.

Tema da *recorrência cíclica da história*. Elogio à beleza física e espiritual do Belo Rapaz.

3 bear amiss = "wrongly create". *10 frame* = forma física ou mental. *14 subjects* = sujeitos.

LX

Like as the waves make towards the pebbled shore,
So do our minutes hasten to their end,
Each changing place with that which goes before,
In sequent toil all forwards do contend.
Nativity, once in the main of light,
Crawls to maturity, wherewith being crowned,
Crookèd eclipses 'gainst his glory fight,
And Time that gave doth now his gift confound.
Time doth transfix the flourish set on youth,
And delves the parallels in beauty's brow,
Feeds on the rarities of nature's truth,
And nothing stands but for his scythe to mow.
  And yet to times in hope my verse shall stand,
  Praising thy worth, despite his cruel hand.

Exatamente como as ondas se movem para o pedregoso litoral, assim nossos minutos se apressam para o seu fim, cada um tomando o lugar do que está na frente, em laboriosa sequência concorrendo todos. O bebê recém-nascido, outrora num mar de luz, engatinha para a maturidade e, depois que ali é coroado, malignos eclipses lutam contra seu esplendor, e o Tempo que antes foi dadivoso agora destrói seu presente. O Tempo trespassa o esplendor da juventude e entalha as rugas na fronte da beleza, alimenta-se dos dons mais preciosos da verdade da natureza, e nada sobra que não se destine ao gume de seu alfanje. E, no entanto, para épocas que hão de vir, meus versos resistirão, louvando o teu valor, apesar da mão cruel do Tempo.

60

Tais como as ondas correm para a praia,
Correndo vão as horas para o fim:
A de trás já na frente já desmaia,
Numa marcha sem trégua e sem confim.
Num mar de luz nasceu o bebê em flor,
Que busca a plenitude que o coroa,
Mas surge a sombra e tolda-lhe o esplendor
E logo o Tempo o que lhe deu esbroa.
Destrói o Tempo o bom da mocidade,
Sulca a testa com rugas na beleza,
Devora a mais preciosa realidade,
E nada poupa o alfanje em sua crueza.
  Porém meu verso em dias que virão
  Louvar-te vai, cruel o tempo ou não.

Mais uma vez o tema da *transitoriedade imposta pelo Tempo*. Ela só pode ser anulada pelo poder da arte do poeta.

1 Like as = "Just like", "Just as". *8 confound* = "destroy". *9 flourish* = beleza. *13 times in hope* = tempos futuros.

LXI

Is it thy will thy image should keep open
My heavy eyelids to the weary night?
Dost thou desire my slumbers should be broken,
While shadows like to thee do mock my sight?
Is it thy spirit that thou send'st from thee
So far from home into my deeds to pry,
To find out shames and idle hours in me,
The scope and tenor of thy jealousy?
O no, thy love, though much, is not so great;
It is my love that keeps mine eye awake,
Mine own true love that doth my rest defeat,
To play the watchman ever for thy sake.
  For thee watch I, whilst thou dost wake elsewhere,
  From me far off, with others all too near

Tu queres deliberadamente que tua imagem mantenha abertas as minhas pesadas pálpebras contemplando a cansativa noite? Tu desejas que meu sono leve seja interrompido enquanto fantasmas parecidos contigo zombam de minha visão? É o teu espírito que, tão longe de casa, envias para espiar o que faço, visando descobrir em mim fatos vergonhosos e horas ociosas? É esse o objetivo e o teor do teu ciúme? Não, não é isso não. Embora grande, teu amor não é tão grande assim. É o meu amor que mantém meus olhos acordados. É o meu próprio amor sincero que suplanta o meu repouso, para ser teu vigia, sempre pensando em ti. Por ti vigio enquanto acordas noutro lugar, de mim tão longe, de outras pessoas perto demais.

61

És tu que a tua imagem aglutinas
Ao meu olhar cansado a noite inteira
E a interrupção do sono determinas
Com fantasmas de forma zombeteira?
És tu que o teu espírito me envias
Aqui tão longe para me espiar
E descobrir mazelas, ninharias,
Que o ciúme tem prazer em detectar?
Ah não! Teu grande amor não é tão vasto.
É o meu amor que me mantém desperto.
No meu amor o meu repouso afasto:
Sou teu guardião se não estás por perto.
  Aqui vigio, e tu acordando vais
  De mim longe — e de alguém perto demais.

Retorna o tema do tormento da insônia, já visto nos sonetos 27 e 28. Aqui o amor "vigilante" (e ciumento) inibe o sono.

4 shadows = sombras, fantasmas. *4 like to thee* = semelhantes a ti. *8 scope and tenor* = extensão e natureza.

LXII

Sin of self-love possesseth all mine eye,
And all my soul, and all my every part;
And for this sin there is no remedy,
It is so grounded inward in my heart.
Methinks no face so gracious is as mine,
No shape so true, no truth of such account,
And for myself mine own worth do define,
As I all other in all worths surmount.
But when my glass shows me myself indeed,
Beated and chopped with tanned antiquity,
Mine own self-love quite contrary I read;
Self so self-loving were iniquity.
 'Tis thee (myself) that for myself I praise,
 Painting my age with beauty of thy days.

Meus olhos estão completamente possuídos pelo pecado do amor-próprio, assim como toda a minha alma e toda e cada parte de mim. E para esse pecado não há nenhum remédio: ele está arraigado demais no fundo do meu coração. A meu ver não existe nenhum rosto gracioso como o meu, nenhum modelo tão genuíno, nenhuma verdade de peso tão grande. E eu mesmo defino meu valor, pois, em valor, supero todo o mundo. Mas, quando o espelho me mostra como sou de fato, abatido e enrugado, curtido pela velhice, meu amor próprio interpreto exatamente ao contrário. Amar-se a si mesmo desse jeito seria um crime. És tu, meu eu, que em mim mesmo exalto, pintando a minha idade com a beleza da tua juventude.

62

Possui-me o amor-próprio todo o olhar,
Toda a alma e toda e cada parte e ação;
E este meu pecado não tem par
Pois sua raiz penetra o coração.
Mais belo rosto do que o meu não vejo,
Nem forma tão perfeita e essência pura.
Por mim eu mesmo o meu valor tracejo:
Ninguém igual existe em estatura.
Mas quando o espelho a mim me mostra bem,
Com manchas, rugas, mais do que curtido,
Na contramão o meu orgulho vem:
Amar-me assim não faz nenhum sentido.
    És tu (meu eu) que eu louvo em meu favor:
    A minha idade tem teu esplendor.

O pecado do amor-próprio e sua racionalizada justificativa: a unificação dos amantes — eu sou tu.

1 self-love = presunção. *8 all other* = "all others". *10 chopped* = "cracked", craquelado.

LXIII

Against my love shall be as I am now,
With Time's injurious hand crushed and o'erworn;
When hours have drained his blood and filled his brow
With lines and wrinkles; when his youthful morn
Hath travelled on to age's steepy night,
And all those beauties whereof he's king
Are vanishing, or vanished out of sight,
Stealing away the treasure of his spring:
For such a time do I now fortify
Against confounding age's cruel knife,
That he shall never cut from memory
My sweet love's beauty, though my lover's life.
His beauty shall in these black lines be seen,
And they shall live, and he in them still green.

Para enfrentar a época em que meu amor será como eu sou agora, esmagado e desgastado pela injuriosa mão do Tempo; quando a idade houver drenado seu sangue e marcado sua testa com vincos e rugas; quando a manhã da sua juventude houver avançado até a íngreme noite da velhice, e todas aquelas belezas sobre as quais ele agora reina soberano estiverem desvanecendo ou já houverem sumido de vista, roubando-lhe o tesouro da primavera; para esse tempo eu agora me fortaleço a fim de enfrentar o cruel alfanje da velhice, para que o Tempo nunca apague da memória a beleza do meu doce amor, mesmo quando sua vida for ceifada. A beleza dele deverá ser vista em negra tinta nestes versos. E eles hão de viver, e neles ele sempre terá o verdor da juventude.

63

Pra quando o meu amor for como eu sou,
Pelo Tempo esmagado e já exaurido;
Quando a testa drenada já mostrou
Marcas de rugas; quando o sol garrido
Estiver atingindo a noite escura
E todas as belezas que trouxera
Já sumiram da vista que se turva,
Retirando o verdor da primavera;
Pra esse tempo estou hoje preparado,
Contra o gume cruel que nos trucida.
Da memória jamais será cortado,
Meu belo amor, perdendo embora a vida.
Sua beleza em meus versos se verá:
Vivos eles, viçoso ele será.

Série de três sonetos (63-65) sobre *os inevitáveis estragos do Tempo.*

Shakespeare mostra como ele se prepara para anular os estragos do Tempo no rosto de seu Belo Rapaz. E sua arma infalível serão, de novo, os seus sonetos.

1 against = em preparação para quando. *11 That he* = para que ele (ele = o Tempo). *14 still green* = sempre jovem.

LXIV

When I have seen by Time's fell hand defaced
The rich proud cost of outworn buried age;
When sometime lofty towers I see down rased,
And brass eternal slave to mortal rage;
When I have seen the hungry ocean gain
Advantage on the kingdom of the shore,
And the firm soil win of the wat'ry main,
Increasing store with loss, and loss with store;
When I have seen such interchange of state,
Or state itself confounded to decay,
Ruin hath taught me thus to ruminate:
That Time will come and take my love away.
  This thought is as a death, which cannot choose
  But weep to have that which it fears to lose.

Depois de eu ter visto a cruel mão do Tempo desfigurar os luxuosos e magníficos investimentos de uma época desgastada e sepultada; depois de ter visto torres outrora imponentes derrubadas, e o bronze eterno feito escravo da fúria humana; depois de ter visto o voraz oceano impondo seu avanço sobre o reino do litoral, e a terra firme conquistando o mar, aumentando seu domínio com a perda e a perda com o domínio; depois de ter visto esse intercâmbio de estados, ou o próprio estado completamente destruído, a ruína me ensinou a ponderar o seguinte: chegará o Tempo que vai levar embora o meu amor. Esse pensamento é como a morte, que nada deixa escolher, a não ser chorar por se ter aquilo que se teme perder.

64

Já vi nas mãos do Tempo deformadas
As ricas maravilhas ancestrais;
Já vi imponentes torres arrasadas
E o bronze eterno — escravo de mortais;
Já vi a invasão voraz do oceano
Em seu avanço sobre o litoral;
E a terra firme ao mar vi impor seu plano
Mudando perda em ganho, ganho em mal.
Tão inconstante estado ao constatar
E o próprio estado vendo decair,
A ruína me leva a ruminar:
O meu amor com o tempo há de sumir.
  Noção mortal: só me resta escolher
  Chorar por ter o que temo perder.

O pior de todos os *estragos do Tempo*: a morte que leva embora "o meu amor". Aqui, nenhuma solução é apresentada.

8 store = abundância. *9 interchange of state* = recíproca alternância de condições. *10 state itself* = o próprio estado. Observe-se que o conceito de "state" é muito amplo, podendo abarcar: grandeza, posição hierárquica, magnificência e organização política. *11 Ruin* = essa destruição toda.

LXV

Since brass, nor stone, nor earth, nor boundless sea,
But sad mortality o'ersways their power,
How with this rage shall beauty hold a plea,
Whose action is no stronger than a flower?
O how shall summer's honey breath hold out
Against the wrackful siege of batt'ring days,
When rocks impregnable are not so stout,
Nor gates of steel so strong but Time decays?
O fearful meditation! where, alack,
Shall Time's best jewel from Time's chest lie hid?
Or what strong hand can hold his swift foot back,
Or who his spoil of beauty can forbid?
  O none, unless this miracle have might,
  That in black ink my love may still shine bright.

Sendo que nem o bronze, nem a pedra, nem a terra, nem o mar sem fim, mas sim a triste mortalidade governa os poderes disso tudo, como a beleza defenderá seu caso contra essa fúria, se sua ação não é mais forte que a de uma flor? Ah, como a doçura do sopro do verão resistirá contra o destruidor cerco dos golpes do Tempo, quando rochas impermeáveis não são tão resistentes, nem as portas de ferro tão fortes que o Tempo não as destrua? Ah, meditação assustadora! Onde, ai de nós, onde se esconderá a melhor joia do Tempo para não acabar sepultada por ele? Ou que mão forte pode deter seu pé veloz, ou quem pode impedir a destruição da beleza? Ah, ninguém, a menos que este milagre tenha poder: que em negra tinta possa sempre brilhar o meu amor.

65

Se bronze, ou pedra, ou terra, ou mar sem fim
Domina a triste morte e cobre tudo,
Como salvar-se a beleza no fim,
Se frágil como a flor é o seu escudo?
Como aguentará o doce verão
O duro cerco de dias que destrói,
Se impermeáveis rochas racharão
E férreas portas o Tempo corrói?
Meditação terrível! Meu Deus, onde
Do Tempo a joia ao Tempo sumirá?
Que mão forte detém seu pé? Responde!
Quem o fim da beleza impedirá?
  Ninguém, se este milagre é sem valor:
  Em negra tinta brilha o meu amor.

Nada resiste aos *estragos do Tempo.* A triste mortalidade impera. Mas ainda resta a possibilidade do poder de um milagre.

2 o'ersways = domina. *6 batt'ring days* = implacáveis ataques do Tempo.

LXVI

Tired with all these, for restful death I cry:
As to behold desert a beggar born,
And needy nothing trimmed in jollity,
And purest faith unhappily forsworn,
And gilded honour shamefully misplaced,
And maiden virtue rudely strumpeted,
And right perfection wrongfully disgraced,
And strength by limping sway disablèd,
And art made tongue-tied by authority,
And folly (doctor-like) controlling skill,
And simple truth miscalled simplicity,
And captive good attending captain ill:
  Tired with all these, from these would I be gone,
  Save that to die, I leave my love alone.

Cansado de tudo isto, eu clamo pelo descanso da morte. É, por exemplo, ver o mérito nascendo mendigo, e a bastarda nulidade trajando roupas finas, e a fé mais pura tristemente profanada, e a dourada honra vergonhosamente fora de lugar, e a virtude virgem grosseiramente estuprada, e a justa perfeição injustamente desgraçada, e a força incapacitada pelo comando inábil, e a arte amordaçada pela autoridade, e a loucura, com ar de erudição, controlando a habilidade, e a simples verdade sendo chamada de simplicidade, e o bem cativo servindo ao soberano mal; cansado disso tudo, tudo isso eu largaria. Só que, se eu morrer, vou deixar o meu amor sozinho.

66

Cansei! Quero morrer e descansar.
É gente digna, mendiga e humilhada!
É o homem sem valor a se ostentar!
É a fé mais pura, triste e profanada!
É a honra sempre fora de lugar!
É a santa virgindade conspurcada!
É a perfeição que o erro vai minar!
É a força pelo inábil mutilada!
É a arte que o poder faz silenciar!
É o tonto que controla a mente alada!
É o simples ver simplório alguém chamar!
É o servo bom que ao mau patrão agrada!
  Cansei! Queria de tudo o desenlace,
  Se o meu amor sozinho não ficasse.

Pior que os estragos do Tempo são as *injustiças impostas pela sociedade humana*. A solução para isso? O suicídio. Uma única razão o impede.

6 strumpeted = "made a prostitute". *8 limping sway* = governo incompetente.

LXVII

Ah wherefore with infection should he live,
And with his presence grace impiety,
That sin by him advantage should achieve,
And lace itself with his society?
Why should false painting imitate his cheek,
And steal dead seeming of his living hue?
Why should poor beauty indirectly seek
Roses of shadow, since his rose is true?
Why should he live, now Nature bankrout is,
Beggared of blood to blush through lively veins,
For she hath no exchequer now but his,
And proud of many, lives upon his gains?
  O him she stores, to show what wealth she had,
  In days long since, before these last so bad.

Ora, por que ele deveria conviver com a corrupção e com sua presença adornar a maldade, de modo que o pecado tire vantagens e se embeleze pela convivência com ele? Por que a mentirosa maquiagem deveria imitar suas faces e roubar um retrato inerte de sua compleição viva? Por que uma beleza inferior deveria procurar por vias indiretas imitações de beleza, sendo que a beleza dele é perfeita? Por que ele deveria viver, agora que a Natureza está falida e em suas veias inertes já não corre o sangue que a faria corar? Pois a Natureza já não tem outros recursos a não ser os dele e, orgulhando-se de muitos outros, vive às suas custas. Ora, ela o preserva para mostrar a riqueza que ela possuía em tempos muito remotos, antes destes derradeiros dias tão ruins.

67

No meio deste horror, por que ele está
Dignificando o mal com sua presença,
Se com ele o pecado lucrará
Enfeitado por sua convivência?
Por que imitar-lhe o rosto em vã pintura
Fazendo cópia morta de sua face?
Por que copiar-lhe o feio a formosura,
Quando ele é só beleza sem disfarce?
Por que viver se a Natureza exangue
Já nem consegue mais fazer corar?
Pois o tesouro dela está em seu sangue:
Ela só vive se nele prosperar.
  Nele ela quer exibir os seus dons
  Dos idos destes tempos nada bons.

O soneto 67 evoca no início as maldades mencionadas no 66 e depois antecipa a falsa arte à qual se refere o 68, identificada como a maquiagem. No fim se explica o plano da Natureza com relação ao Belo Rapaz.

4 lace itself = enfeitar-se. *5 false painting* = cosméticos. *8 rose* = "beauty". *10 beggared* = "lacking". *11 exchequer* = reservas.

LXVIII

Thus is his cheek the map of days outworn,
When beauty lived and died as flowers do now,
Before these bastard signs of fair were borne,
Or durst inhabit on a living brow;
Before the golden tresses of the dead,
The right of sepulchres, were shorn away,
To live a second life on second head;
Ere beauty's dead fleece made another gay:
In him those holy àntique hours are seen,
Without all ornament, itself and true,
Making no summer of another's green,
Robbing no old to dress his beauty new;
  And him as for a map doth Nature store,
  To show false Art what beauty was of yore.

Assim, seu rosto é o mapa de tempos idos, quando a beleza vivia e morria como as flores, antes que esses bastardos sinais de beleza fossem exibidos ou ousassem morar numa fronte viva; antes que os cachos dourados dos defuntos, o direito adquirido dos sepulcros, fossem cortados para ter uma segunda vida cobrindo uma segunda cabeça; antes que o velo morto da beleza embelezasse outra pessoa. Nele se vê aquela abençoada época de antigamente, sem nenhum ornamento, autêntica e verdadeira, sem precisar do viço de outros para fazer seu verão, sem roubar nada de velho para renovar sua beleza. E ele é preservado pela Natureza para ser um mapa e mostrar à falsa Arte o que a beleza foi outrora.

68

Assim, sua face é imagem de outras eras
Em que vivia a beleza em seu frescor,
Bem antes que os cosméticos — quimeras —
Ousassem habitar um rosto em flor.
Então as longas tranças dos defuntos
Não eram aos sepulcros surrupiadas
Pra reviver cobrindo outros bestuntos,
Tosões de mortos não davam risadas.
E nele expostas são as priscas eras
Sem ornamentos, puras, genuínas;
O seu verão não rouba primaveras,
Roupas velhas não são suas roupas finas.
  E nele a Natureza o mapa explora
  E à Arte diz o que era o belo outrora.

Contraste entre a falsa Arte do embelezamento artificial e o Belo Rapaz, considerado o epítome de toda beleza natural.

1 his cheek = a beleza do rosto dele. *3 bastard signs* = falsa beleza, cosméticos. *8 fleece* = cabeleira. *9 holy àntique hours* = abençoado tempo antigo.

LXIX

Those parts of thee that the world's eye doth view
Want nothing that the thought of hearts can mend;
All tongues (the voice of souls) give thee that due,
Utt'ring bare truth, even so as foes commend.
Thy outward thus with outward praise is crowned,
But those same tongues that give thee so thine own,
In other accents do this praise confound
By seeing farther than the eye hath shown.
They look into the beauty of thy mind,
And that in guess they measure by thy deeds;
Then, churls, their thoughts (although their eyes were kind)
To thy fair flower add the rank smell of weeds:
  But why thy odour matcheth not thy show,
  The soil is this, that thou dost common grow.

Aquilo que os olhos do mundo enxergam em ti não apresenta nada que considerações profundas possam melhorar. Todas as línguas (vozes da alma) te atribuem o que te é devido, proferindo a verdade pura e simples, elogiando-te exatamente como fazem teus inimigos. Teu aspecto exterior é desse modo coroado com louvor exterior. Mas essas mesmas línguas, que assim te atribuem o que é teu, mudando seu discurso refutam esse louvor, enxergando além do que os olhos mostram. As pessoas investigam a beleza de tua alma, que, em suas conjeturas, avaliam por tuas ações. Assim, sendo mesquinhas (apesar da bondade de seus olhos), permitem que seus pensamentos acrescentem à tua bela flor o mau cheiro das ervas podres. Mas por que teu cheiro não combina com tua aparência? A razão é esta: tu estás aparecendo muito em público.

69

No que de ti os outros podem ver
Reparo algum o coração não faz.
A língua (voz das almas) vai tecer
Loas e até o inimigo se compraz.
Vê-se em ti o que em público é elogiado,
Mas as línguas que pagam seu tributo
Noutro tom o elogio têm deturpado,
Observando o que aos olhos está oculto.
Analisam a face da tua mente,
Que adivinham sopesando teus feitos;
Depois, contrariando o olhar clemente,
Sentem na flor o fedor dos defeitos.
  Por que cheiras pior do que aparentas?
  Porque a todo mundo te apresentas.

As aparências enganam. O Belo Rapaz, tão elogiado por sua beleza exterior, desperta suspeitas sobre seu caráter. Algo não cheira bem.

7 accents = “words”. *12 rank* = “bad”. *13 odour* = reputação. *14 soil* = “ground”, no sentido de razão.

LXX

That thou art blamed shall not be thy defect,
For slander's mark was ever yet the fair;
The ornament of beauty is suspèct,
A crow that flies in heaven's sweetest air.
So thou be good, slander doth but approve
Thy worth the greater, being wooed of time,
For canker vice the sweetest buds doth love,
And thou present'st a pure unstainèd prime.
Thou hast passed by the ambush of young days,
Either not assailed, or victor being charged,
Yet this thy praise cannot be so thy praise
To tie up envy, evermore enlarged:
   If some suspèct of ill masked not thy show,
   Then thou alone kingdoms of hearts shouldst owe.

A crítica que te fazem não deve ser vista como um defeito teu. O belo sempre foi alvo de calúnias. O ornamento da beleza é suspeito, e a suspeita é um corvo num céu de azul perfeito. Se tu és bom, a calúnia só comprova que teu valor é ainda maior, já que sofres o assédio da tua época. A lagarta gosta dos botões mais tenros, e tu apresentas uma juventude pura e imaculada. Tu superaste as ciladas dessa idade sem sofrer assaltos ou sendo vitorioso quando atacado. No entanto, esse elogio por si só não é capaz de deter a inveja cada vez maior. Se alguma suspeita de maldade não encobrisse a tua aparência, tu sozinho serias o imperador dos corações.

70

Se te acusam não é por culpa tua,
Pois sempre imaginando algum defeito
Contra o belo a calúnia se insinua,
Qual urubu num céu de azul perfeito.
Se tu és bom, a calúnia só destaca
O teu valor, e o mundo te amará.
É o mais belo botão que o verme ataca,
E em tua primavera mal não há.
Superaste os ardis da juventude
Sem assalto ou saindo vitorioso,
Mas tal façanha não tem a virtude
De evitar ciúme, sempre mais furioso.
  Se não fosse a suspeita de uns senões,
  Serias o imperador dos corações.

A calúnia por si só não é um defeito. Mas o problema é a suspeita de que ela possa ter algum fundamento.

5 So = "if". *6 wooed of time* = "time's darling", "universally loved". *7 canker vice* = "the cankerworm" = a lagarta.

LXXI

No longer mourn for me when I am dead
Than you shall hear the surly sullen bell
Give warning to the world that I am fled
From this vile world with vildest worms to dwell;
Nay, if you read this line, remember not
The hand that writ it, for I love you so
That I in your sweet thoughts would be forgot,
If thinking on me then should make you woe.
O if (I say) you look upon this verse,
When I (perhaps) compounded am with clay,
Do not so much as my poor name rehearse,
But let your love even with my life decay,
  Lest the wise world should look into your moan,
  And mock you with me after I am gone.

Quando eu morrer, que teu luto por mim não dure mais que o funéreo dobre do solene sino anunciando a todos que eu parti deste mundo vil para morar com os vermes mais vis. Isso mesmo, se tu leres este soneto, não deves lembrar-te da mão que o escreveu, pois te amo tanto que, em tua doce lembrança, eu queria ser esquecido, se tua lembrança de mim te causasse pesar. Ou se, repito, tu examinares este soneto quando eu, talvez, já estiver misturado à terra, peço que nem sequer repitas o meu pobre nome, mas deixa que teu amor se dissolva junto com minha vida. Para evitar que o mundo cínico investigue teus gemidos e zombe de ti e de mim depois que eu tiver ido embora.

71

Por mim não chores ao chegar a hora,
Depois de ouvir os dobres tão sombrios
Dizendo a todos que me fui embora,
Do mundo vil aos vermes vis e frios.
Não quero que te lembres lendo aqui
Da mão que escreve, pois te amo tanto:
Prefiro que te esqueças que existi
Se a lembrança de mim te leva ao pranto.
Insisto que se leres estas rimas,
Quando eu estiver com terra misturado,
Meu nome nem sequer então exprimas,
Comigo o teu amor deixa enterrado.
  Que o mundo não indague o teu gemido,
  Nem zombe de nós dois — eu tendo ido.

Série de *sonetos sobre a própria morte*: 71-74. No soneto 71 Shakespeare pede que o Belo Rapaz não evoque seu nome e esqueça seu amor após sua morte — para evitar zombarias.

2 surly sullen bell = imperiosa e soturna badalada. *4 vildest* = "vilest". Arcaísmo; forma superlativa de "vile" preferida por Shakespeare.

Observação: No terceiro verso desse soneto temos a meu ver a mais bela onomatopeia de toda a coleção dos sonetos: *surly sullen bell*.

LXXII

O lest the world should task you to recite
What merit lived in me that you should love,
After my death (dear love) forget me quite;
For you in me can nothing worthy prove,
Unless you would devise some virtuous lie
To do more for me than mine own desert,
And hang more praise upon deceasèd I
Than niggard truth would willingly impart:
O lest your true love may seem false in this,
That you for love speak well of me untrue,
My name be buried where my body is,
And live no more to shame nor me nor you:
  For I am shamed by that which I bring forth,
  And so should you, to love things nothing worth.

Meu querido, para evitar que, depois de minha morte, o mundo te desafie a dizer que méritos dignos do teu amor eu tive, esquece-me completamente, pois em mim não há nada digno de aprovação, a menos que tu inventes algum elogio mentiroso fazendo por mim mais do que mereço, atribuindo-me depois da morte louvores que vão além da pura e simples verdade. Para evitar que teu amor verdadeiro pareça falso nesse ponto e que tu mintas falando bem de mim por amor, enterra meu nome junto com meu corpo para que ele não sobreviva nem para minha nem para tua vergonha. Pois eu me envergonho daquilo que produzo, e tu deverias sentir o mesmo por amar coisas sem valor algum.

72

Para que não te obriguem a dizer
Se algo em mim merece o teu amor,
Tu deves, eu finado, me esquecer,
Que em mim não acharás nenhum valor;
Só alguma tua mentira delicada
Mais por mim vai fazer do que mereço,
Elogiando-me a alma descarnada
Acima da verdade e seu apreço.
Para que teu amor depois não erre
Como se me elogiasses por me amar,
Meu nome com meu corpo que se enterre
E pereça sem nos envergonhar.
  Vergonha traz-me a minha produção,
  E a ti também — amando o que é tão vão.

Continuando a meditação sobre a própria morte, o poeta parece entrar em depressão: sente vergonha de seu nome e de sua obra.

1 task you = te obrigue. *8 niggard* = mesquinha, avarenta.

LXXIII

That time of year thou mayst in me behold
When yellow leaves, or none, or few, do hang
Upon those boughs which shake against the cold,
Bare ruined choirs, where late the sweet birds sang.
In me thou seest the twilight of such day
As after sunset fadeth in the west,
Which by and by black night doth take away,
Death's second self, that seals up all in rest.
In me thou seest the glowing of such fire
That on the ashes of his youth doth lie,
As the death-bed whereon it must expire,
Consum'd with that which it was nourished by.
  This thou perceiv'st, which makes thy love more strong,
  To love that well, which thou must leave ere long.

Tu podes contemplar em mim aquela época do ano quando folhas amarelas, ou poucas ou nenhuma, pendem dos galhos que tremem de frio, despojados coros onde doces aves recentemente cantavam. Em mim tu vês o crepúsculo vespertino, quando no horizonte desaparece o sol poente, que pouco a pouco a negra noite leva embora, identificando--se com a morte por tudo envolver em seu repouso. Em mim tu vês o bruxulear de uma fogueira que jaz nas cinzas da sua juventude como o leito de morte em que ela deve expirar, consumida com aquilo que antes a nutria. Isso que tu percebes vai fortalecer o teu amor para bem amar o que em breve deverás deixar.

73

A época do ano em mim contempla
Quando as folhas, já poucas, amarelas,
Dos galhos pendem que o frio atormenta,
Ex-coros em ruína de aves belas.
Em mim tu vês a luz do fim da tarde
Que após o pôr do sol no ocaso morre,
E pouco a pouco a negra noite invade,
Feito morte que tudo em sono cobre.
Um fogo em mim tu vês bruxulear
Sob as cinzas da juventude, lento,
Leito de morte em que deve expirar
Consumido com seu próprio alimento.
  E o que vês teu amor faz mais tenaz
  Para amar o que logo perderás.

Aqui a morte, prenunciada em três belas imagens, torna-se uma constatação com uma possível consequência otimista.

Este é um dos mais célebres sonetos de Shakespeare.

4 late = outrora.

LXXIV

But be contented when that fell arrest
Without all bail shall carry me away,
My life hath in this line some interest,
Which for memorial still with thee shall stay.
When thou reviewest this, thou dost review
The very part was consecrate to thee:
The earth can have but earth, which is his due;
My spirit is thine, the better part of me.
So then thou hast but lost the dregs of life,
The prey of worms, my body being dead,
The coward conquest of a wretch's knife,
Too base of thee to be rememberèd:
  The worth of that is that which it contains,
  And that is this, and this with thee remains.

Mas não te desesperes quando aquele cruel mandado de prisão totalmente inafiançável me levar daqui. Minha vida tem, nestes versos, algum direito legal que não se extinguirá, pois eles são meu memorial que sempre há de ficar contigo. Quando tu releres isto tornarás a ver exatamente aquela parte de mim dedicada a ti. A terra pode ter a terra, a parte que lhe cabe. Minha alma, a melhor parte, é tua. Assim então tu só terás perdido os males da vida, meu cadáver, a presa dos vermes, a covarde conquista de um punhal maldito, tudo vil demais para ser lembrado. O valor do corpo é aquilo que ele contém, e aquilo é isto, e isto ficará contigo.

74

Mas não chores se a dura interdição
Irremediável me levar à paz.
Nos juros que estes versos pagarão,
Eterno memorial sempre terás.
Revendo isto poderás rever
O que de mim eu soube consagrar-te.
A terra terá a terra, é o seu haver,
Minha alma é tua, a minha melhor parte.
Os restos, nada mais, terás perdido,
O corpo, que é dos vermes, já finado,
Butim covarde de cruel bandido,
Vil demais para ser por ti lembrado.
  O valor dele que nele resiste
  É isto aqui, e isto em ti persiste.

Contrastando diametralmente com o pessimismo depressivo do soneto 72, o 74 mostra otimismo em relação ao que o poeta deixará para o Belo Rapaz.

3 some interest = alguns juros. *4 for* = "as". *9 dregs* = sedimentos, restos. *11 of* = "by". *14 this* = isto = esta coleção de sonetos.

LXXV

So are you to my thoughts as food to life,
Or as sweet seasoned showers are to the ground;
And for the peace of you I hold such strife
As ‘twixt a miser and his wealth is found:
Now proud as an enjoyer, and anon
Doubting the filching age will steal his treasure;
Now counting best to be with you alone,
Then bettered that the world may see my pleasure:
Sometime all full with feasting on your sight,
And by and by clean starvèd for a look;
Possessing or pursuing no delight
Save what is had or must from you be took.
  Thus do I pine and surfeit day by day,
  Or gluttoning on all, or all away.

Assim, tu és para os meus pensamentos o que é o alimento para a vida, ou o que as doces chuvas são para a terra. Pela paz que tu me trazes, vivo num conflito semelhante ao do avaro em relação a sua riqueza: agora orgulhando-se como quem dela desfruta, e já em seguida temendo que os tempos perversos lhe roubem seu tesouro. Agora achando melhor estar a sós contigo, e já em seguida achando ainda melhor que o mundo possa ver a minha alegria. Agora satisfeito banqueteando-me à luz dos teus olhos, e já em seguida completamente faminto por um olhar teu. Não tenho nem busco nenhum prazer, exceto o que já tenho ou devo obter de ti. Assim passo fome e me empanturro dia após dia: ora devorando tudo, ora não tendo nada.

75

Do que eu penso tu és o nutrimento,
Tu és na terra seca a chuva amena;
Por tua paz tal guerra já sustento
Qual trava o avaro com a bolsa plena:
Ora orgulhoso gozo, ora com medo
Eu temo o que os ladrões possam fazer;
Ora querendo ter-te só em segredo,
Ora ao mundo mostrando o meu prazer.
Às vezes banqueteio-me contigo,
Às vezes sinto fome de um olhar;
Prazer nenhum não tenho, nem mendigo,
Exceto o que só tu me podes dar.
  E a vida vai com fome ou saciada,
  Devoro um dia o tudo; noutro, o nada.

Alternância de fruição e carência, típica de um relacionamento entre duas pessoas socialmente desiguais.

4 *'twixt* = "betwixt", "between". 6 *filching age* = época ladra.

LXXVI

Why is my verse so barren of new pride?
So far from variation or quick change?
Why with the time do I not glance aside
To new-found methods, and to compounds strange?
Why write I still all one, ever the same,
And keep invention in a noted weed,
That every word doth almost tell my name,
Showing their birth, and where they did proceed?
O know, sweet love, I always write of you,
And you and love are still my argument;
So all my best is dressing old words new,
Spending again what is already spent:
  For as the sun is daily new and old,
  So is my love still telling what is told.

Por que meu soneto é tão desprovido de nova bossa, tão distante da mudança e súbita inovação? Por que, seguindo os tempos, não olho ao meu redor buscando novos métodos e composições surpreendentes? Por que sempre escrevo sobre um único tema, sempre a mesma coisa, mantendo minha criação poética numa roupagem já conhecida, de modo que cada palavra praticamente revela meu nome, denunciando sua origem e procedência? Sabe, meu amor, eu sempre escrevo sobre ti, e tu e teu amor são sempre o meu assunto. Assim, o melhor que faço é vestir velhas palavras com nova roupagem, gastando novamente o que foi gasto antes. Pois como o sol é diariamente novo e velho, assim o meu amor está sempre cantando o que antes já cantou.

76

Por que meu verso é tão fora de moda,
Não inventa nem faz malabarismos?
Por que não sigo o tempo e a minha roda,
Seus métodos estranhos e modismos?
Por que eu falar do eu que sou, sempre eu,
Vestindo o tema em roupa conhecida?
Meu nome está em cada verso meu
Que diz sua origem à primeira lida.
Bem vês, amor, que escrevo sobre ti:
O amor por ti é sempre o meu tratado;
No meu melhor, escrevo o que escrevi,
De novo gasto o que tenho gastado.
  A cada dia o velho sol é novo,
  E o que já disse diz o amor de novo.

Shakespeare explica por que seus sonetos são supostamente sempre iguais, por assim dizer, monótonos.

LXXVII

Thy glass will show thee how thy beauties wear,
Thy dial how thy precious minutes waste,
The vacant leaves thy mind's imprint will bear,
And of this book, this learning mayst thou taste:
The wrinkles which thy glass will truly show
Of mouthèd graves will give thee memory;
Thou by thy dial's shady stealth mayst know
Time's thievish progress to eternity;
Look what thy memory cannot contain
Commit to these waste blanks, and thou shalt find
Those children nursed, delivered from thy brain,
To take a new acquaintance of thy mind.
   These offices, so oft as thou wilt look,
   Shall profit thee, and much enrich thy book.

O espelho vai te mostrar como tua beleza se desgasta; o relógio, como teus preciosos minutos fogem. Nas folhas em branco gravarás teus pensamentos. E deste caderno tu poderás aprender isto: as rugas que o espelho vai mostrar sem mentiras te farão lembrar covas escancaradas. Tu, pelo imperceptível movimento do relógio, poderás conhecer o furtivo avanço do tempo para a eternidade. Confia a estes espaços em branco tudo aquilo que a memória não pode conter. Então descobrirás que aqui se alimentam os filhos gerados pelo teu cérebro para serem novamente reconhecidos pela tua mente. Cada vez que tu releres isto, esse exercício vai te trazer proveito e enriquecer muito o teu caderno.

77

No espelho a tua beleza vês murchar,
O relógio os minutos idos conta;
Nestas folhas tua mente vais gravar,
Nelas esta lição já te confronta:
As rugas que o sincero espelho indica
Abertas covas são na realidade;
E o imperceptível relógio já predica
Que o tempo em fuga busca a eternidade.
O que a memória não pode reter
Escreve nestas folhas e verás
Que os filhos da tua mente vão crescer
E neles o intelecto ampliarás.
  Quanto mais a essas coisas te dedicas,
  Mais páginas terás, úteis e ricas.

Shakespeare presenteia o Belo Rapaz com um caderno em branco que tem uma finalidade específica: preservar lembranças por escrito. Ver soneto 122.

10 blanks = páginas em branco. *11 Those children* = "Your thoughts". *13 offices* = tarefas, exercícios.

LXXVIII

So oft have I invoked thee for my Muse,
And found such fair assistance in my verse,
As every alien pen hath got my use,
And under thee their poesy disperse.
Thine eyes, that taught the dumb on high to sing,
And heavy ignorance aloft to fly,
Have added feathers to the learnèd's wing
And given grace a double majesty.
Yet be most proud of that which I compile,
Whose influence is thine, and born of thee:
In others' works thou dost but mend the style,
And arts with thy sweet graces gracèd be;
  But thou art all my art, and dost advance
  As high as learning my rude ignorance.

Tantas vezes te invoquei como minha musa e encontrei tanta ajuda em meus versos que todas as outras penas adotaram essa prática e, sob tua proteção, divulgaram seus poemas. Teus olhos, que aos mudos ensinaram a cantar forte e à ignorância a voar nas alturas, adicionaram penas às asas do erudito e dotaram a graça com redobrada majestade. No entanto, orgulha-te ao máximo daquilo que eu componho sob tua influência que me faz fecundo. Nas obras de outros tu melhoras o estilo; e as artes são embelezadas com tua suave beleza. Mas tu és toda a minha arte e elevas minha rude ignorância ao nível de erudição.

78

De tanto eu te invocar qual minha Musa,
De tanto me ajudares com meus versos,
Outros poetas acharam escusa
Para por ti ver seus cantos dispersos.
Teu olhar, que ao surdo ensina a afinação
E ao ignorante a alçar o voo altivo,
Incrementou as asas ao falcão
E ao belo deu mais belo e bom motivo.
Mas orgulha-te do que aqui compilo,
Do que engendrado por ti aqui nasça.
De outros poetas melhoras o estilo
E a arte lhes engraças com a tua graça.
  Mas pra mim és toda arte, e em tua substância
  É erudita minha rude ignorância.

Série de *sonetos sobre um "poeta rival" ou "poetas rivais"*: 78-80, 82-86. Todo mundo quer fazer como Shakespeare: escrever poemas "a serviço do" Belo Rapaz. O poeta destaca a singularidade dos seus sonetos.

4 under there = a teu serviço, sob tua influência, sob teu patrocínio.

LXXIX

Whilst I alone did call upon thy aid,
My verse alone had all thy gentle grace,
But now my gracious numbers are decayed,
And my sick Muse doth give another place.
I grant (sweet love) thy lovely argument
Deserves the travail of a worthier pen,
Yet what of thee thy poet doth invent
He robs thee of, and pays it thee again:
He lends thee virtue, and he stole that word
From thy behaviour; beauty doth he give,
And found it in thy cheek; he can afford
No praise to thee but what in thee doth live.
  Then thank him not for that which he doth say,
  Since what he owes thee, thou thyself dost pay.

Enquanto apenas eu invocava a tua ajuda, apenas os meus poemas gozavam do teu favor. Mas agora meus belos versos decaíram, e minha musa angustiada cede a outro o seu lugar. Concordo, doce amor: tu és um belo tema que merece o esforço de uma pena mais nobre. No entanto, o que o teu poeta cria a teu respeito ele o rouba de ti e depois a ti o devolve. Ele te empresta virtude, palavra que roubou de tua conduta. Ele te atribui beleza, coisa que descobriu em tua face. Ele não consegue nenhuma forma de louvor, exceto aquilo que existe em ti. Portanto, não lhe agradeças o que ele diz, visto que tu mesmo lhe pagas o que ele te deve.

79

Enquanto só o meu verso tu inspiraste,
Só nele se encontrava a tua poesia.
Mas hoje o meu poema é um desastre:
A outro cede a Musa a primazia.
Concordo, a tua beleza, doce amor,
Merece melhor pena a seu serviço,
Mas teu poeta só pode compor
O que rouba e devolve, apenas isso.
Cantando a tua virtude, toma o verbo
Do teu comportamento; a tua beleza
Recolhe do teu rosto; não observo
Louvor algum que vivo em ti não veja.
  Não lhe agradeças pelo que ele escreve:
  Tu mesmo pagas o que ele te deve.

Shakespeare entra em crise: esmorece ao constatar que o Belo Rapaz, seu protetor, merece um poeta melhor. Reage racionalizando.

4 sick = aflita. *6 pen* = “poet”.

LXXX

O how I faint when I of you do write,
Knowing a better spirit doth use your name,
And in the praise thereof spends all his might,
To make me tongue-tied speaking of your fame.
But since your worth (wide as the ocean is)
The humble as the proudest sail doth bear,
My saucy bark (inferior far to his)
On your broad main doth wilfully appear.
Your shallowest help will hold me up afloat,
Whilst he upon your soundless deep doth ride,
Or (being wracked) I am a worthless boat,
He of tall building and of goodly pride.
  Then if he thrive and I be cast away,
  The worst was this: my love was my decay.

Ah, com que desânimo escrevo sobre ti, quando sei que um poeta mais inspirado invoca o teu nome, em louvor do qual ele emprega todo o seu poder para me deixar sem palavras ao falar de tua fama. Mas, sendo que o teu mérito, vasto como o mar, suporta o barco humilde bem como o mais suntuoso, o meu barquinho, embora muito inferior ao dele, na tua vastidão oceânica ousado comparece. O teu mais raso suporte me manterá à tona, enquanto ele vaga sobre as tuas mais insondáveis profundezas. Em outras palavras, eu, indo a pique, sou um barco sem valor, e ele se ostenta orgulhoso em toda a sua grandeza. Então, se ele se der bem e eu for abandonado, o pior é isto: o meu amor foi a minha desgraça.

80

Ah! Como eu sofro quando em ti me inspiro
E sei que alguém melhor usa o teu nome,
Gastando em teu louvor o seu estilo,
Que o dom de celebrar-te em mim consome.
Vasto, porém, teu mérito é oceano
Que leva o barco humilde e o majestoso.
Meu barquinho, ante o dele, tolo e insano,
Na tua vastidão surge garboso.
O teu mais raso apoio me sustém,
Mas ele só navega em profundeza.
Sou o barco furado do desdém,
Ele, todo imponente, é só grandeza.
  Mas se ele vence e eu sou perdedor,
  Mais dói saber que naufraguei no amor.

Nesse soneto pela primeira vez se identifica o poeta rival como um único indivíduo: "a better spirit". E ele é um grande navio; Shakespeare, só um barquinho.

1 *faint* = esmoreço. 7 *saucy* = ousado. 8 *main* = "ocean". 14 *decay* = ruína.

LXXXI

Or I shall live your epitaph to make,
Or you survive when I in earth am rotten,
From hence your memory death cannot take,
Although in me each part will be forgotten.
Your name from hence immortal life shall have,
Though I (once gone) to all the world must die;
The earth can yield me but a common grave,
When you intombèd in men's eyes shall lie:
Your monument shall be my gentle verse,
Which eyes not yet created shall o'er-read,
And tongues to be your being shall rehearse,
When all the breathers of this world are dead;
  You still shall live (such virtue hath my pen)
  Where breath most breathes, even in the mouths of men.

Ou eu vou viver para compor teu epitáfio, ou tu vais sobreviver quando eu já estiver enterrado e decomposto. A morte não pode levar deste mundo a lembrança que se tem de ti, mesmo que de mim tudo seja esquecido. Teu nome doravante terá vida imortal, embora eu, depois de partir, deva morrer totalmente para o mundo. A terra pode me ceder simplesmente uma cova comum, quando tu já estiveres inumado nos olhos dos homens. Depois que todos os que hoje aqui respiram já estiverem mortos, teu monumento serão meus delicados versos, que olhos ainda não nascidos hão de ler, e futuras línguas que te darão existência hão de proferir. Tal poder tem minha pena que tu hás de viver ali onde mais se respira — exatamente na boca dos homens.

81

Ou viverei para elogiar-te à tumba,
Ou sobrevives tu à minha viagem.
À morte a tua memória não sucumba,
Embora já de mim não sobre imagem.
Aqui teu nome eternizado está,
Mesmo que eu, morto, suma deste plano.
Cova comum a terra me dará,
E tu repousarás no olhar humano.
Será teu monumento o meu soneto,
Que os olhos do futuro vão reler.
Hão de cantar-te as línguas, te prometo,
Quando estes seres todos vão morrer.
  Viverás (minha pena é tão ufana!)
  Onde mais se respira — em boca humana.

Estranha (irônica?) profecia: o nome de Shakespeare desaparecerá para nunca mais ser lembrado. No entanto, ele tem certeza de que, enquanto houver vida, sua obra permanecerá, e nela a memória do Belo Rapaz.

8 intombèd = "entombed". *10 o'er-read* = "read over and over again". *11 to be* = futuras. *12 all the breathers* = todos os que respiram.

LXXXII

I grant thou wert not married to my Muse,
And therefore mayst without attaint o'erlook
The dedicated words which writers use
Of their fair subject, blessing every book.
Thou art as fair in knowledge as in hue,
Finding thy worth a limit past my praise,
And therefore art enforced to seek anew
Some fresher stamp of the time-bettering days.
And do so, love; yet when they have devised
What strainèd touches rhetoric can lend,
Thou, truly fair, wert truly sympathised
In true plain words by thy true-telling friend;
And their gross painting might be better used
Where cheeks need blood; in thee it is abused.

Admito que tu não estavas casado com a minha Musa e, portanto, sem me desonrar podias ler as dedicadas palavras de outros autores sobre ti, seu belo tema, consagrando cada um de seus livros. Tu és tão belo em erudição quanto em aparência, quando julgas que teus méritos ultrapassam os limites de meus elogios e, portanto, és obrigado a procurar alguma nova descrição mais atual nestes tempos progressistas. Faz isso, amor. Porém, quando eles houverem esgotado os rebuscados recursos oferecidos pela retórica, tu, verdadeiramente belo, estarás verdadeiramente representado nas palavras simples e verdadeiras do teu sincero amigo. A grosseira maquiagem deles ficaria melhor em faces exangues. Em ti, ela é uma ofensa.

82

Eu sei, não desposaste a minha Musa.
Portanto sem ofensa podes ler
Os elogios que algum poeta usa
Em teu louvor, e ainda agradecer.
És belo no intelecto e no teu rosto,
Palavras eu não tenho à tua altura;
Por isso vais buscar a contragosto
Imagens novas na moda futura.
Faz isso, amor, mas se um poeta um dia
Na retórica se exaurir contigo,
Tu, belo sim, és visto em simpatia
Em simples versos do sincero amigo.
A espessa maquiagem tem bom uso
Em caras pálidas; em ti é abuso.

Série dos poetas rivais. Neste soneto Shakespeare se refere a vários rivais que se valem de artifícios para louvar o Belo Rapaz. Ironicamente, os mesmos artifícios são usados por ele. Veja-se, por exemplo, nos versos 11-12, a figura de linguagem conhecida como poliptóton, que consiste na repetição de uma palavra em diversos casos e formas: truly — truly — true — true-telling.

10 strainèd = forçados, artificiais.

LXXXIII

I never saw that you did painting need,
And therefore to your fair no painting set;
I found (or thought I found) you did exceed
The barren tender of a poet's debt:
And therefore have I slept in your report,
That you yourself, being extant, well might show
How far a modern quill doth come too short,
Speaking of worth, what worth in you doth grow.
This silence for my sin you did impute,
Which shall be most my glory, being dumb,
For I impair not beauty, being mute,
When others would give life, and bring a tomb.
  There lives more life in one of your fair eyes
  Than both your poets can in praise devise.

Eu nunca achei que tu precisasses de maquiagem e, portanto, nunca apliquei nenhum cosmético à tua beleza. Descobri, ou pensei ter descoberto, que tu ultrapassas a estéril oferenda do tributo de um poeta. E, portanto, simplesmente deixei de te elogiar para que tu mesmo, ao vivo, pudesses mostrar em que medida a pena da atualidade é incapaz de exibir, no que se refere a valor, o valor cada vez maior que há em ti. Como pecado tu me imputaste esse meu silêncio, que será minha máxima glória: permanecendo calado, não vou desmerecer tua beleza, quando outros, no intuito de te dar vida, te dão um túmulo. Num só dos teus belos olhos há mais vida do que teus dois poetas, com seus elogios, te podem proporcionar.

83

Nunca achei que te falta maquiagem,
Portanto não pintei a tua beleza.
E vejo que se impõe a tua imagem
Ao poeta e seu tributo esteriliza.
Por isso cochilei ao celebrar-te,
Para que, ao vivo, melhor tu te expresses,
Pois, carente demais, a nossa arte
Não pode revelar o que mereces.
Do silêncio o pecado tu me imputas,
Mas ele é a minha glória, o meu mistério,
Não deturpo a beleza em vãs labutas,
Quando outros te dão vida em cemitério.
  Num dos teus belos olhos há mais vida
  Do que em teus dois poetas é exibida.

Acusado pelo Belo Rapaz de ter se mantido calado, o poeta apresenta sua justificativa atribuindo mais valor ao seu silêncio do que aos versos do poeta rival.

2 *your fair* = "your beauty". 5 *report* = exaltação, elogio. 7 *quill* = "pen".

LXXXIV

Who is it that says most which can say more
Than this rich praise — that you alone are you,
In whose confine immurèd is the store
Which should example where your equal grew?
Lean penury within that pen doth dwell
That to his subject lends not some small glory,
But he that writes of you, if he can tell
That you are you, so dignifies his story:
Let him but copy what in you is writ,
Not making worse what nature made so clear,
And such a counterpart shall fame his wit,
Making his style admirèd every where.
  You to your beauteous blessings add a curse,
  Being fond on praise, which makes your praises worse.

Quem é que, exaltando-te ao máximo, consegue superar este grande elogio: "Só tu és tu"? Ninguém tem a capacidade de conceber algo com que tu possas ser comparado. Mísera penúria tem aquele poeta que não confere ao seu tema um pouco de beleza. Mas quem escrevendo sobre ti conseguir mostrar que tu és tu dignifica muito a sua história. Basta que ele simplesmente copie o que está escrito em ti, sem deturpar o que a natureza deixou tão claro. Sua cópia tornará famoso seu gênio, e seu estilo será admirado em toda parte. A teus excelentes dotes de beleza tu acrescentas uma maldição: tu gostas de bajulações, e isso prejudica os elogios que recebes.

84

Quem te louvando ao máximo supera
Este belo elogio: "Tu és sem par"?
E quem recursos tem à sua espera
Para igual a ti fazer outro exemplar?
Quanta pobreza mostra aquela pena
Que em nada o próprio assunto glorifica!
Mas quem te canta, se disser apenas
Que tu és tu, sua arte dignifica.
Quem só copia o que em ti vê descrito,
Sem estragar teu natural apelo,
Com tal fama haverá de ser bendito
Que seu estilo já será modelo.
  Mas tu à beleza somas maldição:
  Queres louvores que louvor não são.

Nesse soneto, além de acusar o poeta rival — ou poetas rivais — de bajulação, Shakespeare acusa o Belo Rapaz de gostar de ser bajulado.

8 his story = seu texto. *11 fame* = celebrizar.

LXXXV

My tongue-tied Muse in manners holds her still,
While comments of your praise, richly compiled,
Reserve thy character with golden quill
And precious phrase by all the Muses filed.
I think good thoughts, whilst others write good words,
And like unlettered clerk still cry 'Amen'
To every hymn that able spirit affords
In polished form of well-refinèd pen.
Hearing you praised, I say, " 'Tis so, 'tis true",
And to the most of praise add something more;
But that is in my thought, whose love to you
(Though words come hindmost) holds his rank before.
  Then others for the breath of words respect,
  Me for my dumb thoughts, speaking in effect.

Minha musa emudecida mantém-se educadamente calada, enquanto elaborados poemas endereçados a ti vão se acumulando e registram com penas douradas elogios em teu louvor limados por todas as nove musas. Eu alimento bons pensamentos enquanto outros escrevem boas palavras. Como um coroinha analfabeto, sempre respondo "Amém" a cada hino, devidamente polido pela refinada pena de algum poeta criativo. Ouvindo os elogios que te fazem, digo: "É isso! É verdade!", e ao acúmulo de loas acrescento algo mais. Tudo, porém, só em pensamentos, cujo amor por ti, embora as palavras venham depois, ocupa o primeiro lugar. Sendo assim, respeita os outros pelo sopro de suas palavras e a mim respeita por aquilo que meus silenciosos pensamentos realmente dizem.

85

Polida, minha Musa silencia,
Enquanto os elogios mais trabalhados
Teu valor te garantem com maestria,
Nos tons das nove musas bem limados.
Eu, pensamentos bons; outros, palavras...
Eu feito analfabeto digo "Amém"
A vários hinos de diversas lavras
Que forma refinada e bela têm.
Ouvindo quem te louva eu digo: "É isso!"
Ao máximo elogio somando ainda,
Mas tudo em pensamento, que em serviço
Vale mais que a palavra, por mais linda.
  Nos outros tu só tens sopros verbais,
  Mas eu, só em pensamentos, digo mais.

Diante de outros loquazes poetas que bajulam o Belo Rapaz, Shakespeare se mantém calado. Porém, o silêncio dele fala mais alto.

1 her = herself. *6 unlettered* = iletrado. *12 hindmost* = mais atrás.

LXXXVI

Was it the proud full sail of his great verse,
Bound for the prize of all-too-precious you,
That did my ripe thoughts in my brain inhearse,
Making their tomb the womb wherein they grew?
Was it his spirit, by spirits taught to write
Above a mortal pitch, that struck me dead?
No, neither he, nor his compeers by night
Giving him aid, my verse astonishèd.
He, nor that affable familiar ghost
Which nightly gulls him with intelligence,
As victors, of my silence cannot boast;
I was not sick of any fear from thence;
  But when your countenance filled up his line,
  Then lacked I matter; that infeebled mine.

Foi o orgulhoso, enfunado galeão do excelente verso dele navegando em busca de ti, seu valiosíssimo tesouro, que sepultou meus pensamentos maduros, transformando em tumba o ventre em que eles cresceram? Fui eu fulminado pela aguda inteligência dele, que de outros espíritos aprendeu a superar em sua escrita a capacidade humana? Não, nem ele nem seus prestativos comparsas noturnos atordoaram meus versos. Nem ele nem aquele famoso afável fantasma que satura sua inteligência podem se orgulhar de sua vitória sobre o meu silêncio. Nada disso me intimidou e me fez calar. Mas quando a tua beleza se tornou o tema de seus poemas, então fiquei sem assunto: isso me fez esmorecer.

86

Seria a inflada vela do seu verso
Navegando ao sabor do teu olhar
O que o meu pensamento fez submerso,
Já tumba o ventre que antes vi gestar?
O espírito que espíritos inspiram,
Acima dos mortais, me emudeceu?
Dele não, nem daqueles que conspiram
Junto a ele, o meu verso se encolheu.
Nem ele, nem aquele seu mentor,
Que à noite a inteligência faz robusta,
Não podem me calar e se me impor;
Tudo isso de fato não me assusta.
  Mas quando vi teu rosto no seu verso,
  O meu se enfraqueceu, ficou disperso.

Shakespeare menciona explicitamente o que esterilizou sua criatividade poética: a presença do rosto do Belo Rapaz nos versos do poeta rival.

2 Bound for = rumando para. *3 inhearse* = inumou. *6 struck me dead* = me matou. *8 astonishèd* = aturdiram. *10 gulls* = ilude. *12 I was not sick* = eu não esmoreci. *13 countenance* = semblante, rosto e, por extensão, patrocínio.

LXXXVII

Farewell, thou art too dear for my possessing,
And like enough thou know'st thy estimate:
The charter of thy worth gives thee releasing;
My bonds in thee are all determinate.
For how do I hold thee but by thy granting,
And for that riches where is my deserving?
The cause of this fair gift in me is wanting,
And so my patent back again is swerving.
Thy self thou gav'st, thy own worth then not knowing,
Or me, to whom thou gav'st it, else mistaking;
So thy great gift, upon misprision growing,
Comes home again, on better judgement making.
  Thus have I had thee, as a dream doth flatter,
  In sleep a king, but waking no such matter.

Adeus! Tu és caro demais: não posso ter-te, e é bem provável que tu conheças o teu preço. A escritura do teu valor é tua alforria; meus vínculos contigo estão todos extintos. Pois como posso garantir a minha posse a não ser por uma doação tua? E onde estão meus méritos para ter essa riqueza? Não tenho uma boa causa para esse belo presente, e assim o privilégio exclusivo volta para quem o concedeu. Tu te deste a ti mesmo, quando não conhecias o teu próprio valor; ou então, agindo assim, o meu valor avaliaste mal. Desse modo, o teu presente, motivado por uma avaliação errada, após melhor juízo, volta para o doador. Assim, eu te possuí apenas como quem se encanta num sonho: dormindo fui rei; mas, acordado, não era nada disso.

87

Adeus! Caro demais, não posso ter-te,
E é provável que saibas teu valor.
Que o preço na escritura te liberte:
Não há vínculo algum ora em vigor.
Pois como eu possuir-te sem te dares,
E como eu merecer essa doação?
Já méritos não tenho aos teus olhares
E meu título está em devolução.
Te deste sem saber qual é o teu preço
Ou então meu valor julgaste mal.
Teu presente, nascido de um tropeço,
Retorna após a avaliação final.
Tu foste meu, e eu fui como num sonho:
Dormindo, um rei; desperto, alguém bisonho.

Desanimado, aparentemente devido ao sucesso do poeta rival ou dos poetas rivais, Shakespeare propõe a anulação de seu suposto contrato com o Belo Rapaz: foi tudo um equívoco.

1 dear = "expensive". *3 charter* = documento. *4 determinate* = "expired". *7 in me is wanting* = me falta. *8 patent* = direito exclusivo. *10 else* = por outro lado. *11 misprision* = mal-entendido, equívoco.

LXXXVIII

When thou shalt be disposed to set me light,
And place my merit in the eye of scorn,
Upon thy side against myself I'll fight,
And prove thee virtuous, though thou art forsworn:
With mine own weakness being best acquainted,
Upon thy part I can set down a story
Of faults concealed wherein I am attainted,
That thou in losing me shalt win much glory;
And I by this will be a gainer too,
For, bending all my loving thoughts on thee,
The injuries that to myself I do,
Doing thee vantage, double vantage me.
  Such is my love, to thee I so belong,
  That for thy right myself will bear all wrong.

Quando tu te dispuseres a me considerar insignificante e a expor-me ao desprezo, eu lutarei do teu lado contra mim mesmo e provarei tua virtude, embora sejas perjuro. Tendo melhor conhecimento de minhas fraquezas, eu posso criar em tua defesa um histórico de ocultas e vergonhosas falhas minhas, de modo que, ao me perder, lucrarás muitos louvores, e com isso eu também lucrarei: concentrando em ti todos os meus pensamentos, as injúrias que eu vou dirigir contra mim mesmo te beneficiarão, o que será para mim um duplo benefício. Meu amor é tal, a tal ponto sou teu, que em defesa dos teus direitos suporto qualquer injustiça contra mim.

88

No dia em que quiseres repudiar-me
E a minha culpa expor em plena rua,
Contigo contra mim vou digladiar-me;
Falsa embora, a virtude será tua.
Conhecendo-me como eu me conheço,
Inventarei por ti alguma história,
Falhas graves com que me desmereço,
E tu ao perder-me ganharás em glória.
E eu com isso igualmente vou lucrar,
Pois, concentrando em ti o meu sentimento,
Os males que a mim mesmo vou causar,
Por contentar-te, dobram meu contento.
  O meu amor é tanto e tão escravo
  Que em teu favor o erro meu agravo.

Como no soneto 49, aqui e também no soneto 89, o menosprezo do desamor é um dos tormentos do amor. Nesses três sonetos, Shakespeare declara a aceitação do desamor "por amor". Essa ideia, que hoje parece muito estranha, fazia parte do endeusamento do ser amado, que beirava o masoquismo. Sua origem remonta à tradição do amor cortês.

1 to set me light = me atribuir pouco valor. *2 the eye of scorn* = o desprezo. *6 set down* = contar. *10 bending ... on thee* = focalizando em ti.

LXXXIX

Say that thou didst forsake me for some fault,
And I will comment upon that offence;
Speak of my lameness, and I straight will halt,
Against thy reasons making no defence.
Thou canst not (love) disgrace me half so ill,
To set a form upon desirèd change,
As I'll myself disgrace, knowing thy will;
I will acquaintance strangle and look strange,
Be absent from thy walks, and in my tongue
Thy sweet beloved name no more shall dwell,
Lest I (too much profane) should do it wrong,
And haply of our old acquaintance tell.
  For thee, against myself I'll vow debate,
  For I must ne'er love him whom thou dost hate.

Argumenta que tu me abandonaste devido a algum defeito: eu vou explicar a minha ofensa. Fala da minha claudicação: eu imediatamente me calo sem me defender contra os teus argumentos. Para fazer parecer adequada a mudança que desejas, tu não podes, amor, me desonrar nem a metade do que eu vou fazer depois de conhecer a tua vontade. Vou negar que te conheço e passarei a ver-te como estranho e a evitar os lugares que frequentas; minha língua nunca mais proferirá teu doce nome, para evitar que ela, demasiado profana, se atrapalhe e casualmente te desmereça revelando nossa antiga relação. Por ti vou argumentar contra mim mesmo, pois nunca devo amar quem tu odeias.

89

Diz que uma falha minha te afastou,
Que tal ofensa eu posso comentar;
Diz que sou manco, e eu paro ali onde estou,
Contra ti eu prefiro me calar.
Não podes desgraçar-me nem metade,
Para obter o que agora tens em mente,
Do que eu posso sabendo a tua vontade:
Nego que te conheço, sigo em frente,
Evito o teu caminho. Minha língua
Teu doce nome já não vai compor;
Para não me trair eu morro à míngua,
Não quero o nosso caso acaso expor.
  Por ti guerra comigo vou travar,
  Pois quem tu odeias nunca devo amar.

Continua a exposição da estranha aceitação do menosprezo por amor.

1 forsake = abandonar. *3 halt* = claudicar, interromper. *6 to set a form upon* = conferir respeito a. *8 acquaintance strangle* = estrangular nossa amizade. *9 walks* = caminhos. *13 vow debate* = declarar guerra.

XC

Then hate me when thou wilt, if ever, now,
Now while the world is bent my deeds to cross,
Join with the spite of Fortune, make me bow,
And do not drop in for an after-loss.
Ah do not, when my heart hath scaped this sorrow,
Come in the rearward of a conquered woe;
Give not a windy night a rainy morrow,
To linger out a purposed overthrow.
If thou wilt leave me, do not leave me last,
When other petty griefs have done their spite,
But in the onset come; so shall I taste
At first the very worst of Fortune's might;
  And other strains of woe, which now seem woe,
  Compared with loss of thee, will not seem so.

Odeia-me então quando quiseres. Se não tem outro jeito, que seja agora mesmo, agora quando o mundo resolveu contrariar tudo o que faço, une tuas forças à malícia da sorte, obriga-me à submissão. Não me ataques para me impor uma futura derrota. Isso não! Depois que meu coração tiver superado a desgraça, não me ataques na retaguarda de uma aflição vencida. Não imponhas a uma noite de tempestade uma manhã chuvosa só para prolongar uma derrota planejada. Se tu estiveres decidido a me deixar, não me deixes no fim, depois que mágoas menores tiverem feito o seu estrago. Vem na vanguarda. Assim, eu já vou de início sentir o gosto do pior golpe da sorte, e outras crises que agora parecem aflições, comparadas à perda de ti, nem parecerão crises.

90

Então me odeia, mas que seja agora,
Agora enquanto o mundo me maltrata.
Humilha-me no azar, me desarvora,
Não venhas tripudiar na hora ingrata.
Não venhas me atacar recuperado,
Na retaguarda de uma dor vencida,
Somando à ventania mais um tornado,
Prolongando a derrota pretendida.
Não queiras me ver só, mas só no fim,
E após mil picuinhas me deixar.
Que venhas na vanguarda, que eu assim
Prove no início o meu pior azar.
  E a dura dor que agora dor parece,
  Se um dia eu te perder, desaparece.

Depois da aceitação da autoimolação por amor, Shakespeare pede que a rejeição que lhe é imposta seja rápida e completa.

1 wilt = desejares. *3 spite* = maldade. *4 after-loss* = perda final. *6 conquered woe* = desgraça superada. *11 in the onset* = no primeiro ataque.

XCI

Some glory in their birth, some in their skill,
Some in their wealth, some in their body's force,
Some in their garments, though new-fangled ill,
Some in their hawks and hounds, some in their horse;
And every humour hath his adjunct pleasure,
Wherein it finds a joy above the rest;
But these particulars are not my measure:
All these I better in one general best.
Thy love is better than high birth to me,
Richer than wealth, prouder than garments' cost,
Of more delight than hawks and horses be;
And having thee, of all men's pride I boast:
  Wretched in this alone, that thou mayst take
  All this away, and me most wretched make.

Alguns se orgulham de seu berço; outros, de suas habilidades; alguns, de suas riquezas; outros, de sua força física; outros, de seus trajes de gosto muito discutível; alguns, de seus falcões e cães; outros, de seus cavalos. E cada índole tem seu próprio prazer que lhe proporciona mais alegria que qualquer outra coisa. Mas esses prazeres não são adequados para me satisfazer. Todos eles eu supero numa única alegria que abrange tudo. O teu amor é para mim melhor que berço de ouro, mais rico que tesouros, me orgulha mais do que trajes caros, me dá mais prazer do que falcões e cavalos. Possuindo-te, eu me orgulho de ter o que orgulharia todos os homens. Apenas isto me desgraça: tu podes tirar-me tudo isso e tornar-me extremamente infeliz.

91

Uns se orgulham do berço, uns da destreza,
Uns do dinheiro, uns da força bruta,
Uns de seu traje, embora sem nobreza,
Uns de seus falcões, uns de sua conduta.
Cada índole tem o seu prazer,
Motivo das maiores alegrias.
Mas esse meu padrão nunca vai ser:
Tenho algo superior a essas manias.
Teu amor mais que berço é para mim,
Mais que dinheiro e esplêndido atavio.
Bem mais que de falcões ou de rocins,
De seres meu me orgulho e vanglorio.
  Meu mal é um só: tu podes me tirar
  Isso tudo e no inferno me atirar.

Num tom bastante lírico, Shakespeare declara a razão do seu maior orgulho na vida. Mas essa razão é muito frágil.

3 new-fangled ill = na última moda, mas vulgares. *5 humour* = temperamento, capricho. *8 better* = aperfeiçoo. *13 Wretched* = infeliz.

XCII

But do thy worst to steal thyself away,
For term of life thou art assurèd mine,
And life no longer than thy love will stay,
For it depends upon that love of thine.
Then need I not to fear the worst of wrongs,
When in the least of them my life hath end;
I see a better state to me belongs
Than that which on thy humour doth depend.
Thou canst not vex me with inconstant mind,
Since that my life on thy revolt doth lie.
O what a happy title do I find,
Happy to have thy love, happy to die!
  But what's so blessèd-fair that fears no blot?
  Thou mayst be false, and yet I know it not.

Apesar de tudo, faz o pior: afasta-te sorrateiramente de mim. Eu tenho a garantia de que pelo prazo de minha vida tu és meu, e minha vida não durará mais do que teu amor, pois dele ela depende. Então, não preciso temer a pior das injustiças, pois na menor delas a vida chega ao fim. Percebo que a minha situação é melhor do que aquela que depende do teu humor. Tu não podes me ferir com tua inconstância emocional, pois minha vida depende dessa mesma inconstância. Ah, que direito feliz me cabe: sou feliz por ter o teu amor, sou feliz por morrer! Mas que situação é tão abençoada que não tema nenhuma falha? Tu podes ser falso, sem que eu saiba disso.

92

Então faz o pior e me abandona,
Mas tu és meu e para toda a vida;
E a vida mais que o amor não fica à tona:
Pois só por teu amor ela é mantida.
Não temo então dos males o pior,
Pois ao menor a minha vida acaba;
E o meu estado eu vejo que é melhor
Do que aquele que ao teu sabor desaba.
Não pode perturbar-me a tua inconstância,
Pois na vida dela vou depender.
Como é feliz a minha circunstância:
Feliz por te amar, feliz por morrer!
  Mas que há tão bom que não tema cilada?
  Talvez me traias, e eu não sei de nada.

Shakespeare se declara um felizardo: ou tem o amor do Belo Rapaz ou tem a morte. São dois felizes direitos legais. Todavia, ainda resta uma incerteza.

2 For term of life = para toda a vida. *10 Since that* = "Since". *10 on thy revolt doth lie* = na tua rejeição se resume. *13 blessèd-fair* = feliz e bela.

XCIII

So shall I live, supposing thou art true,
Like a deceivèd husband; so love's face
May still seem love to me, though altered new;
Thy looks with me, thy heart in other place:
For there can live no hatred in thine eye,
Therefore in that I cannot know thy change.
In many's looks, the false heart's history
Is writ in moods and frowns and wrinkles strange,
But heaven in thy creation did decree
That in thy face sweet love should ever dwell;
What e'er thy thoughts or thy heart's workings be,
Thy looks should nothing thence but sweetness tell.
  How like Eve's apple doth thy beauty grow,
  If thy sweet virtue answer not thy show!

Eu devo então levar a vida de marido traído, acreditando que és fiel. Assim a feição do amor ainda me parece amor, apesar das alterações. Teus olhos estão comigo, mas o coração está noutro lugar. Mas nenhum ódio consegue viver em teus olhos. Por isso neles não posso ver a tua mudança. No rosto de muita gente o histórico de um coração falso fica estampado na forma de atitudes, testas franzidas e estranhas rugas. Mas quando tu foste criado, o céu decretou que no teu rosto o doce amor sempre aparecesse. Fossem quais fossem os teus pensamentos ou atitudes, tua aparência só deveria mostrar sua doçura. Como a tua beleza se torna semelhante à maçã de Eva, se tua meiga virtude não corresponde ao que aparentas!

93

Viverei pois supondo-te leal,
Qual marido traído; o teu semblante
Sugere amor, embora desigual;
Tu aqui, e o coração lá bem distante.
Mas ódio algum o teu olhar comporta,
Portanto ali não posso ver mudança.
Há rostos onde a falsidade brota
Escrita em rugas e ares sem bonança.
Mas ao criar-te o céu já decretou
Que em teu semblante só o amor morasse;
O que pensaste e o coração tramou
Jamais exibiria tua bela face.
  Tua beleza é a maçã do paraíso,
  Se virtude não há no que diviso.

A incerteza explicitada no dístico do soneto anterior impõe ao poeta uma atitude de vida aqui explicitada.

3 altered new = amando outra pessoa. *11 What e'er* = "whatever". *12 thence* = "on your face". *14 show* = aparência.

XCIV

They that have pow'r to hurt, and will do none,
That do not do the thing they most do show,
Who, moving others, are themselves as stone,
Unmovèd, cold, and to temptation slow —
They rightly do inherit heaven's graces,
And husband nature's riches from expense;
They are the lords and owners of their faces,
Others but stewards of their excellence.
The summer's flow'r is to the summer sweet,
Though to itself, it only live and die,
But if that flow'r with base infection meet,
The basest weed outbraves his dignity:
  For sweetest things turn sourest by their deeds;
  Lilies that fester smell far worse than weeds.

Os que podem prejudicar, mas não prejudicam; os que não praticam aquilo que as aparências mais sugerem; os que, comovendo outros, são como pedras: impermeáveis, frios e resistentes à tentação; esses com justiça herdam as bênçãos do céu e protegem as riquezas naturais contra o desperdício. Eles têm domínio absoluto sobre sua expressão facial; os outros são meros servidores de suas excelentes qualidades. A flor estival suaviza o verão, embora viva e morra no isolamento. Mas se essa flor contrair uma infecção vil, a erva mais vil supera sua nobreza. As coisas mais doces mediante seus atos tornam-se as mais amargas. Os lírios que se corrompem exalam um cheiro muito pior que o do capim podre.

94

Quem pode machucar e não machuca,
Quem muito mau parece e não é mau,
Quem outros move, imóvel, pedra bruta,
Infenso à tentação e a todo mal;
Com justiça herdará a graça divina
E os dons da natureza poupará.
É senhor absoluto de sua sina:
O outro à sua excelência servirá.
Flor de verão traz ao verão seu brio,
Embora viva e morra em sua esfera.
Mas se a flor contrair infecção vil,
A mais vil entre as ervas a supera.
  Bem mais azeda o doce que desanda,
  E flor podre é pior que erva nefanda.

Este soneto meditativo, sem os indefectíveis eu/tu, talvez derive seu tema do soneto 93. Em geral ele é interpretado de duas formas: como um elogio seguido de uma advertência, ou como uma forma de rematada ironia.

6 husband = administram. *6 from expense* = evitando o desperdício. *8 excellence* = nobreza.

XCV

How sweet and lovely dost thou make the shame
Which, like a canker in the fragrant rose,
Doth spot the beauty of thy budding name!
O in what sweets dost thou thy sins inclose!
That tongue that tells the story of thy days
(Making lascivious comments on thy sport)
Cannot dispraise, but in a kind of praise,
Naming thy name, blesses an ill report.
O what a mansion have those vices got
Which for their habitation chose out thee,
Where beauty's veil doth cover every blot,
And all things turns to fair that eyes can see!
  Take heed (dear heart) of this large privilege:
  The hardest knife ill used doth lose his edge.

Tão agradável e graciosa tu tornas a vergonha que, como uma lagarta numa rosa perfumada, mancha a beleza de tua jovem reputação! Ah, em que doçuras tu embalas teus pecados! A língua que conta a história dos teus dias, tecendo lascivos comentários sobre tuas aventuras sexuais, não poderá depreciá-la a não ser expressando algum apreço: mencionando teu nome, ela abençoa um relato negativo. Que bela mansão têm aqueles vícios que te escolheram como sua moradia. Em ti o véu da beleza cobre todas as manchas e embeleza tudo o que os olhos podem ver! Presta atenção, meu bem, a esse grande privilégio. Mal usada, a melhor faca perde o fio.

95

Doce e amável, tu fazes a vergonha
Que, qual lagarta em botão perfumado,
Deposita em tua fama a sua peçonha!
Em doçuras embalas teu pecado.
A língua que relata esses teus dias,
Sugerindo aventuras amorosas,
Não despreza, antes soma até honrarias:
Com teu nome abençoa acerbas glosas.
Bela mansão aqueles vícios têm
Que te escolheram para em ti morar.
A tua beleza encobre tudo bem
E as falhas torna belas ao olhar.
Cuidado, coração, com teu costume:
O abuso à melhor faca tira o gume.

Nos Sonetos 95 e 96 Shakespeare aplica ao Belo Rapaz as conclusões tiradas no soneto 94: o que há de negativo por trás de aparências positivas, tema já explorado no soneto 69 e no dístico do 40.

6 sport = diversões, flertes. *8 blesses* = dignifica, confere prestígio. *14 edge* = fama, apetite sexual, vitalidade.

XCVI

Some say thy fault is youth, some wantonness,
Some say thy grace is youth and gentle sport;
Both grace and faults are lov'd of more and less:
Thou mak'st faults graces that to thee resort.
As on the finger of a thronèd queen
The basest jewel will be well esteemed,
So are those errors that in thee are seen
To truths translated, and for true things deemed.
How many lambs might the stern wolf betray,
If like a lamb he could his looks translate!
How many gazers mightst thou lead away,
If thou wouldst use the strength of all thy state!
But do not so; I love thee in such sort,
As thou being mine, mine is thy good report.

Alguns dizem que teu defeito é a juventude; outros, que é a libertinagem. Alguns dizem que teu encanto é a juventude e a diversão. Tanto o encanto como os defeitos são amados pelas pessoas mais nobres e pelas mais comuns. Tu transformas teus defeitos em bênçãos que recaem sobre ti. Como no dedo de uma rainha em seu trono a joia mais comum é muito apreciada, assim os erros detectados em ti são transformados em verdades e considerados fatos. Quantos cordeiros o cruel lobo não enganaria, se pudesse disfarçar-se de cordeiro. Quantos admiradores tu não desencaminharias, se quisesses usar todo o poder de tua condição! Mas não faças isso. Eu te amo de tal modo que, por seres meu, tua boa reputação também é minha.

96

Teu mal, se diz, é ser jovem devasso;
Tua graça, ser um jovem que aproveita.
Amado em graça e mal em todo espaço,
Até no mal é a graça que te enfeita.
Fixa no anel em dedo de rainha,
A mais vil pedra tem o seu valor;
Assim o engano que em ti se adivinha
Vale a verdade, seja lá o que for.
Quantos não vai o lobo mau trair
Se em cordeiro puder se transformar;
E quantos tu não podes seduzir
Se teus encantos te aprouver usar!
    Não o faças; pois este que te ama,
    Por seres meu, também terá a tua fama.

A beleza das aparências do Belo Rapaz é capaz de transformar erros em verdades.

1 wantonness = devassidão. *2 gentle sport* = passatempos aristocráticos. *3 lov'd of* = "loved by".

Observação: O fechamento desse soneto repete o dístico do soneto 36.

XCVII

How like a winter hath my absence been
From thee, the pleasure of the fleeting year!
What freezings have I felt, what dark days seen!
What old December's bareness every where!
And yet this time removed was summer's time,
The teeming autumn big with rich increase,
Bearing the wanton burthen of the prime,
Like widowed wombs after their lords' decease:
Yet this abundant issue seem'd to me
But hope of orphans, and unfathered fruit,
For summer and his pleasures wait on thee,
And thou away, the very birds are mute;
  Or if they sing, 'tis with so dull a cheer
  That leaves look pale, dreading the winter's near.

Ah! Que duro inverno tem sido a tua ausência: tu és o prazer do ano fugaz! Que frio gelado provei, que dias de trevas vivi! Que onipresente esterilidade a do velho dezembro! E, no entanto, essa ausência se deu no verão e no fecundo outono prosperamente grávido, gestando os frutos da libertina primavera, qual ventre viúvo após a morte do marido. Mas essa abundante produção me parecia apenas a esperança de órfãos; os frutos sem pai, pois o verão e seus prazeres estão a teu serviço e, estando tu ausente, até mesmo as aves ficam mudas. Ou então, se cantam, cantam de um jeito tão soturno que as folhas empalidecem temendo a aproximação do inverno.

97

Foi duro inverno a ausência que eu provei,
De ti distante, meu prazer fugaz!
Que escuros dias vivi, que frio passei
No clima estéril que Dezembro traz!
No entanto, nessa ausência, verão era,
E o outono veio grávido de fruto
Gestando o que lhe deu a primavera:
Fruto do ventre de viúva em luto.
E toda essa colheita parecia
Só a esperança de órfãos sem seus pais;
O prazer do verão a ti se alia,
Tu ausente, nem as aves cantam mais.
  Ou se cantam tão triste é seu cantar
  Que a folha teme: o inverno vai chegar.

Os sonetos 97 e 98 tratam do tema da *separação e ausência*, já apresentado nos sonetos 50 e 51. Aqui a separação parece um estranhamento que muda toda a visão de mundo.

6 big = grávido. *7 burthen* = "burden". *9 issue* = descendência, prole.

XCVIII

From you have I been absent in the spring,
When proud-pied April (dressed in all his trim)
Hath put a spirit of youth in every thing,
That heavy Saturn laughed and leapt with him.
Yet nor the lays of birds, nor the sweet smell
Of different flowers in odour and in hue,
Could make me any summer's story tell,
Or from their proud lap pluck them where they grew:
Nor did I wonder at the lily's white,
Nor praise the deep vermilion in the rose;
They were but sweet, but figures of delight,
Drawn after you, you pattern of all those.
  Yet seemed it winter still, and, you away,
  As with your shadow I with these did play.

Longe de ti estive na primavera, quando o variegado abril, vestindo toda a sua beleza, estendeu sobre tudo uma atmosfera jovial e levou o melancólico Saturno a sorrir e dançar com ele. No entanto, nem o canto das aves, nem o doce aroma das flores de diferentes perfumes e cores conseguiam me fazer contar histórias alegres ou colhê-las de seus belos canteiros. Também não me emocionava a brancura do lírio, nem eu exaltava o vermelho intenso da rosa: eram apenas agradáveis representações de prazer copiadas de ti: tu és o modelo disso tudo. Mas tudo me parecia inverno, na tua ausência. E eu me entretinha com essas coisas como se fossem sombras de ti.

98

De ti passei distante a primavera,
No variegado abril, todo festança,
Que em juventude em tudo reina e impera,
E até Saturno rindo entra na dança.
Mas nem as aves, nem as flores belas,
De canto e cores sempre variegadas,
Fizeram-me contar histórias delas
Ou colhê-las à beira das estradas.
O branco lírio nada me dizia,
Indiferente, eu vi a rosa abrindo.
Tão belos sim, mas só uma analogia
Do que tu és, padrão do que há mais lindo.
  Tu distante, é o inverno que se agrava:
  Nas sombras, com tua sombra eu brincava.

A ausência do Belo Rapaz anula a primavera.

5 lays = "songs". *12 after you* = à tua imagem.

XCIX

The forward violet thus did I chide:
'Sweet thief, whence didst thou steal thy sweet that smells,
If not from my love's breath? The purple pride
Which on thy soft cheek for complexion dwells
In my love's veins thou hast too grossly dyed.'
The lily I condemned for thy hand,
And buds of marjoram had stol'n thy hair;
The roses fearfully on thorns did stand,
One blushing shame, another white despair;
A third, nor red nor white, had stol'n of both,
And to his robb'ry had annexed thy breath,
But for his theft in pride of all his growth
A vengeful canker eat him up to death.
  More flowers I noted, yet I none could see
  But sweet, or colour it had stol'n from thee.

A precoce violeta assim eu censurei: "Linda ladra, de onde roubaste teu doce perfume, se não do hálito do meu amor? O ostensivo tom carmim que reside em tua suave face tu grosseiramente o tingiste nas veias do meu amor". O lírio eu condenei por roubar a brancura da tua mão; e os botões de manjerona, por roubarem o perfume dos teus cabelos. Tomadas de medo, as rosas acusaram uma espinhosa ansiedade: uma em rubra vergonha, outra em branco desespero. E uma terceira, nem branca nem vermelha, em dois matizes roubados, aos quais somara o teu hálito. Mas, em consequência desse furto, no esplendor do seu desabrochar, uma lagarta vingadora a corrói até a morte. Outras flores eu notei, mas não vi nenhuma que não tivesse roubado de ti ou o perfume ou a cor.

99

A precoce violeta eu censurei:
"Ladra bela, roubaste o teu aroma
Da boca de quem amo? A cor dos reis,
Que em tua face corada sempre assoma,
Tingida foi no sangue dele, eu sei".
O lírio condenei por ser tua mão,
Botões de manjerona, o teu cabelo;
Tremem as rosas cheias de tensão,
Uma rubra, outra branca em seu apelo;
Outra iriada, as cores já em fusão,
Também roubou-te o hálito que exala.
Mas, por seu crime, em plena floração
Um verme vingativo a despetala.
  Havia mais flores, mas nenhuma eu vi
  Que cheiro ou cor não roubasse de ti.

Continuando a ideia da anulação da primavera do soneto anterior, aqui Shakespeare acusa todas as flores de plagiarem o Belo Rapaz na ausência dele.

Observação: Sobre a forma irregular desse soneto de quinze versos, ver *Introdução*.

8 on thorns did stand = ficaram transidas de medo. *13 canker* = lagarta.

C

Where art thou, Muse, that thou forget'st so long
To speak of that which gives thee all thy might?
Spend'st thou thy fury on some worthless song,
Dark'ning thy power to lend base subjects light?
Return, forgetful Muse, and straight redeem
In gentle numbers time so idly spent;
Sing to the ear that doth thy lays esteem,
And gives thy pen both skill and argument.
Rise, resty Muse, my love's sweet face survey,
If Time have any wrinkle graven there;
If any, be a satire to decay,
And make Time's spoils despisèd every where.
  Give my love fame faster than Time wastes life;
  So thou prevent'st his scythe and crookèd knife.

Musa, onde andas tu que por tanto tempo te esqueceste de falar daquilo que te confere todo o teu poder? Estás gastando toda a tua inspiração com algum poema sem valor, obscurecendo o teu poder para conferir brilho a temas vulgares? Retorna, Musa desleixada, e compensa imediatamente, com nobres versos, o tempo desperdiçado na preguiça. Canta para ouvidos que apreciam tuas canções e conferem tema e maestria à tua pena. Levanta, Musa preguiçosa. Examina o belo rosto do meu amor para ver se o Tempo gravou nele alguma ruga. Se gravou, satiriza a deterioração e lança desprezo universal sobre os estragos dele. Confere fama ao meu amor mais rápido do que o Tempo destrói a vida. Assim tu deténs seu curvo e cruel alfanje.

100

Por onde andas, Musa, que te esqueces
Da fonte principal de teu valor?
Será que tua energia não desmereces,
Gastando o teu poder em mau favor?
Retorna, ó negligente, vem, sublima
Em belo verso o tempo malversado;
E canta para o ouvido que te estima,
E dá à tua pena um tom mais inspirado.
Levanta, preguiçosa, e vê se os anos,
Com rugas, meu amor já não sulcaram.
No caso, satiriza perda e danos,
Despreza o mal que os tempos lhe causaram.
  Ao meu amor dá fama antes que a vida
  Lhe seja pelo alfanje recolhida.

Nos sonetos 100 e 101 Shakespeare censura sua musa. Aqui ela é acusada de ter ficado muito tempo calada sobre o Belo Rapaz. O poeta lhe sugere algumas tarefas.

5 forgetful = desleixada. *6 numbers* = versos. *7 lays* = poemas. *9 resty* = preguiçosa.

CI

O truant Muse, what shall be thy amends
For thy neglect of truth in beauty dyed?
Both truth and beauty on my love depends;
So dost thou too, and therein dignified.
Make answer, Muse, wilt thou not haply say,
'Truth needs no colour with his colour fixed,
Beauty no pencil, beauty's truth to lay;
But best is best, if never intermixed'?
Because he needs no praise, wilt thou be dumb?
Excuse not silence so, for't lies in thee
To make him much outlive a gilded tomb,
And to be praised of ages yet to be.
  Then do thy office, Muse; I teach thee how
  To make him seem, long hence, as he shows now.

Ó Musa indolente, quais serão as tuas desculpas por teu descaso da verdade representada na beleza? A verdade assim como a beleza dependem do meu amor. O mesmo acontece contigo, que nele és exaltada. Responde, Musa. Será que vais dizer: "A verdade não precisa de nenhuma cor adicionada à sua própria cor; a beleza não precisa de nenhum pincel para fixar a sua verdade, pois o que é ótimo é ótimo, sem nunca se misturar com nada"? Pelo fato de ele não precisar de nenhum elogio, tu te calas? Não justifiques desse jeito o teu silêncio, pois cabe a ti levá-lo a sobreviver a um túmulo dourado e a receber elogios de épocas futuras. Cumpre então teu dever, Musa. Eu te ensino como fazê-lo exibir, num futuro distante, a aparência de agora.

101

Qual é a desculpa, ó Musa negligente,
Que ignoras a verdade embelezada?
Do meu amor o vero belo pende,
E nele és tu também dignificada.
Responde, Musa; queres declarar:
"À verdade lhe basta a própria cor,
A beleza o pincel não vai pintar;
O bom é bom sem nada se lhe apor"?
Se sobram elogios, ficas calada?
Acusa o teu silêncio; é tua missão
Fazê-lo superar tumba dourada
E obter louvor em tempos que virão.
  Faz teu papel, ó Musa, e faz de jeito
  Que agora e sempre ele seja perfeito.

Shakespeare continua censurando sua musa e lhe lembra o papel que cabe a ela cumprir e promete ensiná-la como fazer isso.

3 depends — No tempo de Shakespeare não era incomum essa forma da 3ª pessoa no plural, com a terminação -s.

CII

My love is strength'ned, though more weak in seeming;
I love not less, though less the show appear:
That love is merchandized whose rich esteeming
The owner's tongue doth publish every where.
Our love was new, and then but in the spring,
When I was wont to greet it with my lays,
As Philomel in summer's front doth sing,
And stops his pipe in growth of riper days:
Not that the summer is less pleasant now
Than when her mournful hymns did hush the night,
But that wild music burthens every bough,
And sweets grown common lose their dear delight.
  Therefore like her, I sometime hold my tongue,
  Because I would not dull you with my song.

Meu amor está fortalecido, embora pareça mais fraco. Não amo menos, embora menos pareça amar. Torna-se mera mercadoria aquele amor cujo valor é anunciado em toda parte pela língua de seu proprietário. Nosso amor era novo, e então estava simplesmente na primavera, quando eu costumava celebrá-lo em meus poemas feito um rouxinol que canta no limiar do verão e se cala à medida que a estação avança. Não que o verão seja agora menos agradável do que quando o choroso canto dele silenciava a noite. Mas ocorre que agora a música barulhenta sobrecarrega todos os galhos, e cantos suaves, ao tornarem-se comuns, perdem seu encanto. Por isso, como o rouxinol, eu às vezes me calo, pois não gostaria de te aborrecer com meu cantar.

102

Sem parecer, mais forte é meu amor;
Não é mais fraco, mesmo parecendo:
É amor à venda o amor cujo valor
Seu dono fica sempre promovendo.
Recém o amor, em plena primavera,
Com as minhas canções eu te saudava.
Qual rouxinol que o estio promove e impera
E já se cala se o verão se agrava.
O prazer do verão não é inferior
A quando o triste canto a noite enchia.
Mas hoje sons bravios vêm se impor:
Numa algazarra de encanto vazia.
  Por isso às vezes hei de me calar:
  Não quer aborrecer-te o meu cantar.

Racionalizando, Shakespeare explica ao Belo Rapaz seu silêncio e aparente indiferença.

3 merchandized = mercantilizado.

CIII

Alack, what poverty my Muse brings forth,
That, having such a scope to show her pride,
The argument all bare is of more worth
Than when it hath my added praise beside.
O blame me not if I no more can write!
Look in your glass, and there appears a face
That overgoes my blunt invention quite,
Dulling my lines, and doing me disgrace.
Were it not sinful then, striving to mend,
To mar the subject that before was well?
For to no other pass my verses tend
Than of your graces and your gifts to tell;
And more, much more than in my verse can sit,
Your own glass shows you, when you look in it.

Coitado de mim! Que pobreza minha Musa produz. Dispondo ela de tanto espaço para exibir seu esplendor, seu tema puro e simples tem mais valor sem a adição dos meus elogios. Ah! não me censures se já não consigo escrever. Olha no espelho: ali aparece um rosto que supera totalmente minha obtusa criatividade, obscurecendo meus versos e lançando-me em descrédito. Não seria um erro, nesse caso, prejudicar o tema que antes era bom na tentativa de melhorá-lo? Pois meus poemas não visam outro objetivo a não ser o de celebrar tuas virtudes e dons. E mais, muito mais do que cabe em meus poemas, teu próprio espelho te mostra quando o fitas.

103

Ó céus! Tão pobre a minha Musa opera,
Que, tendo tanto espaço a seu dispor,
O tema a nu, ao natural, supera
O do meu verso e todo o seu lavor.
Não me censures se isso apenas tenho.
Olha no espelho, ali uma face está
Que sobrepuja a minha arte e engenho,
Meu verso embaça e me desgraçará.
Que lástima! Querendo consertar,
Um tema em si tão bom eu destruir!
Pois eu só quero neste meu versar
Teus dons e dotes sempre difundir.
  E mais, bem mais do que em meu verso lês,
  Está no espelho em que teu rosto vês.

Shakespeare confessa que é pobre o que ele consegue compor para celebrar a riqueza superior do seu assunto: o Belo Rapaz.

11 pass = finalidade, questão. *13 sit* = se acomoda.

CIV

To me, fair friend, you never can be old,
For as you were when first your eye I eyed,
Such seems your beauty still. Three winters cold
Have from the forests shook three summers' pride,
Three beauteous springs to yellow autumn turned
In process of the seasons have I seen,
Three April perfumes in three hot Junes burned,
Since first I saw you fresh which yet are green.
Ah yet doth beauty, like a dial-hand,
Steal from his figure, and no pace perceived;
So your sweet hue, which methinks still doth stand,
Hath motion, and mine eye may be deceived;
  For fear of which, hear this, thou age unbred:
  Ere you were born was beauty's summer dead.

Para mim, caro amigo, tu nunca serás velho, pois em tua beleza ainda me pareces tal qual eras quando te vi pela primeira vez. Três frios invernos arrancaram dos bosques o esplendor de três verões. Três lindas primaveras eu vi transformarem-se em amarelos outonos na sequência das estações. Três ardentes junhos, desde que primeiro te vi, na flor da idade, crestaram o perfume de três primaveras, e tu ainda és jovem. É, mas ainda assim a beleza sorrateiramente foge, como o ponteiro de um relógio que avança sem que se note nenhum movimento. Assim as tuas aparências, que me parecem imutáveis, se alteram, e meu olho pode se enganar. Temendo isso, ouve, ó época do porvir: antes que tu existisses, a beleza já tivera seu apogeu.

104

Para mim, caro amigo, sempre és moço:
Dês que olho no olho a olhei, a tua imagem
Bela é igual. Três invernos do alvoroço
Do verão arrancaram a folhagem;
A primavera e o outono em três correntes
Vi passar no processo sazonal;
Três olentes abris, três junhos quentes,
Faz que jovem te vi, e estás igual.
Mas o ponteiro lento da beleza
Deixa o belo, sorrateiro avançando;
Tua linda pele que parece tesa
Mudou, e foi o olhar ludibriando.
    Que a vã posteridade saiba então
    Que a beleza já teve o seu verão.

Shakespeare fala aqui de três sucessivas mudanças da aparentemente imutável beleza do Belo Rapaz e deixa um recado para a posteridade.

4 pride = o orgulho, a beleza, o espetáculo. *7 three April perfumes* = três perfumadas primaveras. *7 three hot Junes* = três inclementes verões. *8 which* = "who". *10 his figure* = sua beleza original.

CV

Let not my love be called idolatry,
Nor my belovèd as an idol show,
Since all alike my songs and praises be
To one, of one, still such, and ever so.
Kind is my love to-day, tomorrow kind,
Still constant in a wondrous excellence;
Therefore my verse, to constancy confined,
One thing expressing, leaves out difference.
"Fair, kind, and true" is all my argument,
"Fair, kind, and true", varying to other words,
And in this change is my invention spent,
Three themes in one, which wondrous scope affords.
  "Fair, kind, and true" have often lived alone,
  Which three till now never kept seat in one.

Que meu amor não seja considerado idolatria. Que meu amado não pareça um ídolo, só porque todos os meus poemas ainda são e sempre serão endereçados a um só e tratam de um só. Generoso hoje, meu amor será generoso amanhã, sempre constante em sua excelente qualidade. Por isso meus poemas, limitados pela constância a expressar um único tema, excluem qualquer variação. "O belo, o bom e o verdadeiro" são todo o meu tema. "O belo, o bom e o verdadeiro" em diferentes palavras. E nessa variedade de expressões se exaure minha criatividade poética. São três temas num só, o que me permite uma maravilhosa liberdade de ação. "O belo, o bom e o verdadeiro" muitas vezes existiram separados. Até o presente esses três nunca residiram num só.

105

Não há no meu amor idolatria,
Nem ídolo não é o meu amado,
Se eu igual canto sempre em poesia
Para um só, sobre um só, nunca alterado.
Bom hoje o meu amor, bom amanhã,
Sempre constante em sua qualidade;
Meu verso assim, constante em seu afã,
Diz sempre o mesmo, exclui diversidade.
"Belo, bom e leal" é o meu temário,
"Belo, bom e leal" variando o jeito;
Não tem a minha Musa outro sumário,
Três temas num, com prodigioso efeito.
  "Belo, bom e leal" — tão separados,
  Antes nunca num só foram sediados.

Como no soneto 76 e, mais adiante, no 108, Shakespeare afirma aqui a inevitável necessidade da repetição temática de seus versos, imposta pelo seu imutável amor pelo Belo Rapaz.

12 scope = abrangência. *14 seat* = sede, trono.

CVI

When in the chronicle of wasted time
I see descriptions of the fairest wights,
And beauty making beautiful old rhyme
In praise of ladies dead and lovely knights,
Then in the blazon of sweet beauty's best,
Of hand, of foot, of lip, of eye, of brow,
I see their àntique pen would have expressed
Even such a beauty as you master now.
So all their praises are but prophecies
Of this our time, all you prefiguring,
And for they looked but with divining eyes
They had not skill enough your worth to sing:
For we, which now behold these present days,
Have eyes to wonder, but lack tongues to praise.

Quando, no registro de épocas passadas, vejo descrições das mais belas pessoas e vejo a beleza inspirando lindos poemas antigos em louvor de belas damas e garbosos cavaleiros, então na representação do melhor aspecto da suave beleza — de mão, de pé, de lábio, de olho, de cenho — vejo que o traço antigo provavelmente expressou com exatidão uma beleza semelhante à que hoje exibes. Assim, todos os elogios deles são apenas profecias desta nossa época, todas te prefigurando. E, sendo que eles enxergavam apenas com olhos de profeta, ainda não dispunham de informação suficiente para decantar teus méritos; quanto a nós, nesta época atual temos olhos para nos maravilhar, mas nos faltam habilidades linguísticas para tecer elogios.

106

Nas crônicas de tempos já passados
Retratos de beldades descortino:
Do belo belos versos derivados,
Louvando a dama morta e o paladino.
Noto ali nos detalhes a nobreza
De lábio, testa e mão, de pé e de olhar:
A antiga pena expressaria a beleza
Que hoje em ti podemos contemplar.
Antigas loas, profecias apenas
Prenunciando a ti e o nosso dia.
Por serem só proféticas suas penas,
Sua arte teu valor mal refletia;
    E nós, que hoje contigo convivemos,
    Podemos ver, mas louvar não sabemos.

Referência indireta ao tema da recorrência cíclica da História, já tratado no soneto 59. Mas a beleza do Belo Rapaz é um acontecimento inédito: nas canções do passado ela foi apenas profetizada.

1 wasted = "past". *2 wights* = arcaísmo; "persons". *5 blazon* = brasões, lista de boas qualidades. *8 master* = tens sob teu controle. *10 prefiguring* = prenunciando. *12 skill* = conhecimento ou entendimento (da beleza perfeita).

CVII

Not mine own fears, nor the prophetic soul
Of the wide world, dreaming on things to come,
Can yet the lease of my true love control,
Supposed as forfeit to a confined doom.
The mortal moon hath her eclipse endured,
And the sad augurs mock their own presàge,
Incertainties now crown themselves assured,
And peace proclaims olives of endless age.
Now with the drops of this most balmy time
My love looks fresh, and Death to me subscribes,
Since spite of him I'll live in this poor rhyme,
While he insults o'er dull and speechless tribes.
  And thou in this shalt find thy monument,
  When tyrants' crests and tombs of brass are spent.

Nem meus maus pressentimentos nem as proféticas visões do vasto mundo, sempre sonhando com o futuro, conseguem impor limites ao meu amor sincero, supostamente sujeito a um fatal prazo limitado. A mortal lua superou o seu eclipse, e os tristes vates zombam de seus próprios maus presságios. As incertezas agora se coroam confiantes, e a paz proclama promessas de uma época imorredoura. Hoje, com o orvalho destes tempos balsâmicos, meu amor se mostra jovem, e a Morte se submete a mim. Pois, apesar dela, eu hei de viver nestes pobres versos, enquanto ela tripudia sobre as obtusas tribos analfabetas. E tu nestes versos terás teu monumento, mesmo quando as insígnias dos brasões e o bronze dos túmulos desaparecerem.

107

Nem medos meus, nem almas de profetas
Do amplo mundo, sonhando o que há de vir,
Ao meu leal amor imporão metas,
Supondo-o fatal presa do porvir.
De seu eclipse a lua ressurge ilesa,
Desdiz o triste vate as suas desditas,
E gabam-se incertezas na certeza
E a paz proclama palmas infinitas.
No orvalho destes tempos bons e nobres,
Prospera o meu amor, e a Morte cala;
Pois hei de viver nestes versos pobres,
E a Morte só insulta os sem-voz-e-fala.
  Terão o bronze e a pedra o seu final,
  Tu aqui sempre terás teu memorial.

Nesse famoso soneto, repleto de metafóricas alusões históricas, objeto de abundante pesquisa, Shakespeare mais uma vez proclama o poder de sua sequência de sonetos — monumento perene de seu amor pelo Belo Rapaz.

3 lease = limites, extensão, prazo. *6 augurs* = áugures, adivinhos. *6 presàge* = profecias, previsões. *8 olives* = ramos de oliveira. *14 crests* = elmos, capacetes, insígnias de brasões.

Observação: Desde os tempos bíblicos o ramo de oliveira é símbolo de paz ou segurança.

CVIII

What's in the brain that ink may character
Which hath not figured to thee my true spirit?
What's new to speak, what now to register,
That may express my love, or thy dear merit?
Nothing, sweet boy; but yet, like prayers divine,
I must each day say o'er the very same,
Counting no old thing old, thou mine, I thine,
Even as when first I hallowèd thy fair name.
So that eternal love in love's fresh case
Weighs not the dust and injury of age,
Nor gives to necessary wrinkles place,
But makes antiquity for aye his page,
  Finding the first conceit of love there bred,
  Where time and outward form would show it dead.

Que há na mente passível de ser escrito que já não tenha representado para ti minha sincera lealdade? Que novidade existe a ser revelada? Que existe, digno de registro, capaz de expressar o meu amor ou o teu precioso mérito? Nada, doce menino. Mas, mesmo assim, como preces rituais, eu devo cada dia repetir a mesma coisa, sem considerar superado o velho "és meu, sou teu", exatamente como quando pela primeira vez eu santifiquei teu belo nome. Assim aquele amor eternamente jovem não pondera as consequências do pó, nem os estragos da idade; tampouco dá valor a fatais rugas. Pelo contrário, transforma a velhice em seu eterno pajem mediante a descoberta do primeiro conceito de amor, gerado ali onde o tempo e o desgaste físico o dariam por acabado.

108

Não há na mente o que dizer eu deva,
Pois tudo ela escreveu do meu espírito.
Que há de novo para que eu descreva
E mostre o meu amor ou teu bom mérito?
Nada, menino; mas orando ao céu
O mesmo cada dia vou murmurando,
O antigo e sempre novo "És meu, sou teu",
O teu nome outra vez santificando.
Na eternidade de um amor crescente
Não conta o pó e o dano da velhice;
Da fatal ruga o amor não se ressente
E faz do antigo o pajem da meiguice.
   O amor na idade encontra bons efeitos
   Onde o tempo e a aparência põem defeitos

Mais uma vez, como nos sonetos 76 e 105, Shakespeare enfatiza a constante, velha e sempre nova afirmação de seu amor.

1 character = escrever. *9 fresh case* = nova expressão, nova embalagem.

CIX

O never say that I was false of heart,
Though absence seem'd my flame to qualify;
As easy might I from my self depart
As from my soul, which in thy breast doth lie:
That is my home of love. If I have ranged,
Like him that travels I return again,
Just to the time, not with the time exchanged,
So that myself bring water for my stain.
Never believe, though in my nature reigned
All frailties that besiege all kinds of blood,
That it could so preposterously be stained
To leave for nothing all thy sum of good;
For nothing this wide universe I call,
Save thou, my rose; in it thou art my all.

Não digas nunca que fui infiel em meu amor, embora a ausência possa ter sugerido o esmorecimento da paixão. Separar-me de ti seria para mim o mesmo que me separar da vida, que reside no teu peito, moradia do meu amor. Se saio por aí, como quem viaja eu depois volto, fielmente a tempo, sem ser mudado pela ausência, de modo que eu mesmo trago a água para lavar meus pecados. Mesmo que em minha natureza predominassem todas as fragilidades que cercam todos os tipos de temperamento, nunca deverias crer que ela possa manchar-se tão perversamente a ponto de trocar por nada todas as tuas boas qualidades. De nada eu chamo este vasto universo. Tu és a exceção, meu botão em flor; nele, tu és meu tudo.

109

Jamais me acuses de traição alguma.
Embora ausente, a chama em mim mantive:
Não posso repudiar-me ou, em suma,
Deixar minha alma, que em teu peito vive.
É o lar do meu amor: se me afastei,
Como quem viaja logo volto ao lar,
Na hora certa, e sei que não mudei,
E trago a água que vai me lavar.
Não creias nunca, embora eu fraco seja,
Sujeito a todo tipo de desdouro,
Que eu maluquice cometendo esteja,
Dando por nada todo o teu tesouro.
  Pois nada neste mundo tem valor,
  Eu tudo tenho em ti, botão em flor.

Sonetos de *separação e ausência*: 108 e 109. Aqui Shakespeare afirma que suas saídas e ausência em nada mudam seu amor.

2 qualify = reduzir, diminuir. *8 stain* = mancha. *11 preposterously* = absurdamente. *11 be stained* = perverter-se. *14 my rose* = minha rosa.

Observação: A rosa era geralmente usada como símbolo da beleza jovem. Ver soneto 1, v. 2.

CX

Alas 'tis true, I have gone here and there,
And made my self a motley to the view,
Gored mine own thoughts, sold cheap what is most dear,
Made old offences of affections new.
Most true it is that I have looked on truth
Askance and strangely; but, by all above,
These blenches gave my heart another youth,
And worse essays proved thee my best of love.
Now all is done, have what shall have no end:
Mine appetite I never more will grind
On newer proof, to try an older friend,
A god in love, to whom I am confined.
    Then give me welcome, next my heaven the best,
    Even to thy pure and most most loving breast.

Infelizmente é verdade. Eu andei por aí e, diante de todo mundo, fiz o papel do bobo. Traí minhas convicções, vendi barato o bem mais precioso e com novos amores fiz velhas desfeitas. É absolutamente certo que lancei olhares de desprezo e estranhamento sobre a verdade. Mas juro pelo que há de mais sagrado que esses desvios rejuvenesceram meu coração, e minhas piores experiências te demonstraram o melhor do meu amor. Agora tudo isso é passado, e eu tenho o que jamais há de acabar. Nunca mais vou aguçar meu apetite com novas experiências para testar um amigo de longa data, um deus apaixonado a quem eu me dedico exclusivamente. Acolhe-me então com alegria em teu amorosíssimo e puro coração, tu que, afora o céu, és o bem supremo.

110

Eu sei, lamento, andei aqui e ali...
Feito o bobo eu me expus ante a plateia.
Aviltei-me e por pouco me vendi,
Velha ofensa, amor novo, nova estreia.
É certo que a verdade eu maltratei,
Mas, por tudo o que há de mais sagrado,
Pecando, o coração eu renovei,
No pior meu melhor tenho mostrado.
Chega, já tenho o que não terá fim:
Não vou mais meu apetite aguçar
Testando um velho amigo, que é pra mim
O sumo amor, a quem só quero amar.
  Vem receber-me então, meu quase-deus,
  No mais mais puro amor dos braços teus.

Shakespeare confessa que, em momentos de *separação e ausência*, ele cometeu alguns deslizes. Mas a consequência disso foi — garante ele — positiva.

3 Gored = frustrei. *5-6 looked on truth / Askance* = distorci a verdade. *13 next my heaven the best* = meu quase céu.

Observação: O termo "motley" no segundo verso se refere ao traje típico do bobo em representações no palco ou fora dele.

CXI

O for my sake do you with Fortune chide,
The guilty goddess of my harmful deeds,
That did not better for my life provide
Than public means which public manners breeds.
Thence comes it that my name receives a brand,
And almost thence my nature is subdued
To what it works in, like the dyer's hand.
Pity me then, and wish I were renewed,
Whilst like a willing patient I will drink
Potions of eisel 'gainst my strong infection;
No bitterness that I will bitter think,
Nor double penance to correct correction.
  Pity me then, dear friend, and I assure ye
  Even that your pity is enough to cure me.

Vamos, censura em meu nome a Fortuna, essa deusa responsável por meus atos perniciosos. Ela limitou-se nesta vida a conceder-me recursos públicos que fomentam vulgaridades públicas. Daí decorre que meu nome é estigmatizado, e minha natureza praticamente se confunde com minha profissão, como a tinta denuncia a mão do tintureiro. Tem dó de mim, portanto, e deseja-me restabelecimento, enquanto eu, como um paciente dócil, tomo poções de vinagre para combater minha grave infecção. Não há amargor que eu considere amargo, nem dura penitência que eu não aceite para corrigir-me. Tem dó de mim, portanto, querido amigo, e eu te garanto que esse teu dó é suficiente para me curar.

111

Xinga em meu nome, xinga a má Fortuna,
A deusa culpada em meus malfeitos,
Que a minha vida apenas se coaduna
Com o vulgo que traz vulgares feitos.
Daí o estigma: a minha profissão.
O meu caráter é quase marcado
Como o do tintureiro é por sua mão.
Tem dó de mim, deseja-me curado,
Que eu, bom paciente, juro, vou tomar
Qualquer vinagre contra esta doença;
O amargo será doce ao paladar,
Castigo será como recompensa.
  Tem dó, querido amigo; eu te asseguro:
  Teu dó me dá saúde e assim me curo.

Shakespeare lamenta que a Fortuna lhe tenha reservado a profissão das artes cênicas, que não gozam de boa reputação. Pede compaixão.

5 receives a brand = recebe um carimbo. *6 subdued* = reduzida. *10 eisel* = remédio amargo.

CXII

Your love and pity doth th'impression fill
Which vulgar scandal stamped upon my brow,
For what care I who calls me well or ill,
So you o'er-green my bad, my good allow?
You are my all the world, and I must strive
To know my shames and praises from your tongue;
None else to me, nor I to none alive,
That my steeled sense or changes right or wrong.
In so profound abysm I throw all care
Of others' voices, that my adder's sense
To critic and to flatterer stoppèd are.
Mark how with my neglect I do dispense:
  You are so strongly in my purpose bred
  That all the world besides methinks th'are dead.

Tua amorosa compaixão fecha a ferida que o vulgar escândalo estampou na minha testa. Não me importa que se fale bem ou mal de mim, desde que tu encubras meus erros e aproves meus acertos. Tu és todo o meu mundo, e eu devo esforçar-me para reconhecer as censuras e os elogios de tua boca. Para mim, além de ti não existe ninguém capaz de mudar minha inflexível opinião sobre o que é certo e o que é errado. Num abismo tão profundo eu atiro toda a minha preocupação em relação ao que se diz por aí, que faço ouvidos de mercador a críticas e a lisonjas. Observa como explico minha indiferença: tu estás tão fortemente enraizado em meus objetivos que a meu ver o mundo inteiro, separado de ti, está morto.

112

Sanam teu dó e amor a cicatriz
Que o escândalo estampou em minha testa;
Não importa quem bem ou mal me diz,
No mal, no bem, se o teu amor me atesta.
Tu és meu mundo, e eu devo perceber
O que tu em mim aprovas ou reprovas;
Ninguém que eu possa ou venha a conhecer,
Boas ou más, me impõe certezas novas.
Em fundo abismo atiro o conteúdo
De outras vozes, e como o mercador
A elogios e críticas sou surdo.
Vê como do descaso sei dispor:
  Tão fundo no que digo e sou estás
  Que todo o mundo fora morto jaz.

Shakespeare descreve o efeito terapêutico da compaixão solicitada no soneto anterior e, aparentemente, aqui concedida.

1 impression = cicatriz. *4 o'er-green* = conferes uma nova aparência. *6 shames* = censuras, erros. *10 adder* = víbora (animal supostamente surdo). *14 th'are* = "they are".

Observação: Os versos 7 e 8 são sintaticamente confusos. Uma paráfrase proposta por Rex Gibson resultou na tradução em prosa aqui apresentada.

CXIII

Since I left you, mine eye is in my mind,
And that which governs me to go about
Doth part his function, and is partly blind,
Seems seeing, but effectually is out;
For it no form delivers to the heart
Of bird, of flow'r, or shape which it doth latch;
Of his quick objects hath the mind no part;
Nor his own vision holds what it doth catch:
For if it see the rud'st or gentlest sight,
The most sweet favour or deformèd'st creature,
The mountain, or the sea, the day, or night,
The crow, or dove, it shapes them to your feature.
   Incapable of more, replete with you,
   My most true mind thus maketh mine eye untrue.

Desde quando te deixei, só enxergo com o olhar da imaginação. E ela, que controla minhas divagações, em parte exerce sua função e em parte é cega: parece enxergar, mas na verdade está desligada. Pois ela não transmite ao coração imagens de pássaro ou flor, não expressa aquilo que capta. A mente não participa de suas fugazes imagens. Sua visão não retém o que ela percebe. Pois diante da visão mais grosseira ou da mais delicada; diante da imagem mais agradável ou da criatura mais monstruosa; diante da montanha ou do mar, do dia ou da noite, do corvo ou da pomba, minha imaginação representa tudo à tua imagem. Assim, repleta de ti, incapaz de fazer mais, minha mente sincera ao máximo falseia o meu olhar.

113

De ti longe, eu só vejo no que penso:
O olhar que me orienta pela estrada
É dividido, em parte está suspenso,
Parece ver, mas quase não vê nada.
Ao coração imagens não envia
De ave, ou flor, ou forma a que se prende.
Com seu objeto a mente não sacia,
Tampouco fixa a imagem que pretende;
Pois se o mais rude enxerga ou delicado,
O rosto mais hediondo ou mais radiante,
A noite, o dia, o monte, o mar irado,
O corvo, a pomba — tudo é o teu semblante.
  Atada a ti, na entrega mais total,
  Leal, a mente o olhar faz desleal.

Os sonetos 113 e 114 descrevem um conflito entre o olhar e a mente. Aqui se mostra o poder falseador da mente.

2 that which governs me to go about = "my eye". *10 deformèd'st* = mais deformada.

CXIV

Or whether doth my mind being crowned with you
Drink up the monarch's plague, this flattery?
Or whether shall I say mine eye saith true,
And that your love taught it this alcumy,
To make of monsters, and things indigest,
Such cherubins as your sweet self resemble,
Creating every bad a perfect best
As fast as objects to his beams assemble?
O 'tis the first, 'tis flattery in my seeing,
And my great mind most kingly drinks it up;
Mine eye well knows what with his gust is greeing,
And to his palate doth prepare the cup.
  If it be poisoned, 'tis the lesser sin
  That mine eye loves it and doth first begin.

Será que minha inteligência, coroada de ti, bebeu o veneno da bajulação servido aos monarcas? Ou será que devo dizer que meus olhos dizem a verdade e que teu amor lhes ensinou esta alquimia, que, de monstros e coisas disformes, cria esses querubins parecidos com tua bela feição, transformando cada defeito no que de melhor existe no mesmo instante em que o olhar projeta seus raios sobre as coisas? Claro, a primeira hipótese é a verdadeira: trata-se de bajulação em meu olhar — e minha nobre inteligência bebe todo esse veneno no mais régio estilo. Meus olhos sabem muito bem o que satisfaz o gosto dela e, de acordo com seu paladar, lhe preparam sua taça. Se ela estiver envenenada, o pecado é mais leve, pois meu olhar ama o seu conteúdo e o bebe primeiro.

114

Fui por ti em minha mente coroado,
Bebo a praga do rei, que é o vão louvor?
Ou traz o meu olhar o comprovado,
E aprendeu a alquimia do teu amor,
E de monstros e coisas indigestas
Faz querubins contigo parecidos,
Os males transformando em belas festas
Ao serem por teus olhos atingidos?
Eu sei: é o vão louvor em meu olhar
Que régia a minha mente vai haurindo.
Meus olhos sabem bem seu paladar
E a taça preferida vão servindo.
Se envenenada, o mal será menor:
Meus olhos gostam, brindes vão propor.

Aqui se afirma que a mente e o olhar de quem ama são caracterizados pela bajulação.

4 alcumy = "alchemy". *5 indigest* = horríveis. *11 greeing* = "agreeing", está de acordo com.

Observação: O oitavo verso menciona a seguinte crença, comum na época de Shakespeare: os raios projetados pelos olhos criam as imagens das coisas que enxergamos.

CXV

Those lines that I before have writ do lie,
Even those that said I could not love you dearer;
Yet then my judgment knew no reason why
My most full flame should afterwards burn clearer.
But reckoning Time, whose millioned accidents
Creep in 'twixt vows, and change decrees of kings,
Tan sacred beauty, blunt the sharp'st intents,
Divert strong minds to th'course of alt'ring things —
Alas, why, fearing of Time's tyranny,
Might I not then say 'Now I love you best',
When I was certain o'er incertainty,
Crowning the present, doubting of the rest?
  Love is a babe: then might I not say so,
  To give full growth to that which still doth grow.

Mentem de fato aqueles versos que antes escrevi — exatamente os que afirmavam que eu não poderia te amar ainda mais. Todavia, naquela época minha avaliação não conhecia nenhum motivo para que a chama ardendo ao máximo devesse mais tarde ser ainda mais intensa. Mas o Tempo faz seus cálculos: milhões de vicissitudes se insinuam entre os votos. Elas mudam decretos de reis, tisnam a beleza, embotam as intenções mais convictas, desviam decisões firmes, seguindo o curso dos acontecimentos. Lamentando, pergunto por que, com medo do Tempo tirano, eu não deveria então dizer "Agora te amo ao máximo", quando a certeza anulava a incerteza, coroando o presente e duvidando de tudo o mais? O amor é um bebê. Será que eu não poderia então afirmar isso, atribuindo crescimento pleno ao que ainda está em fase de crescimento?

115

Menti em meus versos quando declarei
Que ao máximo era intenso o meu amor.
Então eu não sabia, agora sei,
Que a paixão ganharia mais ardor.
Mas o Tempo com tantos incidentes
Reais decretos muda, votos rompe,
Tisna o belo, trai decisões ardentes,
Mentes fortes altera e até corrompe.
Por que, temendo o Tempo e sua crueza,
Não podia declarar amor extremo?
Com certeza no meio da incerteza,
Eu exalto o presente e nada temo.
  O amor é um bebê. Não posso eu dizer
  Que ele é o máximo e ainda vai crescer?

Shakespeare explica por que declarações de amor podem sempre ser revistas e atualizadas.

4 full flame = paixão extrema. *5 reckoning* = sempre acertando as contas.

CXVI

Let me not to the marriage of true minds
Admit impediments; love is not love
Which alters when it alteration finds,
Or bends with the remover to remove.
O no, it is an ever-fixèd mark
That looks on tempests and is never shaken;
It is the star to every wand'ring bark,
Whose worth's unknown, although his height be taken.
Love's not Time's fool, though rosy lips and cheeks
Within his bending sickle's compass come;
Love alters not with his brief hours and weeks,
But bears it out even to the edge of doom.
  If this be error and upon me proved,
  I never writ, nor no man ever loved.

Que eu não admita impedimentos para a união de dois corações sinceros. Não é amor aquele amor que se altera ao constatar alterações, ou se afasta quando a pessoa amada se afasta. Não é não! O amor é um farol sempre fixo que enfrenta tempestades e nunca se abala. Ele é a estrela para cada barco errante: seu valor é desconhecido, embora se possa calcular sua altura. Não é joguete do Tempo, embora o viço de face ou lábios sofra o golpe do seu curvo alfanje. O amor não se altera com a rápida passagem de breves horas e semanas, mas tudo suporta até o limiar do juízo final. Se me for provado que o que eu digo está errado, então nunca escrevi, e ninguém jamais amou.

116

Para a união de sinceros corações
Não haja impedimento. Amor que é amor
Não se altera enfrentando alterações,
Nem é com quem deserta desertor.
Oh não! O amor é um marco tão constante
Que a tempestade arrosta, inabalável.
Ele é a estrela de cada barco errante:
Locada, seu valor é inestimável.
O Tempo não o doma, embora o viço
Em sua beleza venha a ver o alfanje.
Passam anos, não muda o amor com isso,
Resiste sempre até que a morte o tange.
  Se alguém me demonstrar que errado estou,
  Então nunca escrevi, ninguém amou.

Nesse, que talvez seja o mais celebrado soneto de Shakespeare, define-se a natureza do verdadeiro amor — um amor idealizado.

1 true = leais, sinceras, fiéis, verdadeiras. *4 bends with the remover to remove* = muda quando a outra pessoa muda. *8 although his height be taken* = embora sua posição seja calculada.

Observação: É sabido que os navegadores da época se orientavam pela posição dos astros, fato mencionado nos versos 7-8.

CXVII

Accuse me thus: that I have scanted all
Wherein I should your great deserts repay,
Forgot upon your dearest love to call,
Whereto all bonds do tie me day by day;
That I have frequent been with unknown minds,
And given to time your own dear-purchased right;
That I have hoisted sail to all the winds
Which should transport me farthest from your sight.
Book both my wilfulness and errors down,
And on just proof surmise accumulate;
Bring me within the level of your frown,
But shoot not at me in your wakened hate;
  Since my appeal says I did strive to prove
  The constancy and virtue of your love.

Acusa-me do seguinte: de eu ter sido descuidado na retribuição de todos os teus grandes favores; de eu ter me esquecido de invocar teu preciosíssimo amor ao qual todos os vínculos me prendem para sempre; de eu ter andado com estranhos e desperdiçado meu tempo, que é teu por direito, adquirido a alto preço; de eu ter soltado as velas a todos os ventos que acabariam por me levar para mais longe de tua vista. Registra a minha teimosia e meus erros, e às claras evidências adiciona possíveis suspeitas. Mira contra a minha pessoa a tua reprovação, mas não dispares contra mim em momentos de acirrado ódio, pois a minha apelação diz que eu tentei pôr à prova a constância e a virtude do teu amor.

117

Acusa-me de, em tudo displicente,
Os teus grandes favores ignorar;
Diz que tu me chamaste, e estive ausente
De onde eu por gratidão devia estar.
Diz que andei muitas vezes com manés,
Desperdiçando o teu tempo sagrado;
Diz que eu saio com todas as marés
Que me afastam do teu bondoso olhado.
Escreve ali os meus erros e traições,
E às provas adiciona a tua suspeita;
Convoca-me, faz tuas intimações,
Mas não seja o teu ódio a tua desfeita.
  Apelo sim! Eu só tentei expor
  Que és constante e forte em teu amor.

Sonetos sobre *transgressões do poeta*: 117-119. Shakespeare aqui se acusa de pecados de negligência em relação ao Belo Rapaz, e depois apresenta uma estranha explicação.

1 have scanted = ter transgredido. *4 Whereto* = "to which". *9 wilfulness* = egoísmo, lascívia. *11 level* = linha de fogo. *11 frown* = desaprovação. *13 prove* = testar.

CXVIII

Like as to make our appetites more keen
With eager compounds we our palate urge,
As to prevent our maladies unseen
We sicken to shun sickness when we purge:
Even so, being full of your ne'er-cloying sweetness,
To bitter sauces did I frame my feeding,
And, sick of welfare, found a kind of meetness
To be diseased ere that there was true needing.
Thus policy in love, t'anticipate
The ills that were not, grew to faults assured,
And brought to medicine a healthful state
Which, rank of goodness, would by ill be cured.
  But thence I learn, and find the lesson true,
  Drugs poison him that so fell sick of you.

Assim como para aguçar o apetite nós o estimulamos com molhos picantes, e para prevenir potenciais enfermidades com purgantes nos adoecemos contra elas; exatamente assim, repleto de tua sempre agradável doçura, adotei uma dieta de alimentos amargos. Enjoado de tanta felicidade, achei uma espécie de compensação em contrair uma enfermidade antes que isso fosse realmente necessário. Assim a estratégia do amor, para prevenir males que não existiam, provocou enfermidades reais e tornou indispensável a intervenção de médicos num caso de perfeita saúde e eu, saturado de tanto bem-estar, acharia a cura na enfermidade. Mas com essa experiência aprendi a verdadeira lição: Os remédios envenenam aquele que se enjoa de ti.

118

Se para o apetite mais sentir
Buscamos condimentos mais picantes;
E se para as doenças prevenir
Nós nos adoecemos com purgantes;
De tua doçura eu pleno, inebriado,
Quis de molhos mais fortes ter ciência;
Achei, saudável, que era apropriado
Adoecer em nome da experiência.
Assim, o esperto amante, em prevenção
Dum falso mal, caiu no mal real,
No médico acabou o que era são
E, são, buscou curar-se pelo mal.
    Mas aprendi uma coisa muito boa:
    Remédio infecta a quem de ti se enjoa.

Shakespeare fala de molhos picantes e remédios purgativos para combater o consumo excessivo de alimentos enjoativos e uma doença inexistente. Um momento de crise no amor.

5 cloying = enjoativa, desagradável, nauseante. *6 frame* = orientei. *7 meetness* = boa ideia. *8 ere* = arcaísmo; "before". *9 policy in love* = estratégia apaixonada. *12 rank of goodness* = cheio de saúde.

CXIX

What potions have I drunk of Siren tears
Distilled from limbecks foul as hell within,
Applying fears to hopes, and hopes to fears,
Still losing when I saw myself to win!
What wretched errors hath my heart committed,
Whilst it hath thought itself so blessèd never!
How have mine eyes out of their spheres been fitted
In the distraction of this madding fever!
O benefit of ill! now I find true
That better is by evil still made better,
And ruined love when it is built anew
Grows fairer than at first, more strong, far greater.
  So I return rebuked to my content,
  And gain by ill thrice more than I have spent.

Que poções de lágrimas traiçoeiras eu bebi, destiladas em alambiques tenebrosos como o inferno, ministrando temores a esperanças e esperanças a temores, perdendo sempre quando me via vencendo! Que malditos erros cometeu o meu coração na época em que se considerava mais abençoado do que nunca! Como os meus olhos saíram convulsionados de suas órbitas nos delírios dessa febre de enlouquecer! Santo benefício do mal! Agora percebo que o melhor pelo mal é melhorado ainda mais, e o amor arruinado, quando reconstruído, fica mais belo do que antes, mais forte, muito maior. Assim, censurado, eu retorno para o meu contentamento, e com meus erros lucro três vezes mais do que gastei.

119

Que poções de sereias eu bebi
Nos caldeirões do inferno destiladas,
Se medos e esperanças confundi,
Perdendo nas vitórias já alcançadas!
Quanto engano o coração cometeu,
Quando mais do que nunca era feliz!
Meu olhar de seu foco se perdeu,
Divagando por distrações febris!
Ó vantagem do mal! Pois é veraz
Que o que é bom no pior fica melhor;
E quando o amor perdido se refaz
É mais belo, mais forte e bem maior.
  Volto assim cabisbaixo ao meu amado,
  E o bem que eu malversei é triplicado.

Shakespeare confessa os erros que o levaram à crise no amor, mas acaba descobrindo a "vantagem do mal". Pode-se vislumbrar aqui uma alusão ao Precônio Pascal: "*O felix culpo!*"

2 foul = imundos, repulsivos.

CXX

That you were once unkind befriends me now,
And for that sorrow which I then did feel
Needs must I under my transgression bow,
Unless my nerves were brass or hammerèd steel.
For if you were by my unkindness shaken
As I by yours, y'have passed a hell of time,
And I, a tyrant, have no leisure taken
To weigh how once I suffered in your crime.
O that our night of woe might have rememb'red
My deepest sense, how hard true sorrow hits,
And soon to you, as you to me then, tend'red
The humble salve, which wounded bosoms fits!
  But that your trespass now becomes a fee;
  Mine ransoms yours, and yours must ransom me.

A rudeza com que me trataste agora me favorece. Aquela mágoa que na ocasião senti me obriga neste momento a reconhecer a desfeita que te fiz, a menos que meus nervos sejam de bronze ou de aço. Pois, se tu ficaste abalado com a minha rudeza como eu fiquei com a tua, viveste momentos de inferno, e eu — tirano — não aproveitei a oportunidade para ponderar como no passado sofri com tua ofensa. Quem dera nossa noite de tristeza pudesse ter lembrado aos meus sentimentos e pensamentos mais profundos como dói a verdadeira mágoa! Quem dera eu tivesse então oferecido a ti — e tu a mim — o remédio da humildade indicado para corações feridos! Mas aquele teu pecado agora se transforma em pagamento: o meu resgata o teu, e o teu deve resgatar o meu.

120

O mal que me fizeste vai salvar-me
Pois, pela dor que já me acabrunhou,
Sob minha transgressão devo curvar-me,
Que de aço ou de ferro é que não sou.
Pois se o mal que te fiz doeu tão fundo,
Tal qual o teu em mim, foi infernal;
E eu, cruel, por nada deste mundo,
Pesei o que eu sentira por teu mal.
Na triste noite despertar — quem dera! —
A sensação de como a dor golpeia...
Eu para ti, tu para mim, pudera
Dar o perdão que o peito aflito anseia.
  O erro cometido é nossa prata:
  O teu a mim, o meu a ti resgata.

A ofensa que dá o troco à ofensa do outro pode resultar na salvação dos dois envolvidos nessa complicação.

1 *befriends me* = é para mim vantajoso. 3 *Needs must I* = eu preciso agora. 6 *a hell of a time* = um mau bocado.

CXXI

'Tis better to be vile than vile esteemed,
When not to be receives reproach of being,
And the just pleasure lost, which is so deemed
Not by our feeling but by others' seeing.
For why should others' false adulterate eyes
Give salutation to my sportive blood?
Or on my frailties why are frailer spies,
Which in their wills count bad what I think good?
No, I am that I am, and they that level
At my abuses reckon up their own;
I may be straight though they themselves be bevel;
By their rank thoughts my deeds must not be shown,
  Unless this general evil they maintain:
  All men are bad and in their badness reign.

Vilão é melhor ser que parecer, quando como tal é tido quem não é, e assim perde o suposto prazer da vilania, não devido ao que sente, mas ao que os outros veem. Por que os falsos olhares fraudulentos deveriam aplaudir minhas atividades amorosas? Ou então por que minhas mazelas são espionadas por gente pior que eu; gente que, graças a seus desejos, é levada a condenar como mal o que eu considero bom? Não! Eu sou quem sou, e os que apontam meus abusos denunciam os seus. É possível que eu seja honesto, e eles desonestos. Minhas ações não devem ser expostas por suas fantasias lascivas, a não ser que eles defendam a tese da maldade geral: todos os homens são perversos e, em sua perversidade, imperam.

121

Vilão é melhor ser que parecer,
Se quem não é, de ser é censurado,
E na censura perde o seu prazer,
Não por se sentir, mas por ser julgado.
Por que precisa o olhar da falsidade
Em minhas aventuras ter sua mira?
Por que o mais fraco espia a fragilidade
E vê o mal no bem que é o que me inspira?
Ah, não! Eu sou o que sou e os maus astutos
No meu abuso acusam o que é seu.
Se ando errado — eles são corruptos!
Não posso junto deles pôr-me eu,
   Senão será proposta a tese eterna:
   Ninguém presta, e a maldade nos governa.

Shakespeare se manifesta contra os fofoqueiros de plantão que criticam seu estilo de vida.

5 adulterate = "corrupt". *8 wills* = paixões de ordem sexual. *11 bevel* = mal-intencionados. *12 rank* = corruptos.

CXXII

Thy gift, thy tables, are within my brain
Full charactered with lasting memory,
Which shall above that idle rank remain
Beyond all date, even to eternity;
Or, at the least, so long as brain and heart
Have faculty by nature to subsist,
Till each to razed oblivion yield his part
Of thee, thy record never can be missed.
That poor retention could not so much hold,
Nor need I tallies thy dear love to score;
Therefore to give them from me was I bold,
To trust those tables that receive thee more:
  To keep an adjunct to remember thee
  Were to import forgetfulness in me.

Teu presente — o caderno — está na minha cabeça todo gravado com lembranças indeléveis. Elas, muito mais que aquelas páginas inúteis, permanecerão para sempre, superando o tempo; ou então, no mínimo, pelo tempo em que a mente e o coração tiverem a capacidade natural de subsistir. Enquanto a mente e o coração não cederem sua parte de ti ao deletado oblívio, meus registros indeléveis nunca poderão se perder. O pobre receptáculo do caderno não poderia conter tantas lembranças. E eu não preciso de nenhum meio meramente mecânico para registrar teu precioso amor. Por isso ousei desfazer-me do caderno e confiar minhas memórias aos meios que conseguem preservar-te melhor. Guardar um acessório para lembrar-me de ti seria admitir meu esquecimento.

122

Teu presente, o caderno, na cabeça
Trago cheio de eternas impressões;
Não são vãs garatujas que eu esqueça
Com o passar dos meses e estações.
Enquanto a mente e o coração puderem
Ter a força da natural memória;
Enquanto ao olvido os dois não se renderem,
Tua lembrança gravada está na História.
Isso no teu caderno não cabia:
Gráficos não registram nosso amor.
Ousei então doá-lo no outro dia:
Melhor relato eu tenho a teu dispor.
  O lembrar-me de ti por instrumento
  Implicaria em mim o esquecimento.

Shakespeare explica por que se desfez de um caderno em branco que lhe foi dado pelo Belo Rapaz para que nele o poeta registrasse suas lembranças.

2 charactered = escrito. *3 idle rank* = linhas inúteis. *9 That poor retention* = teu caderno. *10 tallies* = marcadores, indicadores. *14 import* = sugerir.

CXXIII

No! Time, thou shalt not boast that I do change:
Thy pyramids built up with newer might
To me are nothing novel, nothing strange;
They are but dressings of a former sight.
Our dates are brief, and therefore we admire
What thou dost foist upon us that is old,
And rather make them born to our desire
Than think that we before have heard them told.
Thy registers and thee I both defy,
Not wond'ring at the present, nor the past,
For thy recòrds, and what we see, doth lie,
Made more or less by thy continual haste.
  This I do vow and this shall ever be:
  I will be true despite thy scythe and thee.

Não, Tempo, tu não poderás alardear que eu mudo. Tuas pirâmides erigidas com renovado vigor não são para mim nenhuma novidade nem surpresa. São apenas novas versões de paisagens do passado. A vida é breve e por isso admiramos as coisas antigas que tu nos impinges como novas e tendemos a concebê-las como feitas para satisfazer nossos desejos, em vez de pensar nelas como algo de que já ouvimos falar antes. Eu desafio tanto a ti como a teus registros. Não me intriga nem o presente nem o passado, pois os teus relatos e o que nós vemos são mentiras, tudo aumentado ou diminuído por tua constante passagem. Isto eu prometo, e isto sempre se constatará: eu serei constante apesar de ti e do teu alfanje.

123

Não, Tempo! Não me digas que mudei.
Essas novas pirâmides pujantes
Não são novas, são coisas que eu já sei,
Enfeites disfarçados já de antes.
A vida é breve, então nós admiramos
O que tu de outros tempos nos impões,
Em nossos sonhos vãos nós o moldamos
Sem lembrar que são tudo adaptações.
Teu passado ou presente não me admira;
A ti e aos teus registros desafio.
Monumentos que vemos são mentira,
Cambiantes frutos de teu ser febril.
  Isto eu prometo e assim é que será:
  Teu alfanje o meu amor não mudará.

Assim como os sonetos 104 e 107, o soneto 123 é minimamente datado, graças à presença de "pirâmides erigidas com renovado vigor". Aqui Shakespeare desafia o Tempo e contra ele opõe sua eterna lealdade.

4 former sight = panorama anterior. *6 foist upon us* = nos apresentas.

CXXIV

If my dear love were but the child of state,
It might for Fortune's bastard be unfathered,
As subject to Time's love, or to Time's hate,
Weeds among weeds, or flowers with flowers gathered.
No, it was builded far from accident;
It suffers not in smiling pomp, nor falls
Under the blow of thrallèd discontent,
Whereto th' inviting time our fashion calls;
It fears not Policy, that heretic,
Which works on leases of short-numb'red hours,
But all alone stands hugely politic,
That it nor grows with heat, nor drowns with show'rs.
   To this I witness call the fools of Time,
   Which die for goodness, who have lived for crime.

Se o meu precioso amor fosse mero fruto das circunstâncias, ele poderia perfeitamente, por um capricho do Destino, ser ilegítimo, por estar sujeito ora ao carinho ora ao ódio da época, sendo mato com o mato ou flor compondo-se com flores. Não, meu amor foi construído longe do simples acaso. Ele é infenso à pompa sorridente; não diminui sob o golpe da aprisionante amargura: isso seria assumir um estilo de vida de acordo com as seduções da época. Ele não teme a política, essa herege que funciona baseada em contratos de curtíssimo prazo; mas atua em total independência, de modo que o calor não o faz crescer, e inundações não o fazem sucumbir. Em testemunho disso eu convoco os tolos do Tempo, os que morrem pelo bem depois de uma vida vivida para o crime.

124

Se só do seu estado o amor é filho,
Poderia ser bastardo e não ter pai,
Sendo ora amado, ora odiado e sem brilho,
Mato com mato, flor que com flor vai.
Não! Ele não é fruto de acidente,
À pompa infenso, jamais cai no chão
Infeliz sob o golpe aprisionante,
Escravizado à moda e seu padrão.
Não teme o mau governo, aquele herético
Que pelo lucro rápido trabalha;
Mas levanta-se impávido, político,
Não cresce no calor, no frio não falha.
Só aos tolos desta época convém
O crime em vida e a morte pelo bem.

Shakespeare descreve seu amor como um sentimento que paira acima das vicissitudes da vida. No dístico que fecha o soneto há uma patente alusão a algum fato histórico não identificado com clareza.

6 smiling = favorável. *7 thralléd discontent* = insatisfação disfarçada. *9 policy* = procedimento calculado. *10 short-numbred hours* = breve espaço de tempo. *11 stands hugely politic* = se impõe totalmente senhor de si.

CXXV

Were't aught to me I bore the canopy,
With my extern the outward honouring,
Or laid great bases for eternity,
Which proves more short than waste or ruining?
Have I not seen dwellers on form and favour
Lose all, and more, by paying too much rent,
For compound sweet forgoing simple savour,
Pitiful thrivers, in their gazing spent?
No, let me be obsequious in thy heart,
And take thou my oblation, poor but free,
Which is not mixed with seconds, knows no art
But mutual render, only me for thee.
  Hence, thou suborned informer! A true soul
  When most impeached stands least in thy control.

De que me adiantaria usufruir do baldaquino pretendendo honrar as aparências com o meu comportamento exterior; ou então lançar sólidas fundações para a eternidade, se elas se mostram mais precárias do que o poder da destruição e da ruína? Acaso eu não vi gente que dependia de formalidades e favores perder absolutamente tudo por pagar um aluguel excessivo; gente que se descuidou das coisas simples da vida em favor de falsas doçuras? Pobres ricos que com suas expectativas se consomem! Não, que eu seja obsequioso ao teu coração, e tu — recebe minha oferenda. Ela é singela, mas espontânea; não contém nada de vulgar e desconhece artifícios, exceto o da entrega mútua: somente eu por ti e tu por mim. Portanto, fora daqui, teimoso informante! Uma alma leal, quanto mais for desacreditada, tanto menos estará sob teu controle.

125

Que lucro teria eu se um baldaquino
Minha externa aparência homenageasse,
Ou se a solenes mansões meu destino
Fugaz como as ruínas eu confiasse?
Eu vi gente formal, favorecida,
Gastar tudo na paga do aluguel,
Na lisonja esquecendo a simples vida,
Pobres ricos de falso olhar de mel.
Ah, não! Que a ti somente eu seja afável.
Meu dom recebe: é pouco, mas sincero;
Não é nada inferior e é confiável:
A nossa entrega mútua é só o que espero.
  Fora, falso informante! Uma alma justa
  Mais é acusada, menos te se ajusta.

Shakespeare declara o que ele realmente ambiciona em seu relacionamento com o Belo Rapaz.

5 dwellers on = os que se apegam a. *6 by paying too much rent* = pagando um aluguel caro demais. *8. in their gazing spent* = em sua bajulação arruinados.

CXXVI

O thou my lovely boy, who in thy power
Dost hold Time's fickle glass, his sickle, hour;
Who hast by waning grown, and therein show'st
Thy lovers withering, as thy sweet self grow'st;
If Nature (sovereign mistress over wrack),
As thou goest onwards still will pluck thee back,
She keeps thee to this purpose, that her skill
May time disgrace and wretched minutes kill.
Yet fear her, O thou minion of her pleasure,
She may detain, but not still keep, her treasure!
  Her audit (though delayed) answered must be,
  And her quietus is to render thee.

Tu, meu querido menino, tens sob teu controle a volúvel ampulheta e a hora do golpe do alfanje fatal. Com o passar do tempo, tu te tornaste mais belo e nisso mostraste teus amantes murchando à medida que foste crescendo. A Natureza, a senhora soberana que controla a deterioração, sempre te puxará para trás enquanto avanças; com astúcia, ela te preserva visando desacreditar o tempo e anular os insignificantes minutos. Todavia, previne-te contra ela, tu que és o queridinho do seu prazer! Ela pode preservar seu tesouro, mas não mantê-lo para sempre. Mesmo que adiada, mais cedo ou mais tarde sua prestação de contas tem de acontecer. E sua quitação consiste em te entregar.

126

Tens, meu Belo Rapaz, sob teu controle agora
A ampulheta do Tempo, o seu alfanje e a hora.
Minguando, só aumentaste, e é nisso que tu expões
Teus amantes murchando enquanto tu te impões.
Se a Natureza, a soberana da ruína,
Enquanto avanças, quer deter a tua sina,
É por uma razão: ela quer com sua arte
O Tempo desgraçar e intacto preservar-te.
Mas cuidado! Tu és brinquedo em seu prazer,
Tesouro que ela vai usar, mas não manter.
A conta (embora tarde) ela deve pagar,
E a quitação final consiste em te entregar.

Temos aqui não um soneto, mas sim um poema de seis dísticos. Exaltando e advertindo o Belo Rapaz, Shakespeare encerra assim a longa sequência de sonetos que lhe dedica.

3 by waning grown = envelhecendo te tornaste mais belo. *5 wrack* = deterioração. *9 minion* = o preferido. *12 quietus* = acerto de contas.

Observação: Esse poema pode ser lido como uma "envoy", ou seja, um ofertório da primeira parte da sequência.

CXXVII

In the old age black was not counted fair,
Or if it were it bore not beauty's name;
But now is black beauty's successive heir,
And beauty slandered with a bastard shame:
For since each hand hath put on Nature's power,
Fairing the foul with art's false borrowed face,
Sweet beauty hath no name, no holy bower,
But is profaned, if not lives in disgrace.
Therefore my mistress' eyes are raven black,
Her eyes so suited, and they mourners seem
At such who not born fair no beauty lack,
Sland'ring creation with a false esteem:
  Yet so they mourn, becoming of their woe,
  That every tongue says beauty should look so.

Nos tempos antigos a cor negra não era considerada bonita; ou, quando era, não era chamada beleza. Mas atualmente a çor negra é herdeira legítima da beleza, e a beleza é difamada e tida como bastarda. Pois, sendo que todo mundo assumiu o poder da Natureza, embelezando o feio com um falso rosto artificial, a doce beleza já não goza de boa fama, nem ocupa nenhum lugar sagrado. Ao contrário, ela é profanada, chegando a cair em desgraça. Por isso os olhos de minha amada são negros como a noite e assim se vestem parecendo estar de luto por aquelas que, não tendo nascido louras, não deixam de ser belas, mas difamam a criação quando são apreciadas por sua falsa beleza. No entanto, o luto deles combina tão bem com sua dor que todas as línguas dizem que essa deveria ser a aparência da beleza.

127

Bonito o negro outrora não seria,
Não era com o belo mencionado;
Já herdeiro é da beleza deste dia
Em que o belo aparece abastardado.
Pois se impõem ao semblante alterações,
E o que é feio é enfeitado em falsa graça,
A beleza sem fama e suas mansões,
É profanada ou vive na desgraça.
Por isso negros são de minha amada
Os olhos que parecem carpideiras
Chorando a falsa loira embelezada
Que difama a criação com suas maneiras.
  Mas nesses olhos aptos com sua dor,
  O mundo vê a beleza já se impor.

Os sonetos que compõem toda a série de 127 a 154 são endereçados a uma misteriosa Dama Escura, a famosa "Dark Lady". Aqui, no primeiro deles, Shakespeare exalta a cor negra como "herdeira legítima da beleza".

3 successive heir = herdeira por sucessão. *5 each hand hath put on* = cada mão humana usurpou. *7 holy bower* = santuário.

CXXVIII

How oft, when thou, my music, music play'st
Upon that blessèd wood whose motion sounds
With thy sweet fingers when thou gently sway'st
The wiry concord that mine ear confounds,
Do I envy those jacks that nimble leap
To kiss the tender inward of thy hand,
Whilst my poor lips, which should that harvest reap,
At the wood's boldness by thee blushing stand!
To be so tickled they would change their state
And situation with those dancing chips
O'er whom thy fingers walk with gentle gait,
Making dead wood more blest than living lips.
  Since saucy jacks so happy are in this,
  Give them thy fingers, me thy lips to kiss.

Quando tu, minha música, música produzes tocando naquelas abençoadas teclas cujo movimento ressoa com teus suaves dedos enquanto vais controlando as harmoniosas cordas que encantam meus ouvidos, quantas vezes sinto inveja daquelas lépidas teclas que saltam para beijar a delicada polpa dos teus dedos, enquanto os meus pobres lábios, que deveriam colher aqueles beijos, se mantêm imóveis corando ante a ousadia das peças de madeira. Para serem assim acariciados eles trocariam seu estado e condição com aquelas teclas dançantes, sobre as quais graciosamente passeiam teus dedos tornando a madeira morta mais abençoada do que os meus lábios vivos. Sendo que essas peças insolentes se alegram tanto com isso, dá-lhes dedos e dá-me teus lábios para eu beijar.

128

Tu, musa, minha música, tocando
No bendito teclado retumbante,
Com teus dedos de leve vais levando
A harmonia a meus ouvidos esfuziante.
Como as teclas invejo, na sua dança,
Beijando a tenra polpa em cada dedo,
Enquanto os lábios meus só na esperança,
Ante as teclas ousadas sentem medo!
Por beijos trocariam com certeza
Sua sorte com as teclas tão contentes,
Sobre as quais vão teus dedos com leveza:
Peças frias superam lábios quentes.
  Mas já que as teclas gostam disso assim,
  Dá-lhes dedos, teus lábios dá pra mim.

Neste soneto, que é provavelmente o mais delicado escrito para a Dama Escura, Shakespeare mostra sua amante executando um número musical tocando uma espineta.

3 sway'st = comandas, conduzes. *4 confounds* = extasia(m). *9 so tickled* = tocados tão suavemente. *13 saucy* = atrevidos.

CXXIX

Th'expense of spirit in a waste of shame
Is lust in action, and till action, lust
Is perjured, murd'rous, bloody, full of blame,
Savage, extreme, rude, cruel, not to trust,
Enjoyed no sooner but despisèd straight,
Past reason hunted, and no sooner had,
Past reason hated as a swallowed bait
On purpose laid to make the taker mad:
Mad in pursuit, and in possession so,
Had, having, and in quest to have, extreme,
A bliss in proof, and proved, a very woe,
Before, a joy proposed, behind, a dream.
  All this the world well knows, yet none knows well
  To shun the heaven that leads men to this hell.

A luxúria em ação é um investimento do espírito vital em vergonhoso desperdício. Até ser praticada, a luxúria é traidora, assassina, sanguinária, execrável, primitiva, exagerada, grosseira, cruel, nada confiável. Desfrutada, é de imediato desprezada. Absurdamente perseguida, assim que é desfrutada é absurdamente odiada, qual isca engolida lançada para enlouquecer o engolidor. Tresloucada na busca e igualmente em seu desfrute. Excessiva antes, durante e depois da experiência. Gozo na prova, provada é verdadeira desgraça. Alegria em perspectiva, em retrospectiva é ilusão. Tudo isso o mundo sabe muito bem. No entanto, ninguém sabe exatamente como evitar o céu que leva os homens a esse inferno.

129

O desperdício seminal da orgia
É sexo e ação; mas antes disso o sexo
É perjuro, é fatal selvageria,
Cruel, culpado, rústico e sem nexo;
É desprezado assim que é desfrutado;
Depois de perseguido, é consumido,
Como isca engolida é odiado
E faz quem a engoliu ensandecido.
Quem o busca enlouquece e quem o tem;
Havido, havendo, a haver — ele é que impera.
Na prova, gozo; provado é desdém;
Prazer antes, depois, uma quimera.
Mas quem sabe, apesar do apelo interno,
Fugir do céu que o leva para o inferno?

Soneto meditativo. Vigoroso sermão sobre o pecado da luxúria. Quem não o comete?

1 expense = dissipação, gasto. *1 spirit* = fluido vital. *1 waste of shame* = algo inútil e vergonhoso. *2 till* = "before".

CXXX

My mistress' eyes are nothing like the sun;
Coral is far more red than her lips' red;
If snow be white, why then her breasts are dun;
If hairs be wires, black wires grow on her head.
I have seen roses damasked, red and white,
But no such roses see I in her cheeks,
And in some perfumes is there more delight
Than in the breath that from my mistress reeks.
I love to hear her speak, yet well I know
That music hath a far more pleasing sound;
I grant I never saw a goddess go —
My mistress when she walks treads on the ground.
  And yet, by heaven, I think my love as rare
  As any she belied with false compare.

Os olhos da minha amada em nada se parecem com o sol. O coral é mais vermelho do que o vermelho dos lábios dela. Se a neve é branca, então seus seios são pardos. Se cabelos são arames, então arames pretos crescem na sua cabeça. Já vi rosas de variegada cor, vermelha e branca, mas não vejo rosas assim nas faces dela. Em alguns perfumes há mais prazer do que no bafo que sua boca exala. Gosto de ouvi-la falar, mas bem sei que o som da música é muito mais agradável. Admito que nunca vi uma deusa passar; minha amada, quando caminha, pisa firme no chão. E, no entanto, pelos céus, acho que minha amada é tão extraordinária quanto qualquer mulher mal representada por meio de falsas comparações.

130

Do sol os olhos dela não têm nada,
Do coral sua boca também não.
Se branca é a neve, a sua pele é parda,
E o cabelo é bombril e escuridão.
Já vi rosas vermelhas, rosa e brancas,
Mas de rosas suas faces não têm cor.
Mais me agradam algumas das fragrâncias
Do que o bafo normal do meu amor.
Adoro a sua voz, mas melodias
Em mim provocam maior emoção.
Não sei como uma deusa pisaria,
Minha amante pisa firme, no chão.
  E contudo ela é tão ou mais dotada
  Que ou quanto a falsamente comparada.

Neste soneto realista, nitidamente antipetrarquiano, Shakespeare celebra a beleza nua e crua da Dama Escura.

5 damasked = de cores misturadas. *8 reeks* = forma do verbo "to reek", emitir um cheiro forte e desagradável. *11 go* = caminhar. *13 as rare* = tão rara. *14 belied* = falsamente elogiada.

CXXXI

Thou art as tyrannous, so as thou art,
As those whose beauties proudly make them cruel;
For well thou know'st to my dear doting heart
Thou art the fairest and most precious jewel.
Yet in good faith some say that thee behold,
Thy face hath not the power to make love groan;
To say they err, I dare not be so bold,
Although I swear it to myself alone.
And to be sure that is not false I swear,
A thousand groans, but thinking on thy face
One on another's neck do witness bear
Thy black is fairest in my judgment's place.
  In nothing art thou black save in thy deeds,
  And thence this slander as I think proceeds.

Sendo exatamente como és, tu és tão tirana como aquelas que, por seu orgulho, a beleza torna cruéis. Tu bem sabes que, para o meu coração apaixonado, tu és a joia mais bela e mais preciosa. No entanto, falando sinceramente, alguns que te observam dizem que teu rosto não tem o poder de arrancar suspiros de amor. Não ouso afirmar que eles estão errados, embora o jure para mim mesmo na solidão. E, comprovando que o meu juramento não é falso, ante a simples lembrança do teu rosto mil gemidos em atropelo atestam que a meu ver a tua cor negra é a mais bela. Tu não és negra em nada, a não ser em tuas ações. E daí, presumo eu, procede essa difamação.

131

Do jeito que tu és, tu és cruel,
Como a bela tirana celebrada;
Tu sabes: neste coração fiel
És a joia preciosa e cobiçada.
Mas há quem te contempla honestamente
E diz que ninguém fazes suspirar;
Não ouso desmentir toda essa gente,
Pois sei que só por mim posso jurar.
Minha jura vou logo comprovando
Num tropel de suspiros sem querer
Só de lembrar-te, assim testemunhando
Que a tua cor negra é a mais bela a meu ver.
  Em nada és negra, exceto no que fazes,
  E disso nascem falas tão mordazes.

Shakespeare reflete sobre a tirana beleza da Dama Escura e sobre o provável fundamento das calúnias contra ela.

12 in my judgment's place = na minha avaliação.

CXXXII

Thine eyes I love, and they, as pitying me,
Knowing thy heart torment me with disdain,
Have put on black, and loving mourners be,
Looking with pretty ruth upon my pain.
And truly not the morning sun of heaven
Better becomes the grey cheeks of the east,
Nor that full star that ushers in the even
Doth half that glory to the sober west
As those two mourning eyes become thy face.
O let it then as well beseem thy heart
To mourn for me, since mourning doth thee grace,
And suit thy pity like in every part.
  Then will I swear beauty herself is black,
  And all they foul that thy complexion lack.

Amo teus olhos. Eles, como se tivessem dó de mim, sabendo que o teu coração me atormenta com seu desdém, vestiram-se de negro e são belos em seu luto, contemplando com doce compaixão a minha dor. E, realmente, nem o sol do céu matinal combina melhor com as faces cinzentas do oriente, nem aquela estrela enorme que anuncia o anoitecer confere ao sóbrio ocidente metade do esplendor que esses dois olhos enlutados conferem ao teu rosto. Ah, deixa então que teu luto também combine com o teu coração para chorar por mim, uma vez que ele te faz graciosa e te reveste de compaixão toda por inteiro. Então eu jurarei que tua própria beleza é negra, e feios são todos os que não têm a tua cor.

132

Teus olhos amo. Eles, dó fingindo,
Ante o desprezo do teu coração,
Vestiram-se de negro e, em luto lindo,
Contemplam minha dor em compaixão.
Mas de fato nem a luz matutina
Enfeita mais o cinza do oriente;
Nem vésper quando plena predomina
Mais esplendor exibe no ocidente
Que o luto dos teus olhos na tua face.
Ah! Deixa o coração também chorar
Por mim, deixa que o choro te realce
Até cobrir-te inteira, por igual.
  Pois que a beleza é negra então eu juro,
  E quem outra cor tiver declaro impuro.

Shakespeare vê compaixão nos olhos da Dama Escura e desdém no coração dela.

2 torment = "to torment" (forma infinitiva). *4 ruth* = dó. *8 glory* = beleza, honra. *10 it* = ação do luto. *10 beseem* = embeleza. *14 foul* = vil, sujo.

CXXXIII

Beshrew that heart that makes my heart to groan
For that deep wound it gives my friend and me!
Is't not enough to torture me alone,
But slave to slavery my sweet'st friend must be?
Me from myself thy cruel eye hath taken,
And my next self thou harder hast engrossed:
Of him, myself, and thee I am forsaken,
A torment thrice threefold thus to be crossed.
Prison my heart in thy steel bosom's ward,
But then my friend's heart let my poor heart bail;
Whoe'er keeps me, let my heart be his guard,
Thou canst not then use rigour in my jail.
  And yet thou wilt, for I, being pent in thee,
  Perforce am thine, and all that is in me.

Maldito seja aquele coração que faz meu coração gemer pela profunda ferida que ele provoca em mim e em meu amigo. Não lhe basta torturar-me a mim somente; precisa submeter meu mais doce amigo à escravidão? Teu olhar cruel de mim mesmo me privou, e o meu quase-eu mais cruelmente tu monopolizaste. Dele, de mim mesmo e de ti fui privado; tríplice suplício ser contrariado desse jeito. Prende o meu pobre coração na cela de aço do teu peito, mas depois deixa que ele resgate o coração do meu amigo. Independentemente de quem me prenda, permite que meu coração seja o presídio dele. Tu não podes então fazer uso de crueldades no meu cárcere. E, no entanto, tu vais fazer, pois, estando preso em ti, eu necessariamente te pertenço com tudo o que em mim existe.

133

Maldito o coração que me atormenta
Ferindo-me tão fundo e ao meu amigo!
Com torturar-me só não se contenta,
Escravo de outro escravo quer consigo.
Olhar cruel, de mim me tens roubado,
No outro, bem pior foi tua maldade;
De mim, de ti e dele sou privado,
Tormento triplo em tríplice impiedade.
Em tua prisão de aço então me guarda,
Mas deixa-me afiançar o meu amigo;
Se meu coração preso for seu guarda,
Já não será cruel o teu castigo.
  Mas será sim, pois eu, teu prisioneiro,
  Sou teu à força, todo, por inteiro.

Depois de falar da tirania da beleza da Dama Escura (soneto 131) e do desdém do coração dela, Shakespeare introduz pela primeira vez nesta série o triângulo amoroso que lamentavelmente se criou por culpa da mulher.

6 engrossed = tomaste. *8 thrice threefold* = três vezes triplicado.

CXXXIV

So now I have confessed that he is thine,
And I myself am mortgaged to thy will,
Myself I'll forfeit, so that other mine
Thou wilt restore to be my comfort still:
But thou wilt not, nor he will not be free,
For thou art covetous, and he is kind;
He learned but surety-like to write for me
Under that bond that him as fast doth bind.
The statute of thy beauty thou wilt take,
Thou usurer, that put'st forth all to use,
And sue a friend came debtor for my sake,
So him I lose through my unkind abuse.
   Him have I lost, thou hast both him and me;
   He pays the whole, and yet am I not free.

Assim eu agora confessei que ele é teu, e eu mesmo estou hipotecado às tuas vontades. Eu serei a garantia a fim de que tu me devolvas aquele outro eu para meu conforto. Mas tu não farás isso, e ele tampouco deseja libertar-se, pois tu és possessiva, e ele carinhoso. Ele assinou por mim apenas como meu fiador, mas agora, pelo vínculo assumido, ele está tão fortemente comprometido quanto eu. Tu tomarás tudo o que te permite o estatuto da tua beleza. Tu és uma usurária que, pelo lucro, lança mão de qualquer coisa e processa um amigo que por minha causa se endividou. Assim eu o perco devido ao tratamento desnaturado e cruel que me dispensas. A ele eu perdi; tu tens a ele e a mim. Ele paga tudo, e mesmo assim eu não me livro da dívida.

134

Assim já confessei que ele é teu,
Que, hipotecado, estou a teu dispor,
E dou-me em troca pelo outro eu:
Tu o devolves pra assim me recompor.
Mas sei: nem tu, nem ele aceitará,
Ele por ser bom, tu por tua cobiça;
Procurador meu, ele assinou já
O vínculo que aos dois nos compromissa.
De ser bela os direitos reivindicas:
Agiota, de tudo te aproveitas,
O devedor amigo me confiscas,
E assim o perco por tuas desfeitas.
  Eu o perdi, e tu os dois ganhaste;
  Ele deu tudo, e não me alforriaste.

Shakespeare lamenta a enrascada em que se meteu envolvendo também o Belo Rapaz.

7 learned = foi orientado (para assinar por mim). *9 wilt take* = invocarás. *10 put'st forth all to use* = usarás todos os meios. *12 through my unkind abuse* = duas interpretações possíveis: pelo modo cruel como o tratei, ou pelo modo cruel como fui tratado.

CXXXV

Whoever hath her wish, thou hast thy Will,
And Will to boot, and Will in overplus;
More than enough am I that vex thee still,
To thy sweet will making addition thus.
Wilt thou, whose will is large and spacious,
Not once vouchsafe to hide my will in thine?
Shall will in others seem right gracious,
And in my will no fair acceptance shine?
The sea, all water, yet receives rain still,
And in abundance addeth to his store;
So thou being rich in Will add to thy Will
One will of mine, to make thy large Will more.
  Let no unkind, no fair beseechers kill;
  Think all but one, and me in that one Will.

Qualquer outra mulher consegue o seu desejo. Tu tens o teu Will, outro Will e mais um terceiro Will por cima. Mais que suficiente sou eu, que sempre te assedio, somando-me assim à tua doce will. Será que tu com essa will larga e espaçosa nem sequer uma vez te dignas a deixar-me esconder nela o meu will? Será que o will dos outros parece perfeitamente aceitável, mas para o meu não cabe nenhuma justa aceitação? O mar, todo água, ainda assim recebe a chuva e na abundância vai somando a sua riqueza. Assim tu, rica de Wills, acrescenta ao teu Will o meu will para com ele aumentar em número os teus Wills. Não permitas que nenhuma aspereza mate nenhum belo pretendente. Considera que todos os Wills são um só, e assim eu estou naquele Will.

135

Outras têm seu querer, tu tens o Will,
Outro Will e mais outro Will por cima.
Te basto eu que sempre te assedio,
À tua doce will somando rima.
Não posso em tua will larga e espaçosa
Ocultar o meu will uma vez só?
Só o will dos outros é coisa graciosa,
E em meu will não brilha nenhum dó?
Um mar de água a chuva aceita a mais
E abundante à abundância vai somar;
Tu, rica de Wills, ao teu Will darás
Um will meu para teus Wills aumentar.
  Com belos pretendentes sê gentil;
  São todos um — sou eu naquele Will.

Depois de sofrer o ferimento da traição (soneto 133) e lamentar a enrascada em que se meteu (134), envolvendo o Belo Rapaz, Shakespeare apela para a sátira, feita do mais puro deboche.

l Will = o marido da Dama Escura. *2. to boot* = in addition, a mais. *2a. Will* = o Belo Rapaz. *2b Will* = William Shakespeare. *3 vex* = procuro. *4 will* = desejo. *5 will* = vagina. *6, 7 e 8 will* = desejo; pênis. *11a e 11b Will* = Wills, vários homens cujo apelido é Will. *12 will* = desejo; pênis. *12 Will* = quantidade de Wills. *13 no unkind* = nenhuma recusa. *14 Will* = o marido, a coleção de Wills.

CXXXV-B

Whoever hath her wish, thou hast thy Will,
And Will to boot, and Will in overplus;
More than enough am I that vex thee still,
To thy sweet will making addition thus.
Wilt thou, whose will is large and spacious,
Not once vouchsafe to hide my will in thine?
Shall will in others seem right gracious,
And in my will no fair acceptance shine?
The sea, all water, yet receives rain still,
And in abundance addeth to his store;
So thou being rich in Will add to thy Will
One will of mine, to make thy large Will more.
  Let no unkind, no fair beseechers kill;
  Think all but one, and me in that one Will.

Qualquer outra mulher consegue o seu desejo. Tu tens o teu Miro, outro Miro e mais um terceiro Miro por cima. Mais que suficiente sou eu que sempre te assedio, somando-me assim à tua doce mira. Será que tu com essa mira larga e espaçosa nem sequer uma vez te dignas deixar-me esconder nela o meu miro? Será que o miro dos outros parece perfeitamente aceitável, mas para o meu não cabe nenhuma justa aceitação? O mar, todo água, ainda assim recebe a chuva e na abundância vai somando a sua riqueza. Assim tu, rica de Miros, acrescenta ao teu Miro o meu miro para com ele aumentar em número os teus Miros. Não permitas que nenhuma aspereza mate nenhum belo pretendente. Considera que todos os Miros são um só, e assim eu estou naquele Miro.

135-B

Outras têm o seu querer, tu tens o Miro,
Outro Miro e mais um Miro por cima.
Te basto eu que sempre te prefiro;
À tua doce mira somo rima.
Não posso em tua mira ampla e espaçosa
Guardar este meu miro uma vez só?
Só o miro dos outros coisa é graciosa,
Meu miro não merece nenhum dó?
Um mar de água a chuva aceita a mais
E abundante à abundância vai somar;
Tu, rica do Miro, ao Miro adirás
Meu miro para mais Miros guardar.
  Com belos pretendentes eu sugiro:
  Vê todos num, e eu naquele Miro.

Nos sonetos 135B e 136B o tradutor tomou para si a liberdade de exercer o direito que, segundo Horácio, cabe aos pintores e poetas. "Pictoribus atque poetis / quidlibet audendi semper fuit aequa potestas." Sempre coube aos pintores e aos poetas a liberdade de tudo ousar. Presume-se assim que o tradutor de um poema cria um novo poema, que é seu, partindo obviamente do estímulo de um poema criado antes em outra língua. Isso explica, neste caso, a substituição do nome do autor do poema original, Will, pelo nome do autor do poema traduzido.

CXXXVI

If thy soul check thee that I come so near,
Swear to thy blind soul that I was thy Will,
And will thy soul knows is admitted there;
Thus far for love, my love-suit, sweet, fulfil.
Will will fulfil the treasure of thy love,
Ay, fill it full with wills, and my will one.
In things of great receipt with ease we prove
Among a number one is reckoned none:
Then in the number let me pass untold,
Though in thy store's account I one must be;
For nothing hold me, so it please thee hold
That nothing me, a something sweet to thee.
  Make but my name thy love, and love that still,
  And then thou lovest me for my name is Will.

Se tua consciência te acusar de eu ter toda essa intimidade contigo, jura à tua alma cega que eu fui o teu Will. Ela sabe que ali o will tem livre acesso. Nessa medida, por um ato de amor, ouve, amada minha, minhas súplicas amorosas. O Will vai preencher de amor a tua preciosa will. Sim, enche-a por completo de wills, e um deles será o meu. Em coisas de grande capacidade, nós podemos comprovar que entre muitos um só não é ninguém. Sendo assim, deixa que na multidão eu passe despercebido, embora em teu inventário eu deva ser mais um item. Tem-me na conta de nada, querida, desde que esse meu nada seja visto como algo precioso para ti. Apaixona-te apenas por meu nome e ama-o sempre, e assim tu me amarás, pois meu nome é Will.

136

Se a tua consciência não me quer por perto,
Jura a essa cega que eu era o teu Will;
Ela sabe: este will tem passe certo;
Por me amar, meu amor, mata teu cio.
Este Will preencherá o teu tesouro:
Entre muitos wills estará o meu.
Não é raro notar num sorvedouro
Que em meio a muitos um já se perdeu.
Quero estar entre tantos disfarçado;
Mais um em teu estoque devo ser.
Sou teu nada, então segura apertado:
Esse meu nada será teu prazer.
  Ama meu nome com amor febril,
  Que assim me amas, pois me chamo Will.

Continua aqui a sátira debochada do soneto anterior.

2 Will = seu amante atual ou, talvez, seu marido. *3 will* = o pênis. *5 Will* = Shakespeare? *5 the treasure of thy love* = óbvia alusão à vagina. *6 wills* = pênis (no plural). *10 store's account* = contagem de itens no estoque. *12 nothing me* = o nada que sou eu. *14 Will* = forma reduzida do nome de William Shakespeare.

CXXXVI-B

If thy soul check thee that I come so near,
Swear to thy blind soul that I was thy Will,
And will thy soul knows is admitted there;
Thus far for love, my love-suit, sweet, fulfil.
Will will fulfil the treasure of thy love,
Ay, fill it full with wills, and my will one.
In things of great receipt with ease we prove
Among a number one is reckoned none:
Then in the number let me pass untold,
Though in thy store's account I one must be;
For nothing hold me, so it please thee hold
That nothing me, a something sweet to thee.
  Make but my name thy love, and love that still,
  And then thou lovest me for my name is Will.

Se tua consciência te acusar de eu ter toda essa intimidade contigo, jura à tua alma cega que eu fui o teu Miro. Ela sabe que ali o miro tem livre acesso. Nessa medida, por um ato de amor, ouve, amada minha, minhas súplicas amorosas. O Miro vai preencher de amor a tua preciosa mira. Sim, enche-a por completo de miros, e um deles será o meu. Em coisas de grande capacidade, nós podemos comprovar que entre muitos um só não é ninguém. Sendo assim, deixa que na multidão eu passe despercebido, embora em teu inventário eu deva ser mais um item. Tem-me na conta de nada, querida, desde que esse meu nada seja visto como algo precioso para ti. Apaixona-te apenas por meu nome e ama-o sempre, e assim tu me amarás, pois meu nome é Miro.

136-B

Se a tua consciência não me quer por perto,
Jura a essa cega que eu era o teu Miro;
Teu Miro, bem sabes, tem passe certo.
Por amor, me dá, amor, o que prefiro.
O Miro satisfaz o teu tesouro.
E entre muitos miros vai o meu.
Não é raro notar num sorvedouro
Que em meio à multidão um se perdeu.
Quero estar entre tantos disfarçado;
Mais um em teu estoque devo ser.
Sou teu nada, então segura apertado
Esse nada, que é teu doce prazer.
Ama meu nome, sempre em teu suspiro,
Que assim me amas, pois meu nome é Miro.

Ver comentário ao soneto 135B.

CXXXVII

Thou blind fool, Love, what dost thou to mine eyes,
That they behold, and see not what they see?
They know what beauty is, see where it lies,
Yet what the best is take the worst to be.
If eyes, corrupt by over-partial looks,
Be anchored in the bay where all men ride,
Why of eyes' falsehood hast thou forgèd hooks,
Whereto the judgment of my heart is tied?
Why should my heart think that a several plot,
Which my heart knows the wide world's common place?
Or mine eyes seeing this, say this is not,
To put fair truth upon so foul a face?
  In things right true my heart and eyes have erred,
  And to this false plague are they now transferred.

Amor, seu tolo cego, que fazes com meus olhos que olham e não enxergam o que veem? Eles sabem o que é a beleza, veem onde ela está e, no entanto, o que é melhor é visto como o pior. Se os meus olhos, corrompidos por uma visão parcial do amor, ancoram nessa baía onde todos os homens atracam seu barco, por que tu, com as mentiras dos olhos, forjaste anzóis que fisgam o juízo do meu coração? Por que meu coração deveria julgar como propriedade particular esse terreno que ele sabe ser de todo mundo? Ou por que meus olhos, vendo isso, não o dizem, estampando a bela verdade nessa cara tão horrível? Em questões genuinamente virtuosas meus olhos e meu coração erraram e agora eles contraíram essa doença da falsidade.

137

Que fazes com meus olhos, cego Amor,
Que olham, mas não veem o que estão vendo?
Conhecem a beleza e o seu melhor,
Mas o pior acabam escolhendo.
Se vítimas de olhares parciais,
No cais comum os homens vão parar,
Por que do falso olhar forjaste anzóis
Capazes de meu coração fisgar?
Por que meu coração julgou ser seu,
O que sabe que é de todo mundo?
Por que o meu olhar que viu não creu
E o vero não apôs a um rosto imundo?
  Olhar e coração no certo errados,
  Da falsa peste foram infectados.

Como fará nos sonetos 141 e 148, Shakespeare critica a cegueira do seu amor pela Dama Escura, aqui mostrada como uma mulher promíscua.

6 bay = alusão metafórica ao órgão sexual feminino. *6 ride* = praticam o coito. *7 of* = “with”. *8 judgment* = capacidade de julgamento. *9 several plot* = propriedade exclusiva. *10 knows* = “knows to be”.

CXXXVIII

When my love swears that she is made of truth,
I do believe her, though I know she lies,
That she might think me some untutored youth,
Unlearnèd in the world's false subtleties.
Thus vainly thinking that she thinks me young,
Although she knows my days are past the best,
Simply I credit her false-speaking tongue:
On both sides thus is simple truth suppressed.
But wherefore says she not she is unjust?
And wherefore say not I that I am old?
O love's best habit is in seeming trust,
And age in love loves not t'have years told.
  Therefore I lie with her, and she with me,
  And in our faults by lies we flattered be.

Quando minha amada jura que ela é só verdade, eu acredito nela, embora saiba que é mentira, a fim de que ela me ache um jovem ingênuo, desconhecedor das falsas sutilezas do mundo. Assim, vaidosamente julgando que ela me acha jovem, mesmo sabendo que os meus melhores anos já passaram, eu simplesmente acredito em sua falsa conversa. Mas por que ela não diz que mente? Por que eu não digo que estou velho? Ora, o melhor hábito do amor é aparentar confiança. E no amor a idade não gosta de ter seus anos contados. Por isso me deito e minto com ela, e ela comigo. E, com nossos defeitos, mentindo e amando nos lisonjeamos.

138

Meu amor jura que ela é só verdade;
Acredito sabendo que ela mente.
Quero ser para ela a ingenuidade
Que o falso mundo engana facilmente.
Assim achando que ela me acha jovem,
Mesmo sabendo que já fui melhor,
Acato o que os falsos lábios promovem:
Para os dois a verdade é sem valor.
Por que ela não mostra o seu defeito?
Por que eu não digo a minha idade agora?
No amor fingir é sempre o melhor jeito,
E gente apaixonada a idade ignora.
  Por isso vamos juntos para a cama
  Na lisonja de quem somente ama.

Neste soneto bastante cínico Shakespeare descreve um amor puramente físico que convive bem com as mútuas mentiras dele e dela.

1 made of truth = honesta, sincera. *3 untutored* = não escolado. *7 credit* = dou crédito a. *9, 10 wherefore* = "why". *11 habit* = atitude. *11 seeming* = aparente. *13 lie with her* = minto com ela, me deito com ela. *14 lies* = mentiras, relações sexuais.

CXXXIX

O call not me to justify the wrong
That thy unkindness lays upon my heart;
Wound me not with thine eye but with thy tongue;
Use power with power, and slay me not by art.
Tell me thou lov'st elsewhere; but in my sight,
Dear heart, forbear to glance thine eye aside;
What need'st thou wound with cunning when thy might
Is more than my o'erpressed defence can bide?
Let me excuse thee: 'Ah, my love well knows
Her pretty looks have been mine enemies,
And therefore from my face she turns my foes,
That they elsewhere might dart their injuries.'
  Yet do not so, but since I am near slain,
  Kill me outright with looks, and rid my pain.

Ah, não me peças que justifique os erros que a tua insensibilidade impõe ao meu coração. Não me machuques com o olhar, mas sim com a língua. Usa a tua força pura e simplesmente e não me mates com estratagemas. Dize-me que amas outras pessoas, mas na minha presença, meu caro amor, evita olhares indiscretos. Por que precisas me ferir com astúcias, se tens poder mais que suficiente para destruir minhas defesas? Deixa-me desculpar-te: "Ora, a minha amada sabe muito bem que seus olhares ardilosos têm sido meus inimigos. Por isso mesmo ela desvia do meu rosto esses inimigos para que eles desfiram suas flechas contra outros alvos". Mas, não faças isso! Pelo contrário, já que estou quase morto, mata-me de uma vez com teus olhares e livra-me deste tormento.

139

Não queiras que eu teu erro justifique
E a dor que causas ao meu coração.
Tua língua, não o olhar, me crucifique:
Trucida-me com força, sem traição.
Menciona os teus amores; mas comigo,
Querida, evita olhares indiscretos.
Pra que trapaças se já tens contigo
Poderes sobre mim mais que completos?
Eu já entendi: "Meu bem deixa bem claro:
Meu inimigo está em seu lindo olhar;
Contra mim ela evita o seu disparo,
Procurando outros alvos machucar".
  Não faças isso; eu já estou quase morto.
  Mata-me de olhar, dá-me esse conforto.

Shakespeare descreve a dor da traição praticada em público. Tenta racionalizar — mas aqui isso não funciona.

4 art = astúcias. *7 cunning* = artifícios. *14 rid* = acaba com.

CXL

Be wise as thou art cruel, do not press
My tongue-tied patience with too much disdain,
Lest sorrow lend me words, and words express
The manner of my pity-wanting pain.
If I might teach thee wit, better it were,
Though not to love, yet, love, to tell me so —
As testy sick men, when their deaths be near,
No news but health from their physicians know.
For if I should despair, I should grow mad,
And in my madness might speak ill of thee;
Now this ill-wresting world is grown so bad,
Mad slanderers by mad ears believèd be.
  That I may not be so, nor thou belied,
  Bear thine eyes straight, though thy proud heart go wide.

Sê sábia como és cruel. Não pressiones com excessivo desdém minha paciência calada, para evitar que a dor me empreste palavras, e elas expressem como sinto a tua falta de compaixão. Se eu pudesse, te ensinaria um pouco de prudência: melhor seria, mesmo sem amar, ainda assim, meu amor, dizer que me amas. Sou como aqueles homens melindrosos que, perto da morte, só ouvem de seu médico notícias de melhora. Pois, se eu tivesse de entrar em desespero, enlouqueceria e, na loucura, poderia falar mal de ti. Ora, este mundo maldoso deteriorou-se tanto que ouvintes loucos acreditam em caluniadores malucos. Para que isso não aconteça comigo e tu não sejas caluniada, concentra em mim os teus olhares, mesmo que o teu coração devasso se desgarre.

140

Sê sábia se és cruel! Que não se fira
Meu paciente silêncio com desdém.
Que a mágoa as palavras não sugira
À minha dor que nenhum dó contém.
Se queres ser esperta, tu devias
Dizer "te amo", mesmo que sem provas;
Assim doentes brabos certos dias
Só podem dar ouvidos a boas novas.
Se entro em desespero, eu enlouqueço
E na loucura tu serás maldita;
E o mundo mentiroso é tão avesso
Que um louco mente e outro louco acredita.
  Me poupa e não serás desmascarada;
  Respeita-me, apesar de depravada.

Shakespeare suplica à Dama Escura que se comporte com discrição para que ele não enlouqueça e fale barbaridades.

4 my pity-wanting pain = meu sofrimento que carece de compaixão. *5 wit* = sabedoria, juízo. *6 to love* = "loving". *7 testy* = irascíveis. *11 ill--wresting* = mentiroso. *12 slanderers* = caluniadores. *14 Bear thine eyes straight* = controla os teus olhos.

CXLI

In faith, I do not love thee with mine eyes,
For they in thee a thousand errors note,
But 'tis my heart that loves what they despise,
Who in despite of view is pleased to dote.
Nor are mine ears with thy tongue's tune delighted,
Nor tender feeling to base touches prone,
Nor taste, nor smell, desire to be invited
To any sensual feast with thee alone;
But my five wits nor my five senses can
Dissuade one foolish heart from serving thee,
Who leaves unswayed the likeness of a man,
Thy proud heart's slave and vassal wretch to be.
  Only my plague thus far I count my gain,
  That she that makes me sin awards me pain.

De fato, eu não te amo com os olhos, pois eles em ti notam mil mazelas. É o meu coração que ama o que eles desprezam e, apesar do que eles veem, sente prazer em estar apaixonado por ti. Os ouvidos tampouco se deleitam com o som de tua voz; e meu delicado sentimento não se comove com teu assédio vulgar. Nem o paladar nem o olfato desejam ser convidados a um banquete sensual a sós contigo. Mas nem minhas cinco faculdades nem meus cinco sentidos conseguem dissuadir o coração insensato de servir a ti, que deixas desgovernado um simulacro humano feito mísero escravo do teu orgulhoso coração. Só nesse sentido eu realmente reconheço que minha paixão doentia leva uma vantagem: aquela que me faz pecar determina a dimensão apropriada do meu castigo.

141

De fato, não te amo com o olhar,
Pois ele em ti percebe mil mazelas.
O coração contudo quer te amar
Satisfeito, apesar do que revelas.
Tua voz aos meus ouvidos não agrada,
São sem ternura os toques que propões.
Desejo, gosto e cheiro teus são nada,
Não pedem sensuais celebrações.
Mas não vão faculdade nem sentido
Impedir meu coração de te servir,
E tu o deixas sem leme e tão perdido:
Ser vil vassalo e escravo é seu porvir.
  Só vejo um bem na praga que maldigo:
  A que me faz pecar me dá o castigo.

Como lá atrás, no soneto 137, e mais adiante, no 148, aqui também Shakespeare lamenta a cegueira do seu amor pela Dama Escura. Ver também, soneto 130.

1 In faith = realmente. *4 to dote* = apaixonar-se. *6 base touches* = propostas indecorosas. *9 wits* = dons inatos: bom senso, imaginação, fantasia, instinto e memória.

CXLII

Love is my sin, and thy dear virtue hate,
Hate of my sin, grounded on sinful loving.
O but with mine compare thou thine own state,
And thou shalt find it merits not reproving,
Or if it do, not from those lips of thine,
That have profaned their scarlet ornaments,
And sealed false bonds of love as oft as mine,
Robbed others' beds' revènues of their rents.
Be it lawful I love thee as thou lov'st those
Whom thine eyes woo as mine importune thee:
Root pity in thy heart, that when it grows
Thy pity may deserve to pitied be.
  If thou dost seek to have what thou dost hide,
  By self-example mayst thou be denied.

O amor é o meu pecado, e a tua virtude é o ódio, ódio do meu pecado que nasceu de uma paixão pecaminosa. Mas compara simplesmente o meu estado com o teu — e tu perceberás que ele não merece reprovação. Ou, se merece, não é a desses teus lábios que profanam seu belo escarlate selando falsas promessas de amor tão frequentemente quanto os meus, privando outras mulheres das vantagens de seus leitos nupciais. Que me seja permitido te amar como tu amas aqueles que teus olhos cortejam do mesmo modo que os meus te assediam. Planta a compaixão no teu coração para que, depois de crescer, ela mereça compaixão. Se quiseres ter o que te recusas a mostrar, de acordo com o teu próprio exemplo poderás ver esse mesmo sentimento a ti recusado.

142

Amar, meu pecado; odiar, tua virtude.
Odeias meu amor por ser pecado,
Mas comparando à minha a tua atitude,
Verás que não mereço o tom irado,
Não se ele provier dos lábios teus,
Cujo rubro escarlate tu profanas
Selando amores falsos como os meus,
Roubando alheias rendas de outras camas.
Que eu possa amar-te como tu amando
Procuras outro olhar, e eu te importuno.
Põe piedade em tua alma para quando
Piedade precisares por teu turno.
  Se a buscas sem aos outros não dar nada,
  Por tua lição podes tê-la negada.

Declarando que seu pecado é o amor que sente pela Dama Escura e que a virtude dela é seu ódio do pecado dele, Shakespeare pede compaixão — que gera compaixão.

7 bonds = contratos. *8 their rents* = suas rendas. *9 lawful* = legítimo. *10 importune thee* = te suplicam. *13 dost hide* = não mostras, escondes.

CXLIII

Lo, as a careful huswife runs to catch
One of her feathered creatures broke away,
Sets down her babe and makes all swift dispatch
In pùrsuit of the thing she would have stay,
Whilst her neglected child holds her in chase,
Cries to catch her whose busy care is bent
To follow that which flies before her face,
Not prizing her poor infant's discontent:
So runn'st thou after that which flies from thee,
Whilst I, thy babe, chase thee afar behind;
But if thou catch thy hope, turn back to me,
And play the mother's part, kiss me, be kind.
  So will I pray that thou mayst have thy Will,
  If thou turn back and my loud crying still.

Olha, quando uma diligente dona de casa corre para pegar uma de suas criaturas penosas que fugiu, ela larga o seu bebê e dispara atrás da ave que deseja prender, enquanto seu filho abandonado vai atrás dela e chora querendo agarrar-se àquela que só se preocupara em perseguir a que corre à sua frente, sem levar em conta o desespero de sua pobre criancinha. Assim tu corres atrás do que foge de ti, enquanto eu, teu bebê, de longe vou te seguindo. Mas, se tu apanhares o que sonhas, volta para mim e faz teu papel de mãe: me beija, sê carinhosa. Então vou rezar para que possas ter o teu Will, desde que voltes e acalmes o meu berreiro.

143

Olha, como a zelosa mulher sai
Atrás de uma galinha fugitiva,
Deixando o seu filhinho e veloz vai
Caçar a ave que ela quer cativa,
Enquanto a criancinha vai também
E chora por aquela que só quer
Seguir a que voando vai além,
Esquecendo a criança e seu mister;
Assim do que te foge vais atrás,
Enquanto eu, teu bebê, vou te seguindo;
Se o que queres pegares, voltarás
Com um beijo de mãe e o riso lindo?
  Então rezo: que tenhas o que queres,
  Se de volta acalmar-me então puderes.

Uma cena rural muito estranha caracteriza este soneto. O quadro envolve uma galinha fujona, uma mulher (a Dama Escura) e um bebê chorão (Shakespeare).

3 Sets down = põe no chão. *5 holds her in chase* = corre atrás. *8 Not prizing* = desprezando. *13 thy Will* = amante da Dama Escura (não Shakespeare). *14 still* = silencies.

CXLIV

Two loves I have, of comfort and despair,
Which like two spirits do suggest me still:
The better angel is a man right fair;
The worser spirit a woman coloured ill.
To win me soon to hell my female evil
Tempteth my better angel from my side,
And would corrupt my saint to be a devil,
Wooing his purity with her foul pride.
And whether that my angel be turned fiend,
Suspect I may, yet not directly tell,
But being both from me, both to each friend,
I guess one angel in another's hell.
  Yet this shall I ne'er know, but live in doubt,
  Till my bad angel fire my good one out.

Eu tenho dois amores: um traz conforto; o outro, desespero. Como dois espíritos, eles estão sempre me tentando. O anjo bom é um homem perfeitamente louro; o espírito mau é uma mulher da cor do mal. Querendo me conquistar logo para o inferno, meu mal-mulher tenta afastar-me do anjo bom. Ela gostaria de corromper meu santo transformando-o num demônio, seduzindo sua pureza com suas insinuações perversas. Eu tenho minhas suspeitas, mas não saberia dizer se meu anjo bom já se transformou num demônio. Mas, sendo que os dois estão longe de mim e são amigos, imagino que um está no antro do outro. Todavia, nunca terei certeza e viverei na dúvida, até que o anjo mau infecte o bom.

144

Dois amores, conforto e desespero,
Dois espíritos sempre me tentando:
Um anjo bom, um louro todo esmero,
Uma negra, um anjo que é nefando.
Querendo-me no inferno o que é mulher,
De mim o anjo bom quer ver distante;
Dum santo faz demônio quando o quer,
Entregando-se para tê-lo amante.
Suspeito, sem saber se é verdade
Que o anjo que era bom é um diabo alterno;
Os dois longe de mim, na intimidade,
Um deve ter o outro em seu inferno.
  Mas disso vou viver no duvidar,
  Enquanto o anjo bom não se infectar.

Neste soneto Shakespeare faz uma análise contrastiva dos seus dois amores: o Belo Rapaz e a Dama Escura.

2 suggest = provocam. *4 worser* = arcaísmo; "worse". *4 coloured ill* = de cor ruim. *8 pride* = ostentação, arrogância. *12 hell* = vagina. *14 fire... out* = expulse.

CXLV

Those lips that Love's own hand did make
Breathed forth the sound that said 'I hate'
To me that languished for her sake;
But when she saw my woeful state,
Straight in her heart did mercy come,
Chiding that tongue that ever sweet
Was used in giving gentle doom,
And taught it thus anew to greet:
'I hate' she altered with an end
That followed it as gentle day
Doth follow night, who like a fiend
From heaven to hell is flown away:
  'I hate' from hate away she threw,
  And saved my life, saying 'not you'.

Aqueles lábios que a própria mão do amor criou proferiram o som que disse "Eu odeio" dirigido a mim por aquela por quem estou definhando. Mas, quando ela percebeu o meu estado lastimável, de imediato em seu coração brotou a compaixão censurando aquela língua sempre doce que costumava ser bondosa em seus julgamentos, e ela aprendeu a falar de um jeito novo. "Eu odeio", corrigiu ela, acrescentando uma conclusão que veio em seguida como o belo dia sucede a noite que, qual espírito maligno, deixa o céu voando para o inferno. "Eu odeio..." — do ódio ela se livrou e salvou-me a vida ao completar "não a ti".

145

Dos lábios feitos pelo Amor
Ouvi um sussurro: "Eu odeio!" —
E eu por ela todo ardor...
Mas quando viu o meu anseio
Seu coração já se fundia.
Mordeu a língua sempre doce
Que docemente me implodia,
E ela então reformulou-se;
"Odeio", disse, terminando
Tal qual o dia mansamente
Sucede à noite se atirando
Em seu inferno de repente.
  Lá foi-se o ódio quando ouvi:
  "Odeio sim, mas não a ti".

Por ser irregular na forma, por não tratar de um envolvimento emocional sério e por atribuir à mulher uma disposição bondosa, o que não condiz com a Dama Escura, este soneto é considerado uma criação juvenil de Shakespeare. Talvez ele tenha sido inserido neste ponto da coleção porque três palavras-chave do soneto 144 ecoam aqui: "fiend", "heaven" e "hell".

2 Breathed forth = sussurraram. *3 languished* = estava deprimido. *7 doom* = sentenças. *8 to greet* = "speak". *9 end* = final.

CXLVI

Poor soul, the centre of my sinful earth,
[...] these rebel pow'rs that thee array,
Why dost thou pine within and suffer dearth
Painting thy outward walls so costly gay?
Why so large cost, having so short a lease,
Dost thou upon thy fading mansion spend?
Shall worms, inheritors of this excess,
Eat up thy charge? Is this thy body's end?
Then, soul, live thou upon thy servant's loss,
And let that pine to aggravate thy store;
Buy terms divine in selling hours of dross;
Within be fed, without be rich no more:
  So shall thou feed on Death, that feeds on men,
  And Death once dead, there's no more dying then.

Pobre alma, centro de meu pecaminoso pó, escravizada por essas forças rebeldes que te oprimem, por que te submetes a privações e morres à míngua, enquanto pintas teu corpo exterior de modo tão dispendioso e extravagante? Por que pagas preço tão alto por uma mansão em ruínas, tendo um contrato tão breve? Será que não cabe aos vermes, herdeiros dessa tua prodigalidade, devorar a custódia que te foi confiada? Não é esse o fim do teu corpo? Então, alma, alimenta-te da perda do teu servo, e que ele se consuma para aumentar as tuas reservas. Compra obrigações divinas em troca de prazeres sem valor. Alimenta-te interiormente e abandona o exterior. Assim te alimentarás da Morte que se alimenta dos homens. Morta a Morte, não haverá mais nenhum morrer.

146

Pobre alma! Centro do meu pó e pecado,
Escrava de potentes rebeldias,
Por que penar por dentro o ser minguado,
Exibindo por fora regalias?
Por que tão grande custo em curto prazo
Na tua fugaz mansão se desperdiça?
Herdeiro desse excesso, o verme acaso
Não terá no teu corpo a sua carniça?
Frui, minha alma, das perdas do servil;
Que o sofrimento aumente o teu valor;
Adquire o céu vendendo o tempo vil,
Alimenta o interior, não o exterior.
  Come da Morte, que come os mortais,
  Que, morta a Morte, não se morre mais.

Neste soneto, que é considerado o único soneto "cristão" de toda a sua sequência, Shakespeare fala dos valores superiores da alma em relação ao corpo.

2 [...] = ausência de duas sílabas: algumas interpretações sugeridas: "Prey to", "Vexed by", "Hiding", "Throne of", "Ruled by", "Slave of" e "Thrall(ed) to". Aqui foi acatada essa última sugestão. *2 array* = sitiam, afligem. *4 gay* = vistosas. *6 fading* = fadada ao desaparecimento. *8 thy charge* = teu corpo. *11 terms divine* = vida eterna.

CXLVII

My love is as a fever, longing still
For that which longer nurseth the disease,
Feeding on that which doth preserve the ill,
Th'uncertain sickly appetite to please.
My reason, the physician to my love,
Angry that his prescriptions are not kept,
Hath left me, and I desperate now approve
Desire is death, which physic did except.
Past cure I am, now reason is past care,
And, frantic mad with evermore unrest,
My thoughts and my discourse as madmen's are,
At random from the truth vainly expressed:
  For I have sworn thee fair, and thought thee bright,
  Who art as black as hell, as dark as night.

Meu amor é como uma febre, sempre ansiando por aquilo que prolonga a enfermidade, alimentando-se do que preserva o mal para saciar o duvidoso apetite doentio. A razão, a médica do meu amor, zangada porque suas receitas não são seguidas, abandonou-me, e em desespero percebo que o desejo que exclui o remédio é a morte. Eu já não tenho cura: a razão já não se preocupa comigo. Delirando em seu incessante mal-estar, meus pensamentos e meu discurso são como os de um louco, descontrolados, desconexos e diferindo da verdade. Pois eu jurei que tu eras bela e te julguei brilhante, mas tu és negra como o inferno e escura como a noite.

147

É febre o meu amor sempre buscando
Aquilo que a doença mais provoca;
Do que preserva o mal se alimentando,
Com fome doentia enchendo a boca.
A médica do amor, minha razão,
Ao ver a sua receita descumprida,
Deixou-me, e em desespero eu vejo então:
Desejo sem razão me tira a vida.
Eu já sem cura, a razão já se cala;
Desvairados com infindos anseios,
Tao loucos meu pensar e minha fala
Diferem da verdade em devaneios:
  Que eras bela jurei e te achei pura;
  Tu és o negro inferno, a noite escura.

Shakespeare analisa seu amor pela Dama Escura. Trata-se de uma doença; a razão, que é a médica, não é obedecida.

2 nurseth = alimenta. *4 uncertain* = instável, imprevisível. *9 Past* = além da. *10 frantic mad* = louco varrido.

CXLVIII

O me! what eyes hath Love put in my head,
Which have no correspondence with true sight?
Or, if they have, where is my judgment fled,
That censures falsely what they see aright?
If that be fair whereon my false eyes dote,
What means the world to say it is not so?
If it be not, then love doth well denote
Love's eye is not so true as all men's: no,
How can it? O! how can love's eye be true,
That is so vexed with watching and with tears?
No marvel then though I mistake my view:
The sun itself sees not till heaven clears.
  O cunning love, with tears thou keep'st me blind,
  Lest eyes, well seeing, thy foul faults should find.

Pobre de mim! Que olhos o amor pôs na minha cabeça? Eles não estabelecem nenhuma correspondência com a realidade concreta. Ou, se estabelecem, onde foi parar a minha razão? Ela julga falsamente o que eles enxergam direito. Se é bela a mulher na qual meus olhos se fixam apaixonados, que quer dizer o mundo quando afirma que não é bem assim? Se não é bela, então o amor demonstra claramente que o olhar apaixonado não é tão confiável quanto o olhar de todo mundo. Não é mesmo! Céus, como poderia ser confiável o olhar do amor que está tão exausto devido a suas vigílias e lágrimas? Não se deve estranhar então se eu interpreto mal o que vejo. O próprio sol não enxerga bem se o céu não se abre. Esperto amor, com lágrimas me manténs cego, evitando que meus olhos, enxergando bem, possam descobrir teus horríveis defeitos.

148

Que olhos, céus, o amor me concedeu,
Que não combinam com o que se tem?
Ou, se combinam, então que sucedeu
Com a razão que falseia o que eles veem?
Se a que meus olhos querem for bonita,
Por que lhe nega o mundo esse padrão?
Se não for, é porque o amor não fita
O que tão bem todos enxergam. Não,
Como pode o amor enxergar bem,
Com lágrimas e noites maldormidas?
É claro que eu enxergo mal também,
Se o sol só vê com as nuvens removidas.
  Manhoso amor, com lágrimas me cegas,
  E assim tuas feias falhas não são pegas.

Como nos sonetos 137 e 141, aqui também Shakespeare lamenta a cegueira que seu amor pela Dama Escura impôs aos seus olhos — que falseiam o que enxergam.

3 judgment = juízo. *5 dote* = fitam apaixonados. *7 denote* = significa. *10 vexed* = obnubilado, perturbado.

CXLIX

Canst thou, O cruel, say I love thee not,
When I against myself with thee partake?
Do I not think on thee when I forgot
Am of my self, all tyrant for thy sake?
Who hateth thee that I do call my friend?
On whom frown'st thou that I do fawn upon?
Nay, if thou lour'st on me, do I not spend
Revenge upon myself with present moan?
What merit do I in myself respect
That is so proud thy service to despise,
When all my best doth worship thy defect,
Commanded by the motion of thine eyes?
  But, love, hate on, for now I know thy mind:
  Those that can see thou lov'st, and I am blind.

Consegues tu, cruel como és, dizer que não te amo, sabendo que contra mim mesmo defendo a tua posição? Acaso não penso em ti quando, esquecido dos meus interesses, feito tirano absoluto, ajo em teu favor contra mim mesmo? Acaso quem te odeia é meu amigo? E eu não reprovo quem tu desaprovas? Mais ainda, se tu me diriges um olhar ameaçador, acaso não me vingo contra mim mesmo com um imediato gemido? Que mérito diviso em mim que seja esplêndido a ponto de se recusar a te servir, quando o que há de melhor em mim, ante uma simples insinuação do teu olhar, de fato adora as tuas imperfeições? Mas, amor, continua odiando, pois eu já conheço a tua mentalidade: tu amas aqueles que conseguem enxergar — e eu sou cego.

149

Cruel! Ousas dizer que não te adoro,
Se contra mim eu fico do teu lado?
Não penso em ti, por ti eu não me ignoro,
Tirano de mim mesmo declarado?
Quem te ofende não chamo de inimigo?
Quem desaprovas sem o meu desdém?
Se me acusas, não sofro o meu castigo,
De mim, na dor, vingando-me também?
Que méritos em mim eu prezo tanto
Que ousem teu serviço desprezar,
Se em meu melhor os teus defeitos canto
À luz de um simples gesto em teu olhar?
  Odeia, amor! Conheço-te, não nego:
  Só amas quem enxerga, e eu sou cego.

Este soneto lembra a aceitação do menosprezo por amor dos sonetos 49, 88 e 89. Continuando o tema do amor/cegueira do soneto 148, v. 13-14, Shakespeare declara total submissão à cruel Dama Escura. Mas acaba pedindo-lhe que continue a odiá-lo.

2 with thee partake = contigo tomo partido. *7 lour'st on me* = me desaprovas.

CL

O! from what pow'r hast thou this pow'rful might
With insufficiency my heart to sway,
To make me give the lie to my true sight,
And swear that brightness doth not grace the day?
Whence hast thou this becoming of things ill,
That in the very refuse of thy deeds
There is such strength and warrantise of skill
That in my mind thy worst all best exceeds?
Who taught thee how to make me love thee more,
The more I hear and see just cause of hate?
O, though I love what others do abhor,
With others thou shouldst not abhor my state.
  If thy unworthiness raised love in me,
  More worthy I to be beloved of thee.

Céus, de que fonte sobrenatural provém teu enorme poder de governar com deficiências o meu coração e me fazer desmentir o que meus olhos realmente veem e jurar que a luz brilhante não embeleza o dia? De onde procede esse teu poder de transformar o que é feio em beleza, de modo que até nos piores aspectos dos teus atos há tal força e convicção que a meu ver o teu lado pior supera tudo o que existe de melhor? Quem te ensinou como me fazer mais te amar quando mais ouço e vejo motivos justos para o ódio? Ah, embora eu ame o que os outros detestam, não deverias com os outros detestar a minha condição. Se a tua indignidade despertou o amor em mim, mais digno sou eu de ser amado por ti.

150

De que poder obténs esse poder
Que faz meu coração ser tão servil
E dizer que não vejo, e eu posso ver,
E jurar que não brilha o céu de anil?
De onde o teu poder de reluzir,
Que até o lixo comum do teu desejo
Tem tal força e tal dom de seduzir
Que no pior o que é melhor eu vejo?
Quem te ensinou a mais fazer-me amante
Quanto mais para o ódio sou empurrado?
Se aos outros o que amo é repugnante,
Com outros não odeies meu estado.
  Se mais tua indignidade fez-me amar-te,
  Mais digno eu sou do amor de tua parte.

Desenvolvendo o tema do amor/cegueira, Shakespeare não consegue descobrir a razão de seu amor pela Dama Escura, nem do poder que ela exerce sobre ele.

2 insufficiency = defeitos. *5 becoming* = poder de embelezar. *6 refuse* = refugo, lixo. *7 warrantise of skill* = autoridade, apelo.

CLI

Love is too young to know what conscience is,
Yet who knows not conscience is born of love?
Then, gentle cheater, urge not my amiss,
Lest guilty of my faults thy sweet self prove.
For thou betraying me, I do betray
My nobler part to my gross body's treason:
My soul doth tell my body that he may
Triumph in love; flesh stays no farther reason,
But rising at thy name doth point out thee
As his triumphant prize. Proud of this pride,
He is contented thy poor drudge to be,
To stand in thy affairs, fall by thy side.
  No want of conscience hold it that I call
  Her 'love' for whose dear love I rise and fall.

O amor é jovem demais para saber o que é consciência. No entanto, quem não sabe que a consciência nasce do amor? Então, gentil trapaceira, não enfatizes o meu pecado para não seres tu mesma condenada por minhas falhas. Pois quando tu me trais eu atraiçoo a minha melhor parte numa grosseira traição física: a minha alma diz ao corpo que ele pode triunfar no amor; meu corpo não aguarda nenhuma outra razão. Levantando-se ao ouvir teu nome, aponta para ti como seu grande prêmio. Inflado em seu triunfo, ele se contenta em ser teu humilde servo, intrometendo-se em tuas partes e caindo ao teu lado. Não se considere simples falta de escrúpulos morais o fato de eu chamar "amor" aquela por cujo amor eu me levanto e caio.

151

Jovem demais, o amor não tem consciência;
Mas sabes que a consciência vem do amor.
Não queiras dos meus erros dar ciência,
Já que podem ser teus, amor traidor.
Pois quando tu me trais, também traído
É o mais nobre de mim grosseiramente:
Diz-me a alma que ao corpo é permitido
Triunfar no amor; e já o viril, fremente,
Tão só de ouvir teu nome sobe e indica
O seu troféu. Posudo, de sentido,
Feliz de te servir, se prontifica,
Se intromete e só cai quando exaurido.
  Não chamem de inconsciência o meu apreço
  Por ela em cujo "amor" eu subo e desço.

Neste soneto, talvez o mais libidinoso de toda a sequência, Shakespeare parece comprovar que o seu amor pela Dama Escura só consiste em luxúria.

3 gentle cheater = referência à amante do poeta. *11 poor drudge* = vil servo.

CLII

In loving thee thou know'st I am forsworn,
But thou art twice forsworn to me love swearing:
In act thy bed-vow broke, and new faith torn
In vowing new hate after new love bearing.
But why of two oaths' breach do I accuse thee,
When I break twenty? I am perjured most,
For all my vows are oaths but to misuse thee,
And all my honest faith in thee is lost.
For I have sworn deep oaths of thy deep kindness,
Oaths of thy love, thy truth, thy constancy,
And to enlighten thee gave eyes to blindness,
Or made them swear against the thing they see:
  For I have sworn thee fair: more perjured eye,
  To swear against the truth so foul a lie.

Tu sabes que, por te amar, eu violei um juramento. Mas tu violaste dois jurando que me amas. Em teus atos quebraste o voto nupcial e um novo compromisso tu rasgaste, jurando um novo ódio depois de admitir um novo amor. Mas por que te acuso de violar dois juramentos, quando eu violei vinte? Sou perjuro ao extremo, pois todas as minhas promessas são juramentos para te enganar e debochar de ti, e toda a minha integridade se perdeu por tua causa. Fiz solenes juramentos declarando tua profunda bondade, fiz juras de amor a tua lealdade, tua constância. E para lançar luz sobre ti emprestei olhos à cegueira, quando não os fiz jurar contra o que eles viam. De fato jurei que és bela: meu olhar é assim mais que perjuro por jurar contra a verdade uma mentira tão grosseira.

152

Perjuro eu sou, tu sabes, por te amar.
Perjura em dobro és tu amor jurando:
Marido e novo amor trais ao deitar,
Um novo amor e ódio professando.
Mas, se te acuso de quebrar duas juras,
Eu quebro cem! Perjuro eu sou bem mais,
Pois todas minhas juras são impuras,
E a minha integridade morta jaz.
Grandes juras jurei que és verdadeira,
Jurei por teu amor, leal, constante.
E para embelezar-te, na cegueira
Fiz meu olho perjuro no flagrante:
  Pois jurei que tu és bela: falso e vil,
  Jurar a mor mentira que se ouviu.

Neste soneto, o cinismo até certo ponto positivo da mútua aceitação da mentira dos amantes do soneto 138 é substituído pela amarga constatação de uma história feita de juras grosseiramente falsas.

3 faith = lealdade. *7 but to misuse thee* = apenas para abusar de ti. *11 enlighten thee* = realçar-te.

CLIII

Cupid laid by his brand and fell asleep:
A maid of Dian's this advantage found,
And his love-kindling fire did quickly steep
In a cold valley-fountain of that ground;
Which borrowed from this holy fire of Love
A dateless lively heat, still to endure,
And grew a seething bath, which yet men prove
Against strange maladies a sovereign cure.
But at my mistress' eye Love's brand new fired,
The boy for trial needs would touch my breast;
I, sick withal, the help of bath desired,
And thither hied, a sad distempered guest;
  But found no cure: the bath for my help lies
  Where Cupid got new fire — my mistress' eyes.

Cupido depôs sua tocha e adormeceu. Uma serva de Diana aproveitou a oportunidade e rapidamente mergulhou a tocha candente do amor numa fresca fonte de um vale vizinho. A fonte tomou emprestado desse fogo do Amor um poder revitalizante que dura eternamente e se transformou num banho quente que até hoje os homens, por experiência própria, descobrem ser o remédio para estranhas doenças. Mas, depois de acender novamente a tocha do Amor nos olhos da minha amante, Cupido achou que devia testá-la no meu peito. De imediato adoeci e procurei socorrer-me do banho na fonte. Para lá fui correndo qual visitante enfermo e desnorteado. Mas não encontrei cura nenhuma: o banho que me pode socorrer está lá onde Cupido conseguiu novamente seu fogo: nos olhos da minha amante.

153

Depôs Cupido a tocha e adormeceu:
Aproveitou-se ninfa de Diana
E o seu fogo de amor logo embebeu
Em fonte funda de região cercana,
Que do sagrado fogo contraiu
Calor que é eternamente sustentável;
Na fonte quente o homem descobriu
De estranhos males cura incomparável.
Reacendendo-a no olhar da minha amada,
Testou Cupido a tocha no meu peito;
Busquei ferido a fonte desejada,
Corri até lá sofrendo contrafeito.
  Tudo em vão: minha cura tem morada
  Lá onde a tocha ardeu — no olhar da amada.

Os sonetos 153 e 154 podem ser lidos com um *envoy*, isto é, um ofertório da segunda parte da sequência. Ambos narram uma lenda grega relatada num epigrama do século V, que aqui é aplicada à Dama Escura.

2 this advantage found = tirou vantagem disso. *4 ground* = redondeza. *6 still to endure* = para durar para sempre. *10 for trial needs* = para comprovar seu poder.

CLIV

The little Love-god lying once asleep
Laid by his side his heart-inflaming brand,
Whilst many nymphs that vowed chaste life to keep
Came tripping by; but in her maiden hand
The fairest votary took up that fire
Which many legions of true hearts had warmed,
And so the general of hot desire
Was sleeping by a virgin hand disarmed.
This brand she quenchèd in a cool well by,
Which from Love's fire took heat perpetual,
Growing a bath and healthful remedy
For men diseased; but I, my mistress' thrall,
  Came there for cure, and this by that I prove:
  Love's fire heats water, water cools not love.

Certa vez, o pequeno deus do Amor caiu no sono após depor junto a si sua tocha que inflama os corações. Enquanto ele dormia, muitas ninfas que haviam feito voto de viver em castidade se aproximaram saltitantes. A mais formosa delas apanhou o fogo que havia aquecido legiões de corações. Assim o supremo comandante do desejo ardente foi durante o sono desarmado pelas mãos de uma virgem. Sua tocha ela mergulhou num poço fresco das cercanias, que foi tomado por um perpétuo calor, transformando-se em banho e salutar remédio para homens doentes. Mas eu, escravo da minha amante, fui lá em busca de cura e descobri o seguinte: o fogo esquenta a água, mas a água não refresca o amor.

154

Certo dia adormeceu o deus do Amor,
Sua incendiária tocha sobre o chão.
Enquanto castas ninfas se vão por
Ali dançando, eis que em sua pura mão
A que é a mais bela apanha a tocha ardente
Que o peito de legiões tem inflamado;
E o general do anelo forte e quente
Dorme por mão de virgem desarmado.
Num poço frio a tocha a ninfa apaga
E o poço agora é todo só calor,
Um banho em que a saúde se propaga
Entre enfermos; mas eu, com mal de amor,
  Buscando a cura, aprendi no outro dia
  Que o amor queima, e a água não o esfria.

Como no anterior, o soneto 154 narra a lenda grega, e Shakespeare chega à mesma conclusão: seu mal de amor não encontra cura na fonte encantada.

5 votary = devota. *9 by* = da vizinhança.

SUMÁRIO

	Preâmbulo	7
	Prefácio	11
	Introdução	17
	Dedicatória	48
I	From fairest creatures we desire increase	52
1	Que os mais belos se expandam mais e mais	53
II	When forty winters shall besiege thy brow	54
2	Com já quarenta invernos tua testa	55
III	Look in thy glass and tell the face thou viewest	56
3	Diz no espelho ao teu rosto refletido	57
IV	Unthrifty loveliness, why dost thou spend	58
4	Ó belo imprevidente, vais gastando	59
V	Those hours that with gentle work did frame	60
5	O tempo delicado que manobra	61
VI	Then let not winter's ragged hand deface	62
6	Então que a mão do inverno não apague	63
VII	Lo in the orient when the gracious light	64
7	Vê, quando a leste o sol todo fulgente	65
VIII	Music to hear, why hear'st thou music sadly?	66
8	Música, por que à música te opões?	67
IX	Is it for fear to wet a widow's eye	68
9	Por isto te consomes só e solteiro	69
X	For shame deny that thou bear'st love to any	70
10	Que vergonha! Negar os teus amores	71

XI As fast as thou shalt wane, so fast thou grow'st 72
11 Decrescerás, mas rápido já cresces 73

XII When I do count the clock that tells the time 74
12 Se ao toque do relógio as horas conto 75

XIII O that you were your self! but, love, you are 76
13 És teu, amor! Mas tu deves saber 77

XIV Not from the stars do I my judgement pluck 78
14 Não é nos astros que me fundamento 79

XV When I consider every thing that grows 80
15 Quando penso que tudo o que floresce 81

XVI But wherefore do not you a mightier way 82
16 Mas não há nenhum jeito mais potente 83

XVII Who will believe my verse in time to come 84
17 Alguém meu verso a sério levaria 85

XVIII Shall I compare thee to a summer's day? 86
18 Comparo-te a um dia de belo estio? 87

XIX Devouring Time, blunt thou the lion's paws 88
19 Gasta, ó Tempo, as garras do leão 89

XX A woman's face with Nature's own hand painted 90
20 Rosto de mulher que em homem floresce 91

XXI So is it not with me as with that Muse 92
21 Não sou então o poeta inspirado 93

XXII My glass shall not persuade me I am old 94
22 O espelho não comprova a minha idade 95

XXIII As an unperfect actor on the stage 96
23 Como o inábil ator que, apavorado 97

XXIV Mine eye hath played the painter and hath stelled 98
24 Meu olhar qual pintor a tua figura 99

XXV	Let those who are in favour with their stars	100
25	Que os que são pelos astros protegidos	101
XXVI	Lord of my love, to whom in vassalage	102
26	Senhor do meu amor, em vassalagem	103
XXVII	Weary with toil, I haste me to my bed	104
27	Exausto do trabalho, busco o leito	105
XXVIII	How can I then return in happy plight	106
28	Como então estar bem quando levanto	107
XXIX	When in disgrace with Fortune and men's eyes	108
29	Por homens e Fortuna abandonado	109
XXX	When to the sessions of sweet silent thought	110
30	Quando em sessões do doce pensamento	111
XXXI	Thy bosom is endearèd with all hearts	112
31	'Stão todos no teu peito os corações	113
XXXII	If thou survive my well-contented day	114
32	Se vires o meu dia consumado	115
XXXIII	Full many a glorious morning have I seen	116
33	Muitas belas manhãs tenho observado	117
XXXIV	Why didst thou promise such a beauteous day	118
34	Por que me prometer um lindo dia	119
XXXV	No more be grieved at that which thou hast done	120
35	Não mais o que fizeste te confronte	121
XXXVI	Let me confess that we two must be twain	122
36	Que somos duas pessoas eu já não nego	123
XXXVII	As a decrepit father takes delight	124
37	Como o decrépito pai se deleita	125
XXXVIII	How can my Muse want subject to invent	126
38	Minha musa sem assunto? Impossível	127

XXXIX	O how thy worth with manners may I sing	128
39	Como condignamente celebrar-te	129
XL	Take all my loves, my love, yea, take them all	130
40	Leva, amor, meus amores, leva tudo	131
XLI	Those pretty wrongs that liberty commits	132
41	Dos errinhos daquela liberdade	133
XLII	That thou hast her, it is not all my grief	134
42	Que tu a possuas não pesa em mim demais	135
XLIII	When most I wink, then do mine eyes best see	136
43	Meus olhos veem melhor durante o sono	137
XLIV	If the dull substance of my flesh were thought	138
44	Se o lerdo corpo fosse pensamento	139
XLV	The other two, slight air and purging fire	140
45	Os outros dois, o ar e o fogo intenso	141
XLVI	Mine eye and heart are at a mortal war	142
46	Em guerra, o olhar e o coração reagem	143
XLVII	Betwixt mine eye and heart a league is took	144
47	Meu coração e os olhos já acordados	145
XLVIII	How careful was I, when I took my way	146
48	Mil cuidados tomei quando parti	147
XLIX	Against that time (if ever that time come)	148
49	Daquele tempo (se ele um dia chegar)	149
L	How heavy do I journey on the way	150
50	Pesado e triste, no caminho avanço	151
LI	Thus can my love excuse the slow offence	152
51	Assim o amor perdoa o passo brando	153
LII	So am I as the rich whose blessèd key	154
52	Sou como o rico cuja nobre chave	155

LIII	What is your substance, whereof are you made?	156
53	De que és feito? Qual é a tua essência?	157
LIV	O how much more doth beauty beauteous seem	158
54	Tão mais bela a beleza se apresenta	159
LV	Not marble nor the gilded monuments	160
55	Mais que a pedra e dourados monumentos	161
LVI	Sweet love, renew thy force, be it not said	162
56	Renova, amor, tua força demonstrando	163
LVII	Being your slave, what should I do but tend	164
57	Escravo teu, só me cabe esperar	165
LVIII	That god forbid, that made me first your slave	166
58	Que aquele deus que a ti me escravizou	167
LIX	If there be nothing new, but that which is	168
59	Se não há nada novo; se o que existe	169
LX	Like as the waves make towards the pebbled shore	170
60	Tais como as ondas correm para a praia	171
LXI	Is it thy will thy image should keep open	172
61	És tu que a tua imagem aglutinas	173
LXII	Sin of self-love possesseth all mine eye	174
62	Possui-me o amor-próprio todo o olhar	175
LXIII	Against my love shall be as I am now	176
63	Pra quando o meu amor for como eu sou	177
LXIV	When I have seen by Time's fell hand defaced	178
64	Já vi nas mãos do Tempo deformadas	179
LXV	Since brass, nor stone, nor earth, nor boundless sea	180
65	Se bronze, ou pedra, ou terra, ou mar sem fim	181
LXVI	Tired with all these, for restful death I cry	182
66	Cansei! Quero morrer e descansar	183

LXVII	Ah wherefore with infection should he live	184
67	No meio deste horror, por que ele está	185
LXVIII	Thus is his cheek the map of days outworn	186
68	Assim, sua face é imagem de outras eras	187
LXIX	Those parts of thee that the world's eye doth view	188
69	No que de ti os outros podem ver	189
LXX	That thou art blamed shall not be thy defect	190
70	Se te acusam não é por culpa tua	191
LXXI	No longer mourn for me when I am dead	192
71	Por mim não chores ao chegar a hora	193
LXXII	O lest the world should task you to recite	194
72	Para que não te obriguem a dizer	195
LXXIII	That time of year thou mayst in me behold	196
73	A época do ano em mim contempla	197
LXXIV	But be contented when that fell arrest	198
74	Mas não chores se a dura interdição	199
LXXV	So are you to my thoughts as food to life	200
75	Do que eu penso tu és o nutrimento	201
LXXVI	Why is my verse so barren of new pride?	202
76	Por que meu verso é tão fora de moda	203
LXXVII	Thy glass will show thee how thy beauties wear	204
77	No espelho a tua beleza vês murchar	205
LXXVIII	So oft have I invoked thee for my Muse	206
78	De tanto eu te invocar qual minha Musa	207
LXXIX	Whilst I alone did call upon thy aid	208
79	Enquanto só o meu verso tu inspiraste	209
LXXX	O how I faint when I of you do write	210
80	Ah! Como eu sofro quando em ti me inspiro	211

LXXXI	Or I shall live your epitaph to make	212
81	Ou viverei para elogiar-te à tumba	213
LXXXII	I grant thou wert not married to my Muse	214
82	Eu sei, não desposaste a minha Musa	215
LXXXIII	I never saw that you did painting need	216
83	Nunca achei que te falta maquiagem	217
LXXXIV	Who is it that says most which can say more	218
84	Quem te louvando ao máximo supera	219
LXXXV	My tongue-tied Muse in manners holds her still	220
85	Polida, minha Musa silencia	221
LXXXVI	Was it the proud full sail of his great verse	222
86	Seria a inflada vela do seu verso	223
LXXXVII	Farewell, thou art too dear for my possessing	224
87	Adeus! Caro demais, não posso ter-te	225
LXXXVIII	When thou shalt be disposed to set me light	226
88	No dia em que quiseres repudiar-me	227
LXXXIX	Say that thou didst forsake me for some fault	228
89	Diz que uma falha minha te afastou	229
XC	Then hate me when thou wilt, if ever, now	230
90	Então me odeia, mas que seja agora	231
XCI	Some glory in their birth, some in their skill	232
91	Uns se orgulham do berço, uns da destreza	233
XCII	But do thy worst to steal thyself away	234
92	Então faz o pior e me abandona	235
XCIII	So shall I live, supposing thou art true	236
93	Viverei pois supondo-te leal	237
XCIV	They that have pow'r to hurt, and will do none	238
94	Quem pode machucar e não machuca	239

XCV	How sweet and lovely dost thou make the shame	240
95	Doce e amável, tu fazes a vergonha	241
XCVI	Some say thy fault is youth, some wantonness	242
96	Teu mal, se diz, é ser jovem devasso	243
XCVII	How like a winter hath my absence been	244
97	Foi duro inverno a ausência que eu provei	245
XCVIII	From you have I been absent in the spring	246
98	De ti passei distante a primavera	247
XCIX	The forward violet thus did I chide	248
99	A precoce violeta eu censurei	249
C	Where art thou, Muse, that thou forget'st so long	250
100	Por onde andas, Musa, que te esqueces	251
CI	O truant Muse, what shall be thy amends	252
101	Qual é a desculpa, ó Musa negligente	253
CII	My love is strength'ned, though more weak in seeming	254
102	Sem parecer, mais forte é meu amor	255
CIII	Alack, what poverty my Muse brings forth	256
103	Ó céus! Tão pobre a minha Musa opera	257
CIV	To me, fair friend, you never can be old	258
104	Para mim, caro amigo, sempre és moço	259
CV	Let not my love be called idolatry	260
105	Não há no meu amor idolatria	261
CVI	When in the chronicle of wasted time	262
106	Nas crônicas de tempos já passados	263
CVII	Not mine own fears, nor the prophetic soul	264
107	Nem medos meus, nem almas de profetas	265
CVIII	What's in the brain that ink may character	266
108	Não há na mente o que dizer eu deva	267

CIX	O never say that I was false of heart	268
109	Jamais me acuses de traição alguma	269
CX	Alas 'tis true, I have gone here and there	270
110	Eu sei, lamento, andei aqui e ali	271
CXI	O for my sake do you with Fortune chide	272
111	Xinga em meu nome, xinga a má Fortuna	273
CXII	Your love and pity doth th'impression fill	274
112	Sanam teu dó e amor a cicatriz	275
CXIII	Since I left you, mine eye is in my mind	276
113	De ti longe, eu só vejo no que penso	277
CXIV	Or whether doth my mind being crowned with you	278
114	Fui por ti em minha mente coroado	279
CXV	Those lines that I before have writ do lie	280
115	Menti em meus versos quando declarei	281
CXVI	Let me not to the marriage of true minds	282
116	Para a união de sinceros corações	283
CXVII	Accuse me thus: that I have scanted all	284
117	Acusa-me de, em tudo displicente	285
CXVIII	Like as to make our appetites more keen	286
118	Se para o apetite mais sentir	287
CXIX	What potions have I drunk of Siren tears	288
119	Que poções de sereias eu bebi	289
CXX	That you were once unkind befriends me now	290
120	O mal que me fizeste vai salvar-me	291
CXXI	'Tis better to be vile than vile esteemed	292
121	Vilão é melhor ser que parecer	293
CXXII	Thy gift, thy tables, are within my brain	294
122	Teu presente, o caderno, na cabeça	295

CXXIII	No! Time, thou shalt not boast that I do change	296
123	Não, Tempo! Não me digas que mudei	297
CXXIV	If my dear love were but the child of state	298
124	Se só do seu estado o amor é filho	299
CXXV	Were't aught to me I bore the canopy	300
125	Que lucro teria eu se um baldaquino	301
CXXVI	O thou my lovely boy, who in thy power	302
126	Tens, meu Belo Rapaz, sob teu controle agora	303
CXXVII	In the old age black was not counted fair	304
127	Bonito o negro outrora não seria	305
CXXVIII	How oft, when thou, my music, music play'st	306
128	Tu, musa, minha música, tocando	307
CXXIX	Th'expense of spirit in a waste of shame	308
129	O desperdício seminal da orgia	309
CXXX	My mistress' eyes are nothing like the sun	310
130	Do sol os olhos dela não têm nada	311
CXXXI	Thou art as tyrannous, so as thou art	312
131	Do jeito que tu és, tu és cruel	313
CXXXII	Thine eyes I love, and they, as pitying me	314
132	Teus olhos amo. Eles, dó fingindo	315
CXXXIII	Beshrew that heart that makes my heart to groan	316
133	Maldito o coração que me atormenta	317
CXXXIV	So now I have confessed that he is thine	318
134	Assim já confessei que ele é teu	319
CXXXV	Whoever hath her wish, thou hast thy Will	320
135	Outras têm seu querer, tu tens o Will	321
CXXXV-B	Whoever hath her wish, thou hast thy Will	322
135-B	Outras têm seu querer, tu tens o Miro	323

CXXXVI	If thy soul check thee that I come so near	324
136	Se a tua consciência não me quer por perto	325
CXXXVI-B	If thy soul check thee that I come so near	326
136-B	Se a tua consciência não me quer por perto	327
CXXXVII	Thou blind fool, Love, what dost thou to mine eyes	328
137	Que fazes com meus olhos, cego Amor	329
CXXXVIII	When my love swears that she is made of truth	330
138	Meu amor jura que ela é só verdade	331
CXXXIX	O call not me to justify the wrong	332
139	Não queiras que eu teu erro justifique	333
CXL	Be wise as thou art cruel, do not press	334
140	Sê sábia se és cruel! Que não se fira	335
CXLI	In faith, I do not love thee with mine eyes	336
141	De fato, não te amo com o olhar	337
CXLII	Love is my sin, and thy dear virtue hate	338
142	Amar, meu pecado; odiar, tua virtude	339
CXLIII	Lo, as a careful huswife runs to catch	340
143	Olha, como a zelosa mulher sai	341
CXLIV	Two loves I have, of comfort and despair	342
144	Dois amores, conforto e desespero	343
CXLV	Those lips that Love's own hand did make	344
145	Dos lábios feitos pelo Amor	345
CXLVI	Poor soul, the centre of my sinful earth	346
146	Pobre alma! Centro do meu pó e pecado	347
CXLVII	My love is as a fever, longing still	348
147	É febre o meu amor sempre buscando	349
CXLVIII	O me! what eyes hath Love put in my head	350
148	Que olhos, céus, o amor me concedeu	351

CXLIX	Canst thou, O cruel, say I love thee not	352
149	Cruel! Ousas dizer que não te adoro	353
CL	O! from what pow'r hast thou this pow'rful might	354
150	De que poder obténs esse poder	355
CLI	Love is too young to know what conscience is	356
151	Jovem demais, o amor não tem consciência	357
CLII	In loving thee thou know'st I am forsworn	358
152	Perjuro eu sou, tu sabes, por te amar	359
CLIII	Cupid laid by his brand and fell asleep	360
153	Depôs Cupido a tocha e adormeceu	361
CLIV	The little Love-god lying once asleep	362
154	Certo dia adormeceu o deus do Amor	363

DIREÇÃO
Martin Claret

PRODUÇÃO EDITORIAL
Carolina Marani Lima / Mayara Zucheli

DIAGRAMAÇÃO
Giovana Quadrotti

PROJETO GRÁFICO E CAPA
José Duarte T. de Castro

REVISÃO
Alexander Barutti A. Siqueira

IMPRESSÃO E ACABAMENTO
Geográfica Editora

A ortografia deste livro segue o novo Acordo Ortográfico da Língua Portuguesa.

Dados Internacionais de Catalogação na Publicação (CIP)
(Câmara Brasileira do Livro, SP, Brasil)

Shakespeare, William, 1564-1616.
The sonnets of William Shakespeare e os sonetos de Almiro Pisetta / William Shakespeare / Almiro Pisetta [tradução: Almiro Pisetta]. — São Paulo: Martin Claret, 2018.

Título original: The sonnets of William Shakespeare.

ISBN 978-85-440-0205-6

1. Sonetos ingleses 2. Sonetos portugueses 3. Shakespeare, William, 1564-1616. Sonetos - Traduções para o português 4. Pisetta, Almiro. Sonetos.

18-19903 CDD-821.3
-869.1

Índices para catálogo sistemático:

1. Sonetos: Literatura inglesa 821.3
2. Sonetos: Literatura portuguesa 869.1

EDITORA MARTIN CLARET LTDA.
Rua Alegrete, 62 — Bairro Sumaré — CEP: 01254-010 — São Paulo — SP
Tel.: (11) 3672-8144 — www.martinclaret.com.br

1ª reimpressão — 2021

ISBN 978-85-440-0205-6

9 788544 002056